もうひとつの声で

CAROL GILLIGAN
IN A DIFFERENT VOICE
PSYCHOLOGICAL THEORY AND WOMEN'S DEVELOPMENT

心理学の理論とケアの倫理

キャロル・ギリガン

川本隆史・山辺恵理子・米 典子［訳］

風行社

IN A DIFFERENT VOICE:
Psychological Theory and Women's Development

by Carol Gilligan

Japanese translation published by arrangement with Harvard University Press
through The English Agency (Japan) Ltd.

母と父とに

【凡例】

・本書は、ハーバード大学出版社（アメリカ合衆国マサチューセッツ州ケンブリッジ）から刊行された一九九三年版の『もうひとつの声で』(Gilligan, Carol. *In a Different Voice: Psychological Theory and Women's Development*, Cambridge, Harvard University Press, 1993）に収録された全部を翻訳・収録したものである。

・「訳注」は（1）（2）の形式で示し、注の本文は該当箇所の見開き左頁に収めた。これは、各訳者が作成した本文の内容に関する注釈であり、原文や翻訳書の引用を含む。

・本文中の文学作品からの引用個所については、邦訳の該当頁を明示している場合でも、基本的には各訳者による訳出を優先している。

・シェイクスピアからの引用については、リバーサイド版を使用した。

・巻末の文献一覧については、原書の References に掲載されている文献のほぼ全点を実際に確認して表記をより正確にしたうえで、本書翻訳時点の最新データに基づく再版情報・邦訳文献を併記している。さらに、原書の References に掲載されていないが、本文にて言及されており、必要と判断した関連文献を追補している。

・本文および訳注において用いた記号類については、基本的に以下の通りである。

〔　〕　訳者によって補足された箇所
傍点　原文における斜字体
ボールド体　原文における大文字表記
［　］（　）　原文における表記に従った箇所
【　】　インタビュアーの発言に関しては原文の［　］（　）の代わりに使用し、発言内容は教科書体で組んでいる

［目次］

本書を読んでくださる日本の皆さまへ

『もうひとつの声で』が初めて出版されてから四〇年、同じタイトルの論文〔"In a different voice: Women's conceptions of self and of morality"〕が『ハーバード・エデュケーショナル・レビュー』に掲載されて四五年という節目を迎えています。今となってみれば、公刊当初はじゅうぶんに見えていなかったり語り尽くせなかった、以下のことがらがはっきりと見てとれますし、それらを明確な言葉にすることもできるようになりました。つまり、当時は「女性的（フェミニン）」な声として聞こえていた「もうひとつの声」（すなわち、〈ケアの倫理〉の声）とは、実のところ〈人間の声〉のひとつなのだということです。それは、家父長制の声とは異なります。家父長制の声から聞こえてくるのは〔男か女の二つの性しかないとする〕性別二元論や、ジェンダーによって上下を割り当てる階層構造〔こそが正しいと断ずる強弁〕にほかなりません。したがって、家父長制が勢力（フォース）をふるっていたり、押しつけ（エンフォース）られているような事情のもとでは、この〈人間の声〉は抵抗（レジスタンス）の声となり、〈ケアの倫理〉は解放の倫理となります。今回お届けする日本語版の新訳をもって、こうした理論的な問題が明瞭になり、より理解しやすくなることを期待してやみません。

この訳書刊行のタイミングが絶妙となったのには、実はもうひとつ別の理由が挙げられます。それは、女性たちの声とケアの倫理に関する私の洞察の核心的な要因を成していた〔当時の社会〕変革が今まさに振り出しに戻されようとしている、あるいは疑問符を投げつけられてしまったところにあります。ここアメリカにおいて二〇二二年は、一九七三年に下されたロウ対ウェイド裁判の連邦最高裁判決が覆される年となりました。〔四九年前の画期的な判決では〕連邦最高裁判所が、女性たちが妊娠を継続するか中絶するかを選択する権利を憲法に基づいて保障したのです。この判決がなされたからこそ、私は本書に記した研究を進められるようになり、「もうひとつの声」を耳にすることができました。なぜなら、女性たちに選択する力（パワー）を賦与したことにより、女性が自分自身の声で語り、自分が置かれた情況において為し得る最善の行為は何だと思うかを言葉にするよう力づけた（エンパワー）からです。「もうひとつの声」は、人間としての経験や人間の条件のうち、これまで道徳的言説との結びつきがそれほど強くないと考えられてきた局面を鮮やかに描き出してくれました。そうした局面が軽視されてきた所以のひとつは、これらに「女性的」というジェンダーに還元するレッテルが貼られ、〔階層構造の下位に置かれた〕女性たちに関連づけて済まされていた点にあります。

女性たちの声を合法化し女性たちに選択する力を与えることで、最高裁判所は実質的に、自分たちの声を取り戻す権限を女性たちに認可しました。女性が自分のために語ること、自身のものの見方や知識に基づいて行為すること、そして他者をケアすることについてだけでなく、自身のなした選択についても責任を負うことは、もはや「身勝手」（selfish）な振る舞いではなく、一躍、合法・正当なものとなったのです。私の研究は、ちょうどこの歴史的な転換点を捕捉（キャッチ）しました。無私無欲であること（selflessness）は、かつて女性的な善良さを表すものだと評価されていましたが、〔この判決を境に〕道徳上疑わしい問題を含んでいるとの指摘がなされるようになります。無私無欲は、声の放棄、そして責任と関係性からの回避の表れであると見なされるようになったのです。女性が自身を「無私無欲」な存在にしてしまうこと――自分の声など存在しないかのように立ち振る舞うこと――は、自分や他者と向き合うことではなく、むしろさまざまな関係性から身を引くことを意味しました。私が〔当時〕目撃したラディカルな転換は、次のような女性の気づきを表しています。すなわち、自身がケアと気遣いを向ける活動範囲に他者だけでなく自分自身も包摂することは「身勝手」な行為ではなく、むしろそれこそがケアの行為なのだという気づきです。こうして、女性たちは家父長制の軛（くびき）を解き外していきました。父や家父長たちの声に特権を与え、善や道徳性の名のもとに女性たちを黙らせてきた、ジェンダーに基づく生活秩序を揺さぶっていったのです。

今や再び家父長制が息を吹き返し、デモクラシーが危機に晒されています。そのため、一九八二年に世に出た本書も、新たな臨場感・直接性を身にまとうようになりました。私たちは今、ケアの欠如と無関心の代償の大きさをかつてないほど強く自覚しながら生きています。愛とデモクラティックな市民（シティズンシップ）としての暮らしにとっての必要条件は、まったく同一の事象を指し示しています。すなわち、私たちは声をもって、言い換えれば、自分たちの経験を伝え合う（コミュニケート）能力と一人ぼっちではなく関係性の中で生きたいと願う欲求とをもって、この世に生まれてくるということです。したがって、関係性こそが、人生を生き抜き、幸せを成就する鍵となります。もうひとつの声が、そのものとして聞こえるようになると――つまり、人間の声として耳に届くようになると――次の二つのことが明らかになるでしょう。一つ目は、『もうひとつの声で』が人びとの経験と強く共振し続けるのはなぜなのかということ。そして、こちらの方がより重要かもしれませんが、なぜもうひとつの声が二一世紀にふさわしい声なのか、というのが二つ目です。

　本書の新訳が上梓されるにあたり、この企てを取り仕切ってくださった川本隆史教授に感謝いたします。また、教授とともに翻訳を仕上げられたお二人の研究者と、時宜を得た出版を引き受けてくれた風行社にも謝意を表します。多くの日本の読者に本書を手に取ってもらいたいと思うとともに、私が一九七〇年代半ばに耳を傾けた数々の声たちが、現在という時点にあって異なる言語に移されたとき、文化的文脈も異なる皆さんにどのように聞こえるのか、ぜひ聴かせてほしいと切望しています。

二〇二二年　八月七日

キャロル・ギリガン

一九九三年、読者への書簡

私が『もうひとつの声で』の執筆にとりかかった一九七〇年代初頭は、女性運動が再び盛り上がりを見せた時でした。ベトナム戦争〔1955-1975〕に反対する抗議活動が絶頂を迎え、ケント州立大学の学生たちが州兵の銃撃を受けた一九七〇年春は、ハーバード大学の最終試験も中止になって、卒業どころではなかったのだ――こう私が話すと、今日の学生たちはどよめきます。[1] 一時的に同大学は機能停止を余儀なくされ、知の基盤〔としての大学〕が再検証にさらされました。

一九七三年、連邦最高裁判所のロウ対ウェイド判決によって妊娠中絶が合法化されると、[2] 女性た

---

(1) 一九六四年にハーバード大学で社会心理学の博士号を取得した後は、夫とともにシカゴなどで公民権運動や反戦運動に深く関与している。三児の母となっていたギリガンは、ボストンへ戻ってエリクソンのライフサイクル論の学部授業やコールバーグの Moral and Political Choice と題する授業の一部を非常勤として担当していた。「解題」四二〇頁以下を参照のこと。

(2) テキサス州在住の妊婦ノーマ・マコービー〔仮名：ジェーン・ロウ〕と同州のヘンリー・ウェイド地方検事が裁判で争ったことからこのように呼ばれる。詳細については第三章の訳注（3）参照（二一五頁）。

ちと男性たちと子どもたちとをめぐる関係性の土台が同じように白日にさらされました。女性が自分自身のために発言し、生と死に対する責任を含む関係性の複雑な事案について女性が決定する権利を、連邦最高裁判所が認めたのです。その時、発言する能力を妨害していた内面の声の強さに、多くの女性たちが気づきはじめました。その内面のもしくは刷り込まれた声が、〔個々の〕女性に告げていたのです。自分の声を関係性の中に持ち込むのは「身勝手／利己的」であること、自分が本当に欲するものが何かを恐らく本当はわかっていないこと、どうしたらよいかを考えるのに自分の経験ではあてにならないこと、など。自分が何を望み何を考えるかを語ったり、あるいは知ろうとしたりすることさえ危険であると、女性たちはしばしば感じていました——〔自分のそうした行為が〕他者の気分を害し、その結果、見捨てられたり報復されたりする恐れがもたらされるでしょう。私が研究する関係性の文脈においては、女性たちとの会話は守秘義務規定で保護されています。そして〔その文脈においては〕権威の通常の構造が覆されることを、私は彼女たちから学ぶようになりました。実際、多くの女性たちは、自分が何を望んでいるか、そしてしばしば痛ましく困難な状況ではどうすれば一番良いのかがよくわかっていました。しかし、もし自分が口を開けばほかの人たちから責められるか傷つけられるかであろうこと、彼らは耳を貸そうとも理解しようともしないであろうこと、自分が口を開けばさらに事態が紛糾するであろうことを多くの女性たちが怖れ、「無私無欲」を装い、発言をあきらめて平和を守るほうがよいと考えました。(3)

「もし自分の考えを言うとすれば」、ある女性の院生が某日の口頭試問の最中に言いかけて——でも、口をつぐみました。乖離のざわめきを耳にしたからです――自分自身と発言との乖離ですが、自分が語ることや語らないことと自分がどうかかわっているのかを、彼女は疑問に思い始めました。自分は誰のために発言し、自分自身とどう向き合っているのだろう？　〔実は〕ロウ対ウェイド判決の直後には、**家庭の天使**(4)という道徳規範を多くの女性たちが公然と問い質しました。〔**家庭の天使**とは〕詩人コヴェントリー・パトモア〔1823-1896〕によって不朽の名声を賦与された、女性の善性を象徴する一九世紀の聖像（アイコン）ですが、ひたすら他者のために行動し、他者の言葉に逆らわない女性を指します。関係性において口をつぐむことの帰結――無私のふるまいが招き得る難題――を、経験を通して発見したことで、〔現代の〕女性たちは、一種の不滅なものとされていた天使の道徳性の実態を暴きました。〔その実態とは〕つまり、声を放棄し、関係性や責任から身を引いてしまうことなのです。天使の声は、女性の肉体を通して語るヴィクトリア朝の男性の声なのです。文筆活動を始めるならこの天使をねじ伏せなければならないとヴァージニア・ウルフが悟ったことによって、自分自身を弁護するた

（3）少なくとも古代ギリシャ以来、公共の場での language（言語）による発言は男性にのみ許され、女性は家庭内の vernacular（おしゃべり）内に閉じ込められてきたことについては、ケンブリッジ大学ニューナム・コレッジの古典学教授による講演 Beard, Mary. *Women & Power*. Profile Books Ltd. 2017 がきわめて示唆に富む。この本は現代の高名な女性政治家が受けてきたバッシングまで取り上げている。

（4）文法的には家の中の天使であるが、訳語として「家庭の天使」が定着しているため、それに倣った。

めには、女性たちは、偽りの自分たちの声を黙らせる必要があることが明らかになりました[5]。

私が関心を抱いたのはまさに、語るということの選択でした。「関係性」を保つために己を無にすることから引きずってきた色々な問題を女性たちが発見したことは、女性たちの声を解き放ち女性たちの知っていることを聴くうえで、重大でした。それは上っ面をはがしてみる、あるいは人びとの会話の本音を探り当てるようなものです、つまり、知っていること、〔次にでてくる〕知らないこと、〔さらに〕感じているけど口に出さないことです。女性たちの、語らないという選択、いやむしろ自分でまさに語っていることから乖離するという選択は熟慮の上かもしれないしうっかりかもしれない、意識的に選択したのかもしれないし、声の息遣いや大きさにかかわる器官が細くなって身体がそのように動いたのかもしれません。つまり、頭のてっぺんから声を出しますと、人間らしい感情の深みや、感情の混ざった思考が伝わりにくくなりますし、用心深いというか〔自動音声のような〕非人間的な声色に切り替えるというわけです。語らないという選択はしばしば善意や自他を護ろうとする心理からなされ、ひとの気持ちを気遣ったり自分や相手の生の現実を意識したりすることからなされます。それでもなお自らの声を制約することで、多くの女性たちが、好むと好まないにかかわらず、男性の声にもとづく文明と、女性から切り離されたところに築かれた生活秩序を持続させているのです。

エリク・エリクソンから私が学んだのは、生と歴史は切り離せないこと、ライフヒストリーと歴史、心理と政治が深く結びついていることでした。女性たちの声に耳を傾けることで筆者は差異を聴き取り、女性たちの生を取り上げれば心理も歴史も変革できることを発見しました。文字通り、声（ヴォイス）〔態〕

を変えるのです。人間の物語の語られ方も語り手も変えるのです。

『もうひとつの声で』の執筆にとりかかって二〇年を経た今、私自身と本書はともに、活発で生き生きとした、しばしば論争となる議論の渦中にあります。それは女性たちの声、差異、知もしくは通称「正典」の基盤、女性たちと男性たちとの関係性、そして、女性たちや男性たちの子どもたちとの関係性についての議論です。心理学業界では、こうした問題のために、〔これまでの〕調査方法や心理学評価や心理療法の実習を真摯に問い直してきました。教育業界では、これは根本的で広範囲に影響する問題です。私とは全く異なる人生を送り、全く異なる分野で働く人びとから〔議論を通して〕、自分自身の声をさまざまな新しい仕方で聴くことを学びました。たとえば、心理学者としての私にとって明白に思われるのは、身体、家族関係、社会的文化的位置における差異が、心理面においても差異を作り出すであろうことです。法学者の言い分、特にマーサ・ミノウが自著『差異の根源／大いなる

(5) Virginia Woolf (1882-1941) は二〇世紀前半の英国を代表する知的な女性で、数多くの批評、小説、講演、日記で知られる。この箇所は、一九三一年一月二一日、女性奉仕国民協会ロンドン支部の集会での講演「女性にとっての職業」の一部である。パトモアの詩にちなんで家庭の天使と命名した幻について、「私が彼女を殺さなかったら、彼女が私を殺したでしょう（中略）人間関係や道徳や性の問題は、家庭の天使によれば、女性が遠慮なく率直に扱えないものなのです。女性は、自分の思い通りに事を運ぼうとするなら、魅了しなければ、懐柔しなければ——あからさまに言えば、嘘をつかなければならないのです」とウルフは喝破している。出渕敬子・川本静子監訳『女性にとっての職業　エッセイ集』みすず書房、二〇一九年新装版所収。

変革（*Making All the Difference*）』[6]で語ることに耳を傾けますと、差異について語る ないし 理論化するさまざまな方法の法的効果の真価が分かり、そもそも差異について語りたくない人もいることを理解できるようになりました。

ニューヨーク・レビュー・オブ・ブックス紙に掲載されたロナルド・ドゥオーキンの最近の評論「フェミニズムと中絶」（一九九三年六月一〇日号）[7]にも、強く響きあうものがあります。ドゥオーキンは、フェミニスト法学者たちの著作を通して、メアリー・ベレンキー[8]と私がインタビュー調査をした女性たちを知りました。この女性たちの声は本書の第三章と第四章に収録されています。ドゥオーキンは、インタビュー調査から二〇年を経ての執筆ながら、当時の私が衝撃を受けたことに同じ衝撃を受けているのです。つまり、この女性たちの声と、社会一般の中絶論争（「権利と殺人に関する金切り声のレトリック」）との差異です。ドゥオーキンは青年期と成人期の女性たちの声に真摯に耳を傾け、それが深く啓発的であることを理解し、そのおかげで、〔二〇年前の〕当時は急進的過ぎて支持が得られにくいと思われた、私と同じ結論に到達しました。「中絶を意思決定することは、ほかのあらゆる意思決定とは切り離された特別な問題ではなく、むしろ、人びとが生涯を通して決定しなければならない選択のうち、ドラマティックかつ集中的にスポットライトが当たる事例なのです」〔九四頁〕。

『もうひとつの声で』が出版されてからというものは、実に多くの人びとが私に対して、自分の生活、結婚、離婚、仕事、関係性、そして子どもたちのことについて語ってくれました。これまで私が訪れたことのない多くの場所から、なかには訪ねることのできなかった場所から、人びとが私に送ってくれたたくさんの手紙、本、資料に感謝しています。そうした方たちの経験、さまざまな声の実例、意見は、私が執筆したことを拡大したり複雑にしたりし、しかもそれはしばしばきわめて創造的な方法ででした。そのあいだ、私は、リン・マイケル・ブラウン[9]、アニー・ロジャース[10]、そして「女

（6）Martha Minnow（1954-） フェミニズム法学者。ミノウは一九九〇年刊行の当書の中でギリガンを好意的に論じており、また、その論及がその後のフェミニズム法哲学の研究で繰り返し取り上げられている。ミノウの主張自体については【マナビラボ：3分でわかる！マナビの理論】https://youtu.be/V4t81-PQvIM 参照。

（7）Ronald Dworkin（1931-2013） 現代英米法哲学屈指の論客であった。一九六八年から亡くなる直前までに百回以上同紙に寄稿している。「フェミニズムと中絶」はその一つで、ギリガンによる中絶の意思決定に関する調査を好意的に挙げている。記事は、生と死、具体的には中絶と尊厳死・安楽死について道徳・宗教・憲法・比較法・フェミニズムなど多様な次元で吟味した議論をまとめた *Life's Dominion: An Argument About Abortion, Euthanasia, and Individual Freedom*, Knopf, 1993 に収められた。

（8）Mary Field Belenky（1933-2020） 一九七七年ハーバード大学で学位取得。主著とされる共著 *Women's Ways of Knowing: The Development of Self, Voice, and Mind*, Basic Books, 1986 は第六章で参照されるW・ペリーの研究を補完するものである。ギリガンと行った妊娠中絶の意思決定に関する調査は主に第四章で扱う。

（9）Lyn Mikel Brown（1956-） ギリガンとの共著に *Meeting at the Crossroads: Women's psychology and girls' development*, Harvard University Press, 1992.

（10）Annie G. Rogers（生年不詳） ギリガンとの共著に *Women, Girls, and Psychotherapy: Reframing Resistance*, Routledge, 1991 など多数。

性の心理と女子の発達に関するハーバード大学のプロジェクト」の他のメンバーたちと共同研究を続けていました。私たちがこのプロジェクトを立ち上げたのは、女性たちの心理と女子たちの声を結びつけて心理学の新しい声を開発するためでした――ヴァージニア・ウルフが「新しい言葉を見出し、新しい手法を創り出すために」と、一九三〇年代に記したとき、女性たちが生き、女性たちが教育を受け、女性たちが職業を持つことで、暴力と支配の歴史的な連鎖を打ち破ることを期待したのです。このヴィジョンをめざして作業しながら、[11]私はジーン・ベイカー・ミラーの研究[12]に深い親近感を覚え、「女性たちの状況は、心理的な秩序を理解するための決定的な鍵である」とする革新的な洞察からインスピレーションを得ました。

政治的秩序と女性たちや男性たちの生の心理学との連関を探求し続けるにつれて、ますます、家長が支配する世界を維持するのか、それとも変容させるのかを決めるに際しては、女性たちの声が決定的な役割を演じるのだと意識するようになりました。この変化の過程に積極的に飛び込んでみると、心理学としても政治的局面においても危なっかしい論争の中心に自分自身と本書が置かれていることがわかりました。その論争では、力に劣らず分別を保つことが問われているのです。

『もうひとつの声で』に対する読者の反応に耳を傾けると、私自身がたどり、そして執筆の過程で幾度もたどった二段階の過程が、しばしば聴こえました。すなわち、女性たちの声に耳を傾けて、何か新しいこと、また違った語り方を聴き取り、それから、いかにあっという間にこの差異が旧弊な思考カテゴリーに呑み込まれてその新鮮さやメッセージを失ってしまうかを聴き取るのです。それは自然本性なのでしょうか、それとも養育を通じて仕込まれるのでしょうか？　女性たちは男性たちよりも優っているのでしょうか、それとも劣っているのでしょうか？　本書が、女性たちと男性たちは本当に（本質的に）異なるのかとか、どちらがマシなのかという議論に付されていると耳にしたとき、私は呆然としました、なぜなら、いずれも私の問題とするところではないからです。それどころか、私の問いは、現実と真理を自分たちがいかに理解しているかに向けられています。どのように知り、どのように聴こえ、どのように語るのだろうかということです。声と関係性について、私は問いを立てているのです。何といっても、私の問いは、心理作用や心理学の理論に関わっています。とりわけ、人間の経験のすべてを男性たちの経験が代表してきた理論――女性たちの生を覆い隠し、女性たちの声を締め出してきた理論です。人間の生を見、語るこうしたやり方を維持することで男性たちは女性たちを置き去りにしてきましたが、女性たちも自分自身を置き去りにしてきました。心理作用の用語で述べると、男性たちにとって分離の過程であったものは、女性たちにとっては心の内なる区

（11）実際にギリガンは学部で（英）文学を専攻しており、なかでもウルフに格別の敬意を抱き、ハーバード大学の研究室には額に入れたウルフの写真を飾っていた。

（12）Jean Baker Miller（1927-2006）が編集した *Psychoanalysis and Women: Contributions to New Theory and Therapy*, Brunner/Mazel, 1973 は女性の心理と抑圧に注目し、（本書第一、二、六章で参照する）次の単著（一九七六年）では女性の生に対する the only right thing の抑圧下で積極的に関係性を創造しようとする女性を論じるなど、本書の理論的支柱となっている。

切りまたは心因性の〔防衛的な〕分裂を生み出さざるを得ない乖離の過程だったのです。

右に述べてきたことは、私としては、ただの抽象的な思弁では到底ありません。私の研究は、聴き取り調査にもとづいています。男性たちや女性たちの声の中の断絶や乖離を収集しました。〔そこで〕私は疑問に思い始めたのです。自分自身や自分の生について語るとき、もしくはより一般的に人間本性について語るとき、女性たちとつながることなく生きているかのごとく、まるで女性たちが自分たちの同胞では全くないかのごとく、男性たちが語るのはなぜだろうか？　もうひとつの疑問も生じました。なぜ、声を持ち合わせていなかったり欲望を経験しなかったりのごとく、無私であるかのように、女性たちは自分を語るようになるのだろうか？　無私であることは関係性にないことを意味するという、女性たちの発見は、革命的なものです、なぜならこの発見は、家父長制または文明によって維持したりされたりするような、女性たちからの断絶や女性たちが抱える乖離に対して異議申し立てをするからです。愛または関係性という名のこうした心理作用を正当化することは、道徳性という名を騙る暴力や侵害を正当化するに等しいのです。

そのような正当化に抵抗するもうひとつの声は、関係性の声です。つながりの中にとどまり、しかももっぱら女性たちとのつながりの中にとどまることにこだわる声であり、それによって、自律、自我、そして自由の名において長いこと正当化されてきた心理学的分離は、もはや人間の発達に不可欠なもの（*sine qua non*）としてではなく、人間の問題として立ち現れるのです。

もしも、〔自分の周りの〕人びとに応答すること、つまり、他者とつながって行為し、人々の感情や思考に構わないよりむしろ注意を払い、人びとの生に感情移入し労わることが善いのであるならば、なぜ、自分自身に応答するのは「利己的」になるのでしょうか？と、私は女性たちに問いました。女性たちが抱える自己非難の圧、すぐ自制したり自分を欺いたりすることに対して私が疑問とする論理を女性たちにぶつけたのです。「良い質問ね」と、多くの女性たちが答えてくれました。私がハーバード大学でエリク・エリクソンやローレンス・コールバーグと同僚であった頃、フロイトやピアジェの伝統にのっとって心理学を教えていました。私たちが議論していた主題の根底を突然照らし出すような質問をした一人の女性が、いました。ここでその時のことを想い出しますと、自分自身の内なる葛藤の物音が聞こえてくるのです。その女性に対する私の回答です。「良い質問ですね」。そして、私は言ってしまったのです。「でも、ここで議論することではありません」。

長いことおのずと意識されてこなかった、「われわれ」なるものと私自身や他の女性たちとの関係を問いながら、この「われわれ」なるものと男性たちとの関係についても、問い質しました。『オデッセイ』[13]や『イリアス』[14]もしくは他の英雄伝説の物語は——ラディカルな分離や暴力の物語ですが——男性たちにとって、自ら語るのにふさわしい模範的な物語だったのでしょうか？　人間が生きていくうえで最も基本的な問い——いかに生き、何をすべきか——は、基本的に人間関係の問題で

(13) 邦訳　ホメーロス作　松平千秋訳『オデュッセイア』岩波書店、一九九四年など。
(14) 邦訳　ホメーロス作　小野塚友吉訳『イリアス―完訳―』風濤社、二〇〇四年など。

す、なぜなら、皆が生きていくことは、心理的、経済的、政治的に深くつながりあっているからなのです。このようないろいろな問題——ほかの人びとといかに関係しながら生きるのか、葛藤に直面したらどうするのか——を整理してこうした関係的な現実を明らかにすると、女性たちの声と男性たちの声が異なって聴こえることが分かりました。女性たちの声は突然、新しい意味を帯び、女性たちの葛藤への取り組みは深く示唆に富むことがしばしばでありました。それは、関係性の秩序やつながりを維持することに絶えず目配りするためです。関係性に対する関心こそが、分離に占有され、人と人との境界を創造し維持することの強迫観念にとらわれる世界において、〈女性たちの声を〉「別様に different」聴こえさせるのです。——その世界の住民は、ロバート・フロストの詩[15]において、「良い石垣は良い隣人を作る」と語るニュー・イングランドの男性たちに似ています。しかしながら、私が執筆を始めた時、関係性についての関心は、あらかた、「女たちの問題」とみなされていました。

合衆国社会の文脈においては、分離、独立、自律の価値があまりにも歴史の土台とされており、移民が押し寄せるたびに強化され、自然権の伝統に深く根ざしていたので、しばしば事実であるかのように理解されています。つまり、人は生まれつき、バラバラで、互いに自立し、克己をつらぬいているかのように。こうした「事実」を問い直すということは、一見、自由の価値を疑うようなものとされます。にもかかわらず、真相は、全く違うのです。分離を問うことは、自由を疑うこととまったく関係ありません、むしろ、関係性に目を向け、語ることにつながるのです。最近の例を挙げると、コロンブスと聞いて何を思い浮かべるかはともかく——そうはいっても、その人となりや役目について判断するでしょうが——実際には彼がアメリカを発見したのではありません。つまり、人びとはすでにそこにいたのです。しかしながら、あなたは全く異なる気分で、クラレンス・トマスとの関係についてのアニタ・ヒルの証言[16]を聴くでしょう。実は多くの女性たちが、ヒルが何を語っているのかが正確にわかると感じたのです。なぜなら自らの人生で似たようなことを経験しているからです。コロ

---

(15) Frost, R. 'Mending Wall,' *North of Boston*, David Nutt, 1914. 無名時代の英国在住時に郷愁を込めて作詩。せっせと石垣を修理しながら父祖伝来のこの言葉をつぶやく隣人に対する複雑な意識を描く詩であり、邦訳の解説は「孤独な抗議者——フロストの個人主義」と題されている。言葉そのものは、「境界がしっかりしていれば隣人と仲良くできる」ことから、今日でも互いの領分に踏み込みすぎるのを戒める諺のように用いられる。なお、フロスト自身は故J・F・ケネディ大統領の就任式で自作の詩を朗読し、最近では、ケネディが大統領になった年に生まれ、ケネディ家をリスペクトするB・オバマ元大統領の回顧録の題辞にフロストの詩が引用されている。

(16) 一九九一年、ジョージ・ブッシュ大統領から最高裁判事候補に指名されたクラレンス・トマスの承認を決定する審議の二日前に、一九八二年に教育省および雇用機会均等委員会においてトマスのアシスタントを務めたオクラホマ大学教授アニタ・ヒル（事件当時ワシントンDCの弁護士）が、当時のセクシャル・ハラスメントのかどでトマスを訴えたことが報道でリークされた。ちなみに一九七〇年代に法廷闘争の用語としてつくられたセクシャル・ハラスメントという言葉が、日本では同じような案件によりいちはやく一九八九年に流行語大賞となったが、アメリカではアニタ・ヒルの一件からようやく全米規模で周知されるようになった。

ンブス〔の事績〕について〔新大陸発見ではなかったと〕改訂されたストーリーのように、声や視点における革新的な移行によって自立という幻想の魔法が解けました。つまり、アメリカ・インディアンというのは、〔もとからそこに存在していた〕ネイティブ・アメリカンです。職場での性的な話は、〔もとからそこに存在していた〕ハラスメントです。私の研究の核心にあったのは、心理学においても、より広い現代社会の内部においても価値が事実とみなされていることへの気づきです。

『もうひとつの声で』が出版されて以来、私のもとへ寄せられた多くの質問の中でも三種類の質問が多く、かつ、本研究の核心を突くものでした。すなわち、声に関する質問、差異に関する質問、そして女性たちの発達と男性たちの発達に関する質問です。この三つの質問について考え、他の人びとの研究を学ぶうちに、私は声、差異、そして発達を、執筆時点で分かっていたことを超えるようなかたちで理解するようになりました。また、本書の二段構造が、以前にもましてはっきり見えてきました。〔本書で扱うのは〕心理学の理論と女性たちの心理的発達との関係であり、心理学の理論が規範的となるやり方にも言及します。本書では、まず外郭となる章（一、二、六）において、関係性を示す声を紹介し、自己、関係性、そして道徳性について語る伝統的な手法との対位法を展開しました。同様に、誤解、葛藤そして成長の可能性についても対位法を展開しました。次に内郭になる章（三、四、五）において、心理学者たちが女性の心理について――分離を獲得する上で支障ありと――語ってきたやり方の通りに語るのではなくむしろ、関係性を求める苦闘を核に据えて、女性たちの心理的発達を再構成しました。

まず、声から始めます。一流の劇場付き声楽教師の一人であるクリスティン・リンクレーターの研究のおかげで、私は声について蒙を啓かれ、自分自身の研究をはるかに深く理解できるようになりました。[17] 人間の声についてのリンクレーターの分析によって、私の心理学に自然学(フィジックス)の様相が加味されました。身体や言語、そして心理にも声がどのように作用するのかを理解し、したがって、すでに述べてきた心理作用のいくばくかを説明できるようになりました。私は〔声の〕共振についても学び、声が関係性においていかように語るのか新たに理解できるようになりました――関係の絆によって、どのように、広がったり縮んだりするのかをです――が、それは、リンクレーターやティナ・パッカー[18]の研究に即してキャリアを積んだ、俳優でありディレクターであり声楽教師でもあるノーミ・ノエル[19]のおかげです。三人とも劇場で仕事をしていますが、生理的で文化的であると同時に深く心理的

(17) ギリガンはシェイクスピアを愛読するほかに、ダンサーとして活動していた経歴もあり、舞台芸術に対する関心も強い。ギリガンが言及するのは Linklater, Kristin. *Freeing the Natural Voice*. Drama Publishers. 1976 と推測される。また、リンクレーターの発声法は、アシスタントを務めた日本人女性によって日本でも紹介されている。

(18) パッカーはロイヤル・シェイクスピア・カンパニーの舞台の他、映画でも活躍してきたが、*Women of Will: Following the Feminine in Shakespeare's Plays*, Vintage, 2015 をはじめ、彼女のフェミニンな解釈に基づく、舞台上のパフォーマンスを整理・解釈したものが最近続けて出版されている。

(19) ギリガンはこの書簡に先立って、特にノエルとの共同研究を重ねている。一例として Gilligan, Carol,

でもある声のことを理解しています。リンクレーターは、第一作の題名でもある「生まれ持った声を解放する」ことを語っています。彼女が言わんとするのは、オープンに発せられる声と、制約されるか閉ざされるかした声との違いです。開放的な声は、肉体的に息や音と結びつき、心理的に感情や思考と結びつき、そして文化的に豊かな言語資源と結びつきます。リンクレーターと共同研究をしていると、彼女が言うところの差異を聞いたり感じたりしました。ノエルとともに研究した時にも、関係性の共振を発見し、自分の声が他の人びとの声と共振したりされたりするところで語るときに声に起こる変化を追跡したのです。そして、全く共振のないところに声が落ち込むときや、あるいはとんでもない反響があるところや、音がしなかったり低くなったりしてしまうところで声に起こる変化も追いかけました。

本研究の経験的裏付けがこのように〔文字通り〕劇的に拡大したことで、私は、「声」にどのような意味を持たせているのかという問いに答えやすくなりました。声（ヴォイス） voice という単語こそ、まさに声を意味しているのです。耳を澄ませて御覧なさいと敢えて言いましょう、ある意味、その答えは単純なことなのです。そして私が思い出すことは、全く共振のないところで発言するのはどんな気持ちになるか、執筆を始めた時点ではどうであったのか、多くの人びとにとってはいかに変わりないのか、自分自身でも時々、いかに変化の無さを感じるかなど。声を持つことは、人間であることです。言うべきことがあることは、ひとかどの人間であることです。しかし、語ることは、耳を傾けたり聴いたりすることなしには、ありません。語ることは、関係的な行為の極みなのです。

どういう意味で声と言うのかを問われ、その質問についてより深く考えるときには、声とは、人が自己の核について語るときに意味するものに似た何かを意味しているつもりだと、私は答えます。声は、生まれついたものであり、文化によってつくられたものでもあります。声は、息と音、単語、リズムそして言語から成っています。そして声は、強力で心理的な楽器にして回路であり、内部世界と外部世界とをつないでいるのです。語ったり耳を澄ませたりすることは、魂が呼吸する一つの形式です。人びとの間で進行するこの関係性のやり取りは、言語と文化を通して、多様性と複数性を媒介します。というわけで、声は新しい鍵であります。この鍵で、心理的、社会的、そして文化的な秩序を理解することができます。声は、関係性のリトマス試験紙であり、心理的な健康のものさしなのです。

シェイクスピア喜劇『恋の骨折り損』のリバーサイド版[20]に附した序文において、アン・バートンは、文化と声に関する目下の議論に通じる言語論を展開しています。「言語は、真空には存在し得ま

Rogers, Annie G. and Noel, Normi. "Cartography of a Lost Time: Women, Girls and Relationship." Paper presented at the Learning from Women Conference, Harvard University, 1992 がある。

(20) Shakespeare, W., Evans, G. Blakemore, ed. Riverside Shakespeare, Houghton Mifflin Company, 1974 を指すと思われる。リバーサイド版は、もとは一八八三年の六巻本である。一九七四年版は大部の単巻普及版に加え、函入りで金文字の美装二巻本もあり、いずれも当代の一流の批評家たちが序文を寄せている。

せん。ごく些細で滑稽なレベルに見えるかもしれないときでさえも、人びとのコミュニケーションの手段であり、聴き手の性質や感情を語り手が考慮しなければならないのです。とりわけ、愛を語る場面において、このことがあてはまります。より日常的な関係においても当然あてはまりますが」[p.177]。愛と言葉に関するこの喜劇において、異性愛が言葉遣いの変化を要求します。それは、男性たちが、愛を告白した相手の女性たちのことをわかっていないさまが証明されるところに続きます。「優しく、けれどもしっかりと、女性たちがずっと知っていたことを学びに、男性たちは追いやられるのです。話し言葉をどうすれば事実や感情的な現実と一致させられるのかということです、逃避、無駄な慰み、あるいは軽率な冷酷さの手段として言葉を使うこととは真逆なのです」。

エリザベス・ハーヴェィは『腹話術の声』において、次のような謎を探究しました。英国ルネサンス期でも現代においても、女性の声を創り出すとか、女性の身体を通して語るとか、このように女性の声を腹話術にのせるとかいったことを男性たちがいつどのような場面で選択してきたのか、そしてそれはなぜかという謎です(21)。私は、彼女の分析に非常に助けられたのです。なぜなら、女性であるとはいかなることなのかを男性は知り得るのか、そして、そのために女性に益するように語り得るのかという認識論的な問題と、倫理的・政治的問題との相違について、彼女の分析がとても明晰であるからです。では、男性たちが女性たちの代わりに語るとか女らしいとされる声を創り出すとかいう場合の倫理的・政治的問題とは、なんでしょう? 葛藤の経験について私が女性たちと語り合った時、創り出されたもしくは社会的に構築された女の声と、自分たちのものとして聴く声とを区別することに困難を覚えた女性たちが多かったのです。それでも女性たちには、違いを聴き分けることが可能でした。自分の声を放棄することは、関係性を保つことを放棄し、選択をすることに伴うすべてを放棄することなのです。ロウ対ウェイド判決が、多くの男女が心理的にも政治的にも成長する過程を創始ないし正統化できたのは、声と選択という両回路のつながりにある程度負うところがあります。

以上をふまえて、差異の問題へ進みましょう。一九七〇年代初頭、私はローレンス・コールバーグの研究助手として働いていましたが、彼の議論はとても強靭だと思っていました。ホロコースト(22)やミドル・パッセージ(23)という惨事に見舞われた後では、心理学者たちあるいは社会科学者たちにとって、倫理的中立とか文化相対主義とかいった立場を擁護しづらい――つまり価値については何も語り得ない、はたまた、あらゆる価値が文化ごとに相対的である〔とも言い切れない〕とは、主張できな

(21) Harvey, Elizabeth D., *Ventriloquized Voices: Feminist Theory and English Renaissance Texts*, Psychology Press, 1992. ルネサンス期英国の文学作品を題材にして、男性作者による女性の科白を分析したもの。
(22) 第二次世界大戦中、ナチス・ドイツによってユダヤ人等に対して組織的に行われた大量虐殺。元は古代ユダヤ教でモーセが定めたとされる儀式で、神殿で生贄の羊などを焼いて捧げることを指していた。
(23) アフリカの黒人をアメリカ大陸へ運んだ奴隷船の大西洋航路のこと。America's Black Holocaust, African Holocaust ともいう。

いものです。[24] 残虐行為を前にしてそのように不干渉を決め込むのは、ある種の共犯です。けれども、コールバーグと仲間たちが伝統的な社会科学研究の正典を隠れ蓑にして信奉するいわゆる客観的立場では、声の特殊性や、視点を構成する不可避の構築物を前にしても気づくことができなかったのです。それがどんなに善意からなされ暫定的に役立ったとしても、これが立脚する無謬の中立性とは、権力を隠蔽し知識を偽造するものでした。

私が試みたのは、差異に関する議論を相対主義から関係性の土俵へ動かすことでした。すなわち、解決されるべき問題というよりむしろ、人間の条件の標識として差異を見るのです。ロバート・アルターが『ヘブライ語聖書における語りの技術』[25] において述べているところによると、古代ヘブライの書き手たちが語りの技術を開発したのは、語りによってのみ人びとの思慮深く生きた生の見たままを伝えることが可能だったからであり、しかもそれは「時の移り変わりのなかで、容赦なくややこしいほかの人びととの関係性のなかで」の生でした。現在、私のみるところ、女性の書き手たち、とりわけ口承の伝統にのっとり、差異の複雑な経験に身を焦がすアフリカ系アメリカ人の詩人たちや作家たちが、音頭をとっているのです。今や多くの人びとが関心を寄せる疑問に答えるアートを声にすることの先頭に立っています。関係性や真理の語りについての私たちの議論を書き直すべく、差異に声を与えるには、どうすればよいのでしょう。

差異について語り、その結果「差異」を理論化するときの一つの問題はこの社会——正常であることばかりが気になっていたり、統計の虜になってしまったり、歴史的に宗教や道徳に厳格な社会—

—において差異があっという間に異常となり、異常が罪とされてしまうところにあります。トニ・モリスンが『青い眼がほしい』[26]において描いたのは、プラトン的な美の基準、あるいは「母」とか「父」とか「家庭」の理想型を欲すること（チョイス）が、その基準通りでない身体や、理想通りでない両親や家庭を持つ子どもたちにいかに作用するかということです。この初期の小説の中でモリソンは、自分の娘をレイプする一人の父親に、声を付与します。それは、娘の視点からだけでなく父親の視点からも、そのような暴力がいかにして起きたのかについて理解し語ることができるような心理的な補助線を引くこ

（24）ギリガンの父はハンガリー系ユダヤ移民二世の弁護士、母はウクライナとドイツ系移民の娘であり、ギリガンの子ども時代である第二次世界大戦中は、大陸からホロコーストを逃れてきたユダヤ難民の支援をしていた。ホロコーストはギリガンにとって身近で切実な問題であった。

（25）Alter, Robert Bernard, *The Art of Biblical Narrative*, Basic Books, 1981. アルター（1935- ）は、単独でヘブライ語聖書全巻の英語訳を出版している。

（26）『青い眼がほしい』で一九七〇年にデビューしたトニ・モリスン（1931-2019）は、アメリカの黒人文学を代表する作家で、一九九三年アメリカの黒人女性として初めてノーベル文学賞を受賞した。執筆を開始したのは公民権運動が高揚する一九六二年であった。邦語訳の解説（青山南）によればモリスンは、全米的な長寿番組「オプラ・ウィンフリー・ショウ」（1986-2011）でオプラがお気に入りの作家や作品を紹介するブッククラブコーナーにたびたび登場している。そして、「人種差別のある社会では、その影響は人種間だけでなく、それぞれの人種内にも生じてくる」と語った。二〇二〇年一二月、J・バイデン大統領の就任式で自作の詩を朗読したアマンダ・ゴーマンは、モリスンの熱烈な愛読者である。

とになるのです。『愛されし者』では、奴隷の身分に戻る姿を見るくらいならと自分の娘を殺した母親に声を付与します。こうしてモリスンは、心理的かつ倫理的なある問いを探究するのですが、この問いを心理的かつ道徳的な発達に関する文献は見逃してきました。わが子たちを愛し、差別主義的で暴力的な社会――そのような社会は、女性たち男性たち双方を傷つけるのですが――に生きる一人の女性にとって、ケアは何を意味するのでしょうか？　あるいは潜在的に何を意味する、あるいは何を伴い得るのでしょうか？　モリスンはそう問うのです。

差異に関する昨今の議論のなかで私が困惑するのは、声に出して論じられることがなく、いつまでたってもつきまとっているところです――つまり、誰が語っているのか明らかでないところであったり、議論の対象となる人びとが声を持たないところであったり、はたまたその会話の目指す先が客観主義と相対主義の果てしない円環であるところなのです。そういう会話は、神の目線があるか否かとか、神が存在するのか否かというような最古の哲学的ないし存在論的な問いへ針路を転じてしまっています。ある友人は、スタンダールを引用して、「神の唯一の弁解は、自分は存在しないということです[27]」と言いましたが、現代社会ではこのような会話さえ、ジェンダーと差異、支配と権力に逆戻りしてしまいます。ジェンダーの差異が果たして生物学的に決定されるのか、それとも社会的に構築されるのかという問題は、深く心をかき乱す問題なのです。このように問題設定すると、女性も男性も同様に、人びとは、遺伝で決定されるにせよ社会的に生み出されるにせよ、――そこに声はなく――そして、声がないことで、心理的に湧き出るような抵抗も、創造も、あるいは変化も起こりえないのです。問題が最もこじれるとき、今のように心理学を社会学なり生理学なりあるいは両者の何らかの組み合わせへと整理してしまうと、ハンナ・アーレントやジョージ・オーウェル(28)を不安に陥れた類(たぐい)の統制へ通じてしまいます。口や喉(のど)を手でふさいで声が漏れないようにし、言語を死に至らしめることこそが、ファシズムや全体主義の支配のための条件を満たします。今日では奇妙にも語られなくなった「プロパガンダ」という言葉と結びつく心理的な麻痺も、あります。

道徳的な問題は人間関係の問題であり、本書は、ケアの倫理の発達をたどることで、非暴力的な人間関係を築くための心理的土台を探究しています。この関係性の倫理は、利己性と無私性との間の大昔からの対立を超越しているのですが、この両者は道徳に関する議論の基本でした。この偽りの二分法を超越する声を多くの人びとが探し求めてきたことで、道徳に関する議論の潮流を「客観性と分離をどうやって達成するか」から「どうやって他者に応答する形で丁寧にかかわるか」へと切り替える試みが申し立てられるのです。政治経済学者で『離脱、発言、そして忠誠』(29)の著者であるアルバー

(27) 巻の名言集ではスタンダールの言葉として紹介されるものが多い。しかし、一世代前のヴォルテールがリスボン大地震に遭遇し、「全ては善なり」という最善説を批判したのがオリジナルである可能性もあり、スタンダールが典拠だと断言できるかは不明である。

(28) George Orwell (1903-1950) は短命で、作家としては一五年ほどしか執筆できなかったが、近未来の管理・監視社会のディストピアを描いた『１９８４年』など鋭い作品を多く残している。

(29) 組織に属する個人が離脱するか、発言そして内部から改革するかは、忠誠度によるという分析。ギリ

ト・ハーシュマンは、離脱の要領よさと、〔とどまって発する〕声のとりとめのなさや悲嘆とを対照させます。踏み留まるより、出て行く方が容易なのです。つまり関係性が必要とするのは、長らく女性の強みでもあったある種の勇気と情緒的なスタミナなのですが、それらはあまり注意を向けられて尊重されることはありませんでした。

関係性は、つながりを要求します。関係性は、感情移入する能力あるいは他者の話に耳を傾けて言葉遣いを学んだりその視点に立ってみたりする能力ばかりではなく、〔みずから〕声を有し、語る言語を有することにもかかっています。私が記述している女性たちと男性たちの差異は、女性たちと男性たちが犯す関係性の誤りが異なることが核となります――男性たちはソクラテスの金言〔＝汝自身を知れ〕に従って自分自身のことを分かっていれば女性のことも分かるだろうと考え、一方女性たちは他者のことが分かりさえすれば、自分自身のことが分かるようになると考えるのです。つまり、男性たちと女性たちは暗黙裡に結託して、女性たちの経験を表明しないし、また、沈黙の周りに関係性を築くこともしないのですが、そういうことが維持されるのは、男性たちは自分が女性たちから切り離されていることを知らず、女性たちは自分自身から分離していることを知らずにいるからです。関係性や愛に関する大半の発言は、こうした真実を注意深く隠蔽してしまいます。

女性の心理的発達に関する最近の研究は、この問題に単刀直入に切り込んでいます。女性の心理および女子の発達に関するハーバード・プロジェクトでは、女性たちの生を調査研究しているのですが、成人期から青年期へ、そして青年期から子ども期へと発達の時系をさかのぼります。本書で語っている女性たちを含め、成人女性たちの声を手始めにして、女子校に通う青年期の女子たち、共学の学校や学童クラブに通う女子たちや男子たちの声にこれまでじっくりと耳を傾けてきました。一応、青年期〔の調査〕に慣れたところで、多少の自信をもって、そして、新たな疑問をもって、もう少し若い女子たちの世界へ移動しました。七歳から一八歳までの女子たちに関する五年間の研究　および女子たちと女性たちを含めて三年間調査する予防活動（プリヴェンション）の試験的プロジェクトを開始しました。

この研究をすすめるうちに、リン・マイケル・ブラウン、アニー・ロジャース、そして私が辿り着いたのは、女子たちの声の中に、ある明らかな転変（シフト）を聴き取り、そして声におけるこの変化が女子たちの関係性や自己感覚における変化と一致することを認めた地点でした。たとえば、青年期にさしかかった女子たちがとてもあり得ない状況を語るのが、聞こえ始めました。彼女たちが抱える心理的ジレンマというのは、もし、自分たちが感じたり考えたりしていることを口にしたら、誰も一緒にいたいと思ってくれないだろう、そして、もし、自分たちが感じたり考えたりしていることを言わずにおいたら、〔やはり〕自分は独りぼっちで、どうしたのかと誰も知ろうとしないだろうと感じていた

ガンは、本人も編集に加わった *Mapping the Moral Domain: A Contribution of Women's Thinking to Psychological Theory and Education*, Harvard University Press, 1989 において、'Exit-voice dilemmas in adolescent development' と題する一章をハーシュマンに捧げている。

ことです。一人の女子がいみじくも、「誰も私と一緒にいたがらないわ、私の声が大きすぎるでしょう」と言いました。自分の話を聞きながら、「でも、関係性を持たないといけないわ」と説明して、自分の難題を一層難しくしていました。

関係性の袋小路に陥ったこうした女子たちの話に耳を傾けることで、私たちは自分自身が心理学の理論を再考し、自分自身やほかの女性たちの声を聴き直していることに気づきました。この若い女子たちの大胆な率直さ、正直に話そうとする決意、そして関係性にとどまりたいという切実な願いに、衝撃を受けました。同時に目撃したのは、女子たちが、自分の知っていることや、それまでしがみついてきたことを徐々にあきらめていく姿でした。彼女たちは、自分の経験とそぐわない現実が社会的に構築されていることに直面するようになるにつれて、乖離めいたことが不可避になってくるのです。女子たちが足を踏み入れ、もしくは運ばれていく先の成人期は、力強い男性たちの経験に心理的に根差し、歴史的に定着した世界の中にあり、その第一歩は、自信喪失の始まり かつ 気づきの始まりを印(しる)すものです。それがいかにあっという間であろうとも、成人女性になれば、経験と、一般に現実とみなされることとがはっきり引き裂かれるのだという気づきになるのです。

私たちの研究は、女子たちが乖離に抵抗することを実証しました。他方、多くの女性たちにとってはお馴染みの心理的分割へ、女子たちが導き入れられることをも実証しました。すなわち、分かっていることを分からないと言うようになり、自分の声を聴いたり耳を傾けたりすることが難しくなり、精神と身体、思考と感情がちぐはぐになり、自分の内面世界を伝えるよりむしろ隠蔽するために声を用いたり、という具合です。その結果、関係性はもはや、自分の内面世界と他者の世界との接続を探求する経路を提供するものではなくなります。

本書で紹介するエイミーの声がなぜ、かくも大勢の女性たちにとって衝撃的だったのか、そしてなぜ、中には深い不安に取り残された女性たちがいたのかという謎が、にわかに解けました。「それは、時と場合によるわ」というエイミーの言い回しは、人間にありがちな込み入った問題を定式化して解決することに抵抗する女性たちによって繰り返されてきました。けれども、人間的な葛藤を解決するような定式の限界にエイミーが抵抗すること自体によって、旧弊な心理学者たちが聴き取ってきたように自分の声を聴く女性たちも現われました。つまり、煮え切らない、決断力がない、あいまいだ、世間知らずだ、などとあしらってしまうのです。〔第二章で〕エイミーにインタビューした〔女性〕心理学者に分かっていたことは、訊かれた質問に対するエイミーの答えが、〔この子は〕あまり「発達して」いない――自己感覚が明晰でない、抽象的思考あるいは道徳的判断ができるほど能力があまり発達していない――と評価される結果になることでした。だからこそ、彼女は、エイミーに対する質問を繰り返し続けたのです、〔正答に辿りつく〕チャンスをもう一回与えるために。

一五歳になったエイミーは、あのおぼつかない声を胸中にしまい込み、その結果、交互に出たり引っ込んだりする二つの声に挟まれて苦悩しました。一五歳の時点でのインタビューは、乖離が活発に進行する真っ只中のエイミーに向けられました。それは、知っていることと、知っているのに知らないと言うこととの乖離です。たとえば、貧しくて死にかけている誰かの命を救うために薬を盗むべきだという発言にかかわるひどく厄介なことが何かしらあることが、〔一五歳の〕エイミーには分かりました。自分が住んでいた都市では、貧しい人びとが、薬が手に入らないために毎日死んでゆくと知った時のことです。その時、エイミーには、彼らを救うために薬を盗むつもりは全くありませんでした。一一歳の時にエイミーが率直に言ったのは、盗みはこうした問題に対する良い答えではないということでした。実際、病人は薬が手に入らず死にゆくだけではなく、もしかすると、全く独りぼっちで、関係性もなく、ことによると経済的資源も枯渇しているかもしれないのですが。しかしながら一五歳になると、エイミーには、道徳的葛藤についての語り方のなかに、あの論理が見えてきたのです。その論理はエイミーが見たところ、関係性を脅かし、現実に疎くなるものでもありました。つまり、一連の分離がなされることを要求し、自分自身との関係性を作り替えたり、自身の現実感覚を曇らせたりし始めるような論理的な考え方なのです。一一歳の時の発言をなかなか思い出せないのか、一五歳のエイミーは、問題にアプローチする二つの方法の間を行きつ戻りつするなどして、考え直す途上にありました。

考えや気持ちがこのように変わるのは、青年期の女子たちの間では繰り返し目撃されることですが、それを見た私の同僚アニー・ロジャースを動かしました。女子たちが「いつもの勇気」を喪失する、あるいは、それが当たり前だった――声を持ち、関係性の中にいる――ことが、もはや最も安全で最も私的な関係性の中でしか経験しえない特別なものになってしまったとわかることについて、アニーは論じるのです。女子たちが青年期になって、一般社会からこのように心理的に引きこもってしまうのは、女性たちの経験を秘密めいたものにし、一般社会における女性たちの政治的な声と存在が大きくなるのを妨げるお膳立てとなります。青年期になると自分たちの経験から声が乖離してしまうことによって、女子たちは、知っていることを語らなくなり、ついには知ることもなくなります。それは、足元から経験の絨毯を引き抜かれる感覚、あるいは現実ではなくでっち上げとして自身の感情や考えを経験するようになることの前触れなのです。

同時に、女子たちの強く勇気ある声を記録することによって、そして、自分たちの声や関係性を維持する良い方法を女子たち〔自身〕が模索するさまを証拠資料として残すことによって、ハーバード・プロジェクトが証言することは、本書が新しいやり方で問題を提起する根拠となっているのです。女子たちが成熟する時、それは多くの社会において市民として挙げる声なり参政権なりを獲得とする時でもあるのですが、まさにその時点で、こうした二分法の用語で語られる会話への参入に対して女子たちが抵抗しています。分離とつながり、正義とケア、権利と責任、力と愛についての現代人の会話が新しい局面を迎えるのは、その〔抵抗の〕証拠に接続される時なのです。分離や独り立ち、それはかつて青年期における発達の指標とされ、心理学的事実として提示されてきたのですが、もはや必要あるいは不可欠、自然本性的もしくは善いことには見えません。本書に出てくる女性たちの多くが「無私」から引き返してくる旅路は、それはしばしば本人も周囲も多大な犠牲を伴いましたが、もはや不可避の旅ではありません。一一歳のエイミーの抵抗する勇気と、中絶の意思決定についての研究に参加したティーンエイジャーたちのうちの何人かが上げたもっととりとめのない声とがつながらないことは、関係性を発達させられなかったというよりはむしろ、関係性を喪失したことの方を映し出しているのかもしれません——利己的な振る舞いか無私の振る舞いかの選択として、道徳的葛藤を女性たちが構成する時に聞こえるようになる関係性の喪失です。

女性の心理的発達についてのこうした理解と、男性についての理論であることが判明した人間の発達理論とを並べてみて、私は次のような〔三つの〕暫定的理論に辿りつきました。〔まず〕男性たちが幼児期に典型的に経験する関係性の危機を、女性たちは青年期に経験すること、〔次に〕男子たち女子たちにおけるこの関係性の危機は、家父長制社会を永続させるのに不可欠な、女性たちからの断絶を含むこと、そして、女性たちの心理的発達〔という課題〕は、女性たちの状況のみならず、女子たちの抵抗もあるがゆえに画期的なことになる可能性があることです。女子たちは、声を喪失するまい、内面の分割や分裂をきたすまいと抵抗しますが、そうすると大半の者が関係性から疎外されてしまいます。なぜなら、文化的に強制される分離に対する女子たちの抵抗は、その心理的発達において男子たちより遅い時期に生じます。そのために、女子たちの抵抗は、より明瞭かつ妥協なしに表現され、より深いところから声を発し、その結果、より反響するからです。すなわち、女子たちの抵抗は、関係性に対する女性たち男性たちの欲求に共鳴し、心理的な古傷をえぐり、新たな問題や関係性の新たな可能性や新たな生き方を提起します。女子たちは、声にならない欲求とまだ実現しない可能性の担い手となるので、相当のリスクや、危険にさえも否応なくさらされるのです。

治療中の女性たちを相手にする心理療法士にして精神分析医であるという立場が女性たちの心理

的発達を研究する際に有利に働いたので、ジーン・ベイカー・ミラーは次のことに気がつきました。それは、発達の途上にある女子たちや女性たちが関係性をつくり維持しようと努めながら、逆説的に、大部分が関係性から疎外され続けていることでした。ミラーがこの逆説を定式化したことで、女性の心理に対する新たな理解が進み、心理的苦痛やトラブルを再考する強力な動きへつながっています。

ミラーと私は、次のような事実に衝撃を受けました。〔両者は〕別々の方向から、そして異なるやり方で女性たちや女子たちの研究に取り組んだにもかかわらず、女性たちの心理と支配的な社会秩序との関係について、きわめて一致する洞察に辿りついたのです。女子たちや女性たちに目を向け、話を聴く新しい心理学の理論は、女性たちの経験を覆い隠し続けることによってのみ権勢を保ち続けられる家父長的秩序に対する、必然的な挑戦状を突きつけます。女性たちや女子たちの経験を白日にさらすことは、ある意味では完璧に単純明快な作業だとはいえラディカルな試みなのです。だから、女性たちや女子たちと――教育、研究、治療、友情、母性、日々の暮らしの成り行きにおいて――のつながりを固守することは、革命的な可能性を秘めています。

心理学を教える授業で、私はしばしばフロイトのエッセイ「文化への不満」を教材に使います。その論考においてフロイトは、次の問いを投げかけています。なぜ人間／男性は、かくも不快な思いをして生きていかなければならないような文化を創り出したのか？　そして私は、嘘つきのパラドックス――「ローマ人は必ず嘘をつく、とローマ人は言った」――について、学生たちと語り合います。青年期にある多くの学生たちはこの逆説に魅了されるようになります。その青年期というのは、フロイトの見るところでは、文化の進歩に必要なこととして、子ども期の関係性を離脱し先行世代に対抗していく時です。ピアジェによれば、仮説が現実に勝る時であります。ごく最近になって初めて、私は、このパラドックスの別の解釈を耳にしました。「ローマ人は必ず嘘をつく、とローマ人は言った」というのは、帝国主義についての史実に基づく真理を含むというのです。すなわち、帝国の秩序には必ず、その芯に嘘がある、と。

これこそ、ジョゼフ・コンラッドの予言的で物議をかもす小説『闇の奥』(30)の核心なのです。当時ベルギー領コンゴであった地の奥へ旅をするうちに、〔主人公〕マーロウはクルツ氏を探し始めます。クルツ氏は「美徳の徒」(31)、すなわちアフリカに啓蒙と進歩あるいは文明をもたらすのだと自負していたヨーロッパ人たちによって、〔奥地へ〕送り込まれたのです。マーロウは、クルツ氏が啓蒙された帝国主義という幻影に対する信仰を取り戻すだろうと信じていますが、その幻影は、汚職、無気力、暴力、そして疾病の証拠が至るところにはびこる現実とは矛盾します。マーロウが奥地に辿りついてみると、クルツ氏が死にかけていることがわかります。そして死にゆくクルツ氏と面会し、究極の汚職を発見します。象牙の出荷とともにベルギーにある会社に宛てて送るべくクルツ氏が準備していた報告書の最後に、二〇世紀に繰り返し上演されることになった言葉を殴り書きしてあったのです。それは、差異の問題に対する究極の解決手段なのですが――「獣(けだもの)は皆殺しにせよ！」〔一二五頁〕でした。死にゆくクルツ氏自身がその解釈を示すのです。クルツ氏が今際の際に遺した言葉は「恐ろしいんだ！　ぞっとする！[32]」でした。

マーロウは、自分は嘘をつくことができない、「何か腐ったものに喰らいついていくみたいに」嘘は世界を蝕むからなと言います。それでも本の最後でマーロウは、クルツ氏の婚約者だった女性に嘘をつきます。彼女は無名のヨーロッパの女性で、クルツ氏の帰りを待ち、クルツ氏の面影をしっかり抱いていました。彼女はクルツ氏の所持品のなかにあった彼女の写真を返却するために、ベルギーにいる彼女を訪ねます。その時、彼女はクルツ氏の最期の言葉を問い、マーロウは嘘をつきます。「クルツさんが口にされた最期の言葉は——貴女のお名前でした」（一九一頁）。

（30）本書第二、三、六章で取り上げるJ・ジョイスがいくつもの作品に共通の主人公スティーヴン・ディーダラスを登場させるのにも似て、『闇の奥』は三部作の一つで共通して海の男マーロウが登場する。そしてコンラッドの作品には聞き手と語り手が登場する構成が多い。ジョイスの翻訳に携わった丸谷才一は、一方でコンラッドについても、「男の倫理を探求するための新しい語り口」と題した小論で、「「性のことになるとロレンスは血相を変へる。名誉の話になるとコンラッドはむきになる」とV・S・プリチェットは書いた。名誉は彼の最も切実な主題だった」と紹介している（丸谷才一『別れの挨拶』集英社、二〇一三年）。つまり本書の以下で著者が言及するのは、このような男性作家たちなのである。

（31）「文献一覧」に追補した邦訳では「道義を重んじる集団」（六五頁）。

（32）「怖ろしい！　怖ろしい！」（一七一頁）。『闇の奥』は、フランシス・コッポラ監督による映画『地獄の黙示録』の原案とされている。

この罪のない嘘は、文字通り、悪気のない嘘です。というのも、クルツ氏と同居していた――実際に寄り添っていた黒人の女性の存在を隠しているからです。女性の身体におけるこの人種的差異の問題は、目下のところ女性同士の最も痛ましくて困難な問題の一つの核心に迫るものです。つまり、白人の女性たちが直接に絡んでいた戦争犯罪のことです。

過去二年間、私は一一名の女性たち――黒人五名、白人五名、そしてヒスパニック一名――からなるグループを構成してきました。そして、女子たちに対する自分たち〔成人女性〕の関係性を問うことによって、未来に対する自分たちの関係性を問うてきました。黒人、白人そしてヒスパニックの女子たちと比較して、自分たち〔成人女性〕は、黒人、白人そしてヒスパニックの女性たちとして、どのような立ち位置にあるのでしょう? 人種による支配や暴力の連鎖を浸透させるのではなく、人種を分ける線引きをこえたつながりを創造し維持することは、どうしたら可能になるのでしょうか?

コンラッドの小説に、突き抜けた一節があります。マーロウは、クルツ氏の婚約者に対してついた嘘を正当化するのですが――それは、潮目が変わるのを待つ間に、マーロウの話に耳を傾ける船上の男たちに対するようであって実は、自分自身に対してなのです。つまり、

かすかなため息が聞こえてきて、こちらの心臓が止まった。ぞっとするような勝ち誇った泣き声で、信じがたい勝利と、えも言われぬ苦痛とが入り混じったような嗚咽で、こちらの心臓がピタッと止まったね。「そうよ――そうだと思っていました!」……彼女は、わかっていた。確

信していたんだ。彼女がすすり泣くのが聞こえた、両手で顔を覆いながらね。〔自分が〕逃げ出す前にこの家が崩れ落ちてしまうんじゃないか、頭上に天が降ってくるんじゃないかと思うくらいだったが、何も起こらなかった。これっぽっちの嘘じゃ、天なんか落ちて来やしないんだな。もしも、公正を期して〔本当のことを話して〕クルツの落とし前をつけてやっていたら、天は降ってきたのかもな。奴は、正義だけが望みだとか言ってなかったっけ？　しかし、自分にはできなかったね。〔本当のことは〕彼女には言えなかった。そんなことは、あまりにも闇だ——ったく、闇過ぎるだろ。

人種とジェンダー、植民地主義（コロニアリスム）と男性的な物語の間のこのような交差は、嘘つきのパラドックスと関係性のパラドックスとの間の収斂をも示しています。つまりその地点では、女性の生と男性の生を合わせ、「文化」が鉄のようにがっちり抑え込んでいるのです。進歩についての嘘は、関係性についての一つの嘘と一緒になって、男女両方を束縛し、女性同士の関係性を抹消します。この交差こそが、本書の〔元の副題にも並置されていた〕二つのパート——心理学理論の嘘と、女性たちの心理的発達における嘘——を結びつけています。心理学理論は、男性にすべての人間を代表させてきました。女子たち女性たちは、偽りの女性の声が伝える関係性と善良さのイメージに、自分の声を変えて合わせてきました。

嘘をつくと、病みます。これは、フェミニズムと精神分析共通の洞察です。私が『もうひとつの声で』を執筆したのは、女性の声を心理学の理論に取り入れ、男性たちと女性たちとの間の会話を再構成するためでした。私が驚いた発見は、この本が出版されてからというもの、自分の経験が他の女性たちの経験とどれほど共鳴し、また別のかたちで男性たちの経験ともいかに共鳴するのかでした。そのため今日では、声と関係性をめぐるテーマ、そして一九七〇年代には非常に斬新に思われたつながりへの関心や分離の代償への懸念が、増殖する会話の一部になっています。

「貴方ったら、巨人が必要だとお思いなの？」と、ラネーフスカヤ夫人は本書冒頭で引用した『桜の園』の一場面で、ロパーヒンに言います。チェーホフは、英雄伝説についてのこの観察と、発達に関するその物語を一女性のコメントとして理解しています。あるいは、一女性の科白に割り当てました。このようなすり替えの定式化が明らかにする次の二つの選択肢の間の緊張関係は、本書では未解決のままになっています。つまり、人間の生と関係性についての二通りの話し方の間の――かたやつながりに、かたや分離にもとづくのですが――きりがない対位法で〈このまま〉いくのかどうか、〈対位法を取らないとすれば〉すなわち、長らく発達や進歩と結びつけられてきた〈男性が代表してきた〉人間の生と関係性についての一つの思考枠組みが、私たちは無関心ではなく関係性の中で生きているという前提で始まる新しい〈ケアと責任の〉思考方法へ道を譲ることができるのかどうかです。

心理発達の理論や、自己と道徳性に関する諸構想は、進歩とか善良さを切断や無関心に結びつけ、心理的成長や健康の名のもとに女性からの乖離を唱えてきており、危険極まりありません。なぜなら、そうすることによって、科学にみせかけたなかに一つの幻覚を閉じ込めるからです。それは、女性たちからの〔関係性の〕切断や乖離はよきことだと見なす幻想です。女性たちの声は、嘘の苗床となっている失敗した関係性という根底に潜む問題を、人間らしい会話の表面に絶えず引っ張り出します。ひとたび女性が会話に参入すると避けられなくなるような関係性と差異に関して続出してくる問題は、地域や国内、および国際的なシーンで目下、最も喫緊で差し迫った問題にほかなりません。政治が心理戦になってきたのは、男性たちの切断と女性たちの乖離が、社会秩序にあまねく浸透しているという意味においてなのです。諸々の心理作用と、こうした分離や乖離に抵抗する能力は、政治的行為へと生成していきます。

『もうひとつの声で』は、それ自体が次のようなプロセスの一部を記述するものとなっているため、〔新版を出すにあたり〕改訂していません。[33] それはすなわち、女性の声を公開して新しい会話を開始す

(33) 実際、この一九九三年版は、一九八二年版での本文中の誤記や文献データにおける誤字脱字がそのまま印刷されている。例えば第三章に辻褄の合わないページ表記があり、仏語訳や独語訳でも看過されていたが、今回精査した結果、それは巻末の文献一覧に挙げられた雑誌掲載論文ではなく同著者の投稿前原稿のページ数であったこと、そして一九八五年にギリガン自身が別の論文において、当該箇所についてあらためて正確なページ表記を示していたことが判明した。そのため、本翻訳では文献一覧に投稿前原稿を追加している。なお、原書の誤字脱字は本翻訳で適宜訂正を施している。

ることによって、世界の声を変えるという現在進行中の歴史的なプロセスなのです。

ケンブリッジ、イングランド
一九九三年六月

この序文の草稿に対し惜しみなく洞察力のある反応をしてくれたメアリー・ヘイマー、メアリー・ジェイコブス、テレサ・ブレナン、およびオノラ・オニールに感謝します。ドロシー・オースティンとアニー・ロジャースに、多大な感謝の意を表します。また、キングスカレッジのケンブリッジ女性研究フォーラム、ニューナムカレッジの女性スピーカーシリーズ、およびユトレヒト大学のサンデラ・クロルとセルマ・セーヴェンハウゼンが主催した講演に参加した人びとにも感謝したいと思います。この書簡の前のバージョンを読み上げた当講演後の議論から、恩恵を受けました。

感謝のことば

　この作品は、著者以外の方がたの惜しみない厚情と寄与の賜物である。まずは、本書で取り上げる調査研究に参加した女性たち、男性たち、そして子どもたちに謝意を表すところから始めよう。一同は自分自身そして自分たちの生について考え抜いた説明を施し、道徳性にかかわる質問群に対しても根気強く答え、道徳上の葛藤や選択をめぐる経験を自ら進んで俎上に載せるのをいとわなかった。そうした協力姿勢が本書の拠りどころを成している。妊娠中絶の意思決定に関する研究に加わってくれた女性たちには、特段の感謝を捧げたい。当人の経験が〔この本を手にとる〕他の人びとの助けとなることこそが、彼女らの希望だったからである。

　調査研究はすべて、協働の努力の成果であるため、次の共同研究者にも同じく感謝せねばならない――中絶の意思決定に関する研究ではメアリー・ベレンキー、大学生に関する研究ではマイケル・マーフィー、そして権利と責任に関する研究ではマイケル・マーフィー、シャリー・ラングデール、ノナ・ライアンズに。インタビュー調査の大半はこの人たちが主導したものであり、少なからぬアイデアが彼女ら／彼らとの意見交換を通じてもたらされた。一連の研究の計画じたいが、こうした仲間の貢献に負っている。すなわち、調査研究が完了したのは、これらの研究者の積極的関与（コミットメント）および大変な努力のおかげにほかならない。マイケル・バセッチズ、スージー・ベナック、ドナ・ハルサイザー、ナンシー・ジェイコブズ、ロバート・ケーガン、デボラ・ラピダス、そしてスティーブン・リーズの面々も、本書が成るにあたり中枢的な役割を担っている。暴力のイメージに関する共同研究者であるスーザン・ポラックは、当の調査研究の引き金となった所見を提示してくれた。

　以下の諸団体から資金援助を受けたことにより、この作品を世に送ることができた――中絶の意思決定に関する研究への資金提供は、ハーバード大学教員を対象とする助成金のかたちでスペンサー財団から、大学生に関する研究には、ウィリアム・F・ミルトン基金および国立精神衛生研究所の小規模助成部門から（交付番号 # RO3MH31571）、そして権利と責任に関する研究には、国立教育研究所からである。メロン財団の研究奨励制度により、ウェルズリー大学の女性研究センターで一年間の研究に専念することが可能となった。

　ハーバード大学の同僚からは、金銭面とは別種の支援を授かった。長年にわたって私のよき教師にして親しい友人でもあったローレンス・コールバーグは、私を啓発して道徳性の研究へと向かわせた。デイヴィッド・マクレランドとジョージ・ゴーサルズの両人も、私の研究を長らく触発し、激励を惜しみなく与え続けてくれた。ベアトリス・ホワイティングには、研究の展望を拡充してもらった。ウィリアム・ペリーの調査研究から教示を賜っている。次に列記する方たちにも感謝申し上げる――授業を一緒に担当したパトリシア・スパックスおよびステファニー・エンゲルは、私の見識を拡げかつ明晰なものにしてくれた。ユリー・ブロンフェンブレナー、マティナ・ホーナー、ジェーン・リリエンフェルト、マルカー・ノットマン、バーバラとポール・ローゼンクランツご両人、そしてドラ・アリアンからは、本作品がカバーする領域を押し拡げるような多くの示唆をいただいている。ジャネット・ギールからは、編集上のひらめきを、ジェーン・マーティンからは、草稿に対する詳細なコメントを有り難く受け取った。またヴァージニア・ラプラントが寄せた数々の明敏な提案によって、本書の最終原稿は磨き上げられた。

第一章と第三章のもととなる論文は、『ハーバード・エデュケーショナル・レヴュー』に投稿したものである。掲載に際して、同誌の編集にあたっていた複数の学究が細心（ケアフルな）の注意を払い、力添えくださった。なお第六章の一部を改稿したものが、ジャネット・ギールの編著（米国社会科学研究会議の後援による出版物）[1]に収録される予定なのだが、同会議は、当該部分の本書への転載を快諾してくれた。ハーバード大学出版局のエリック・ワナーには、ひとかたならぬお世話になっている。彼は、私が本書で表そうとした見通しを下支えし、かたちあるものにしてくれた。私がとりわけ依拠した助力

（1）John Wiley and Sons 社より一九八二年六月に刊行された Janet Zollinger Giele (ed.), *Women in the Middle Years: Current Knowledge and Directions for Research and Policy*（米国社会科学研究会議をスポンサーとする Wiley Series on Personality Processes の一冊）。ギリガンの論考「成人の発達と女性たちの発達――〔両者を〕むすびつける（マリアージュ）ことに向けてのお膳立て」は、同書の第三章に収められている（pp. 89-114）。

の主であり、進んで私の話を聴き原稿を読んでくれ、快く応答くださった友だちの名前を、謝恩の気持ちをこめてここに記すとする――マイケル・マーフィー、ノナ・ライアンズ、ジーン・ベイカー・ミラー、そしてクリスティーナ・ロブ〔以上の四名〕。三人の息子、ジョン、ティム、クリスに向ける謝辞も忘れてはなるまい。三人が熱烈な興味関心を見せているときの喜び、彼らの発想やものの見方、疲れを知らない激励やサポート、これらがとても有り難かった。配偶者であるジム・ギリガンが示した、洞察あふれる見解、明快な応答、彼の助力やユーモアおよび独自の大局観に対する謝意を、最後に書き添えておこう。

一九八二年

序

過去一〇年というもの、筆者は、道徳性や自分自身について人びとが語る言葉に耳を傾けてきた。そのうちに、こうした人びとの声の中に違いを聞き分けるようになった。すなわち、道徳的問題の語り方には二通り、自他の関係性についての叙述様式には二通りある。発達の進行における段階の差として心理学の文献が扱ってきた差異は、突然、対位法のテーマとなって姿を現す。それはライフサイクルに織り込まれ、人びとの判断、空想、思考のなかで繰り返し姿を変えて現れる。こうした知見が得られたのは、道徳的葛藤と選択の状況における判断と行為の関係を研究するための女性のサンプルを選抜したときであった。筆者が何年にもわたって読み、教えてきたアイデンティティと道徳的発達の心理学の記述に反して、女性たちの声が際立った響きをもって聞こえてきた。そこで筆者は、女性の発達を解釈する際に繰り返される諸々の問題に気づき始め、これを、心理学調査の理論構築に関する批判的な研究から女性が繰り返し排除されているとの指摘へとつないだ。

この本は、心理学および文学のテキストと筆者の研究データにおいて、関係性についてのさまざまな考え方と、これらの様式と男性と女性の声とのむすびつき association を記録している。心理学の文献で一貫して指摘されている、女性の経験と人間の発達の表象との不均衡は一般的に、女性の側の発達上の問題を意味すると見なされてきた。ところがそうではなく、女性が人間の成長の既存モデルに適合しないのは表象の問題、人間の条件に関する構想の制約、すなわち生に関する特定の真実の省略を指しうるのだ。

筆者が記述するもうひとつの声は、ジェンダーではなくテーマを特徴とする。テーマと女性のむすびつきは経験的に観察されたことであり、その発達をたどるのは基本的に女性の声を通してである。しかし、このむすびつきは絶対的なものではない。そして、男性と女性の声がここで対照されるのは、二つの思考様式の違いを強調し、それぞれの性についての一般化を表すよりはむしろ、解釈の問題に焦点を当てるためである。発達をたどる際に、筆者はそれぞれの性においてこれらの声が相互に作用することを指摘し、両者の邂逅が危機と変化の時を示していることを示唆する。記述の違いの起源について、もしくはより広い母集団、文化全体、または時間の経過に伴うそれらの分布については、何も主張されていない。明らかに、これらの違いは社会的文脈で生じる。つまり、社会的地位と権力という要因が生物学的な生殖機能と組み合わさって、男性と女性の経験と両性間の関係とを形作る社会的文脈である。筆者の関心は、経験と思考の相互作用、さまざまな声とそれらが生み出す対話、私たち自身や他の人の話に耳を傾ける方法、私たちの人生について語る物語にある。

本書全体を通して三つの研究が参照されており、私の調査の中枢的な想定を反映している。人びとの自らの生についての語り方は重要であり、彼らが用いる言語や作るつながりは、彼らが見たり行為したりする世界を明らかにしている。研究はどれもインタビュー調査に依拠し、同じ質問群が用いられた――自己と道徳の構想について、葛藤や選択の経験について。調査の方法としては、その人の言葉遣いや思考論理に従い、特定の回答の意味を明確にするために調査者がさらに質問した。

大学生に関する研究では、自己観や道徳についての考え方を、道徳的葛藤や人生の選択の経験に関連づける方法を用いて、成年前期のアイデンティティと道徳的発達を探った。道徳的・政治的選択に関する〔コールバーグの〕授業を受講する二年生のグループからランダムに二五名の学生が選ばれ、彼らは四年生の時点と卒業後五年でもインタビューを受けた。このサンプルを選抜したときに気づいたのは、履修を放棄した二〇名の学生のうち、一六名が女性であったことである。これらの女性たちには四年生の時点で連絡をとって、インタビューを実施した。

　中絶の意思決定に関する研究では、経験と思考の関係、および発達における葛藤の役割を検討した。一五歳から三三歳までの、エスニシティの背景や社会的階級が多様な二九名の女性にして、独身、既婚、未就学児の母親であり、妊娠が確認された初期で本人たちが中絶を考えた時にインタビューを受けてもらった。これらの女性たちは、大都市圏の妊娠カウンセリングサービスと中絶クリニックを通じて本研究に紹介された。クリニックまたはカウンセリングサービスの母集団を代表するようにサンプルを選抜する作為は、加えていない。紹介された二九名の女性たちのインタビューのうち二四名分の完全なデータが利用可能で、これら二四名のうち、二一名には、選択の翌年末に再度インタビューを行った。

　両研究とも道徳的判断に関する研究の通常の考案を拡張したが、それは、解決のために提示された問題について考えることに焦点を当てるのではなく、道徳的問題をいかに定義し、人生における道徳的葛藤としていかなる経験を構成したかを尋ねることによってである。道徳についてのさまざまな思考様式や、さまざまな自己観との関係に関するこれらの研究から導かれた仮説は、権利と責任に関する研究を通じてさらに検証され、洗練された。この研究には、ライフサイクルにおける九つの時点で年齢、知能、教育、職業、社会的階級を合致(マッチ)させた男性と女性のサンプルが含まれた――年齢は六―九歳、一一歳、一五歳、一九歳、二二歳、二五―二七歳、三五歳、四五歳 、および六〇歳である。全体で一四四のサンプル（各年齢で八名の男性と八名の女性）から更に、より集中的にインタビューした三六名分のサブサンプル（各年齢で二名の男性と二名の女性）を含めて、自己と道徳の構想、道徳的葛藤と選択の経験、および仮説的な道徳的ジレンマに対する判断に関するデータを収集した。

以上の調査研究からの抜粋を提示するにあたり、本書は進行中の調査を報告する。その研究の目的は、人間の発達の分野において、心理学者や人びとがその過程をたどり、提示される明らかな難問をいくつかでも理解できるようにするために、女性の発達をより明確に表象することを目的としている。とりわけ、青年期と成人期における女性のアイデンティティ形成と道徳的発達に関する難問のことである。女性たちに対し、本書が彼女たちの思考の一つの代理表象(リプレゼンテーション)（代弁してくれるもの）となることを願う。それによって、自分たちの思考の統合・高潔さと妥当性がよりよく見えるようになり、これまでの考え方が経験を屈折させてきたことを認識し、思考が発達する筋道を理解し得るためである。筆者の目標は、人間の発達に関する理解を拡張するところにある。〔これまでの人間の発達に関する理論の〕説明に何が欠落しているかに注意を喚起するために、理論構築に際して除外されたグループを起用する。この見方からすれば、女性たちの経験に関する相矛盾したデータこそが、新しい理論を生み出すための土台を提供し、〔ひいては〕男女の生に対して、より包括的な見方を生み出し得るのである。

第一章

人間／男性のライフサイクルにおける女性の位置

『桜の園』の第二幕。若い商人ロパーヒンが、猛烈に働いて成功を収めつつある自分の半生を語る。桜の園を伐り払い〔別荘地として貸し出すことで〕領地を手放さずに済ませるようラネーフスカヤ夫人を説得するがうまくいかない。そこで、第三幕になると自ら桜の園を買い取ってしまう。ロパーヒンこそは腕一本でのし上がってきた男であり、自分の父親や祖父が農奴として這いつくばってきた領地を買い取って将来世代が「新しい人生を送る」夏の別荘につくりかえることで、過去の「みっともなく、不幸な人生」を何とか消し去ろうとしているのだ。未来がこうして開けてゆくさまを念入りに思い描きながら、自分の信念を根底で支える男性像を明らかにする。「たまに眠れないときには、こんなことを考えますよ。主よ、あなた様は、広大な森や、見渡す限り広がる野原やはてしない地平線を手前どもにお与えくださって、そうしたら、こちとらはそんなところに住むには、どうしたって巨人にならないといかんですわい」――とそこで、ラネーフスカヤ夫人が彼をさえぎって言うことには、「貴方ったら、巨人が必要だとお思いなの？――巨人なんておとぎばなしで十分だわ、さもなければ恐ろしいだけじゃないの」。

人間のライフサイクルという構想は、日常の生活で繰り広げられる経験と認識、移ろう願望と現実をきちんと並べて、筋の通ったものにしようとする試みをあらわしている。しかし、この種の構想の本性は、考察者の立ち位置次第で左右されるところがある。チェーホフの芝居からわずかに抜き書きしただけでも考察者が女性であれば、異なった見方になることにお気づきであろう。巨人としての人間／男性像についての判断が分かれることが意味するのは、人間の発達について異なる考え方があり、人間の条件をどのように思い描くかが一様ではなく、人生で何が価値あるものだと考えるかはひとそれぞれだということである。

まさに社会的な平等や正義を求めて性差別を根絶しようと努力するときにこそ、社会科学における複数の性別間の相違が再発見される。この発見はすなわち、性差に対して科学的客観的に中立であると従来みなされてきた理論が、それどころか、観察や評価の一貫した偏向を反映していることを明らかにする。その瞬間、知識カテゴリーが人為的に構築されるという認識が、用語自体の中立性と同じく、科学が装っていた中立性に取って代わる。男性の目を通して人生を見ることに自分たちがいかに馴染んでしまったかに気づき始めると、二〇世紀文学の命脈たる視点〔論〕に魅力を感じ、それにならって、判断の相対性を意識することが、科学に対する理解にも及ぶのである。

ウィリアム・ストランクとE・B・ホワイトによる『英語文章ルールブック』という一見何の問題もなさそうな古典についても、最近になってこうした発見がなされている。[1]性差別についての最高裁判決を読んだある英語教師は、英語の用法の初歩的な規則が説明される場合、ナポレオンの誕生、コウルリッジの著作、「彼は興味をそそる語り手で、世界中を旅して六カ国に住んだことがある」や「ねえスーザン、貴女めちゃくちゃよ」、あるいは端的に、「彼は、二人の子どもを連れてゆっくり坂を下ってくる女を見た」といった表現を用例としていることに気がついたのだ。

心理学の理論家たちは、ストランクとホワイト同様に悪びれることなく、偏向した観察を重ねてきた。理論家たちは男性の人生を暗に規範として採用し、紳士服地で婦人服を仕立てようとしてきたのだ。もちろん、話はすべてアダムとイヴまでさかのぼるわけだが——何よりもこの話こそが、男から女を造りだすと必ず厄介なことになることを示している。ライフサイクル論においては、エデンの園同様、女性は、はみ出し者とされてきたのだ。

男性的な、それも身の毛のよだつようなイメージを女性に投影したがる発達理論の専門家たちの傾向は、少なくとも〔一九〇五年の〕フロイトの「性欲論　三篇」にさかのぼるのであり、フロイトはエディプス・コンプレックスに結実する男子の経験を軸として、心理的性的発達理論を築いた[2]。一九二〇年代に入ると、フロイトは、女性の分析に見られた相違や女子の幼児期における家族関係のさまざまな形態が提起する理論上の矛盾を解決しようと悪戦苦闘した。彼は、女性は自分たちが喪失したものを妬ましく思うのだとみなし、女性を自身の男性的な構想になんとかあてはめようとした。

（1）ギリガン原書でも一九五八年になっているが、教室で使用する教材として私的に作られた一九一八年版に、教え子のホワイトが改訂を施してマクミラン社から出したのが一九五九年であり、その一九五九年版の原書に対する邦訳の初版は荒竹三郎訳『英語文章ルールブック』荒竹出版、一九八五年。二〇一一年にTIME誌が一九二三年以降の最も影響力ある書籍一〇〇冊の一冊として挙げている。Don Comeau, "Teaching and Gender Perspectives In the English Language Arts Classroom," *A Peer Reviewed Journal*, Vol. 8, Number 2, 2005（University of Calgary の Faculty of Education によるサイトに掲載）によれば、第四版（二〇〇〇年）以降、若干の改善が見られるという。

（2）三篇とは、「性的異常」「幼児性欲」「思春期の形態変化」。

そのあげく、代わりに、母親たちに対する前エディプス的愛着を女性たちが引きずることに、〔男女の〕発達上の相違を認めるに至った。あまつさえ、女性の発達におけるこの相違のせいで女性は発達し損じるのだと考えた。

〔要するに〕超自我ないし良心の形成を去勢不安に結びつけてしまったために、フロイトは、女性は本来、明晰なエディプス・コンプレックス解消を志向しないのだと考えたのである。その結果、女性の超自我——エディプス・コンプレックスを継承するはずの——は、うやむやにされた。つまり、それは決して「男性であれば当然と思われるほど、容赦なく、非人称的で、情動の起源とは一線を画したもの」ではない。この差異、つまり、「女性の場合、倫理的にまともである基準が男性の場合と異なること」を見出したことをふまえて、フロイトは、女性は「男性より正義感に欠け、人生の大きな危機をなかなか認めたがらず、判断に際し往々にして、愛憎感情に左右される」と結論づけた（1925, pp. 257-258 邦訳二一四頁）。

このようにして、理論上の問題が女性の発達上の問題にすりかえられ、しかも女性の発達上の問題が人間関係の経験の中に位置づけられた。ナンシー・チョドロウの一九七四年の論文では、「男性と女性のパーソナリティと役割を特徴づける、ある程度一般的な、ほとんど普遍的といってもよい差異が世代ごとに再生産されること」について説明を試み、こうした性差は解剖学上の違いのせいではなく、むしろ「普遍的に、乳幼児を世話する責任を主に女性が負っている事実」に原因があるとしている（1974, p. 43）[3]。早期の社会環境は、男子と女子とでは別様であり、その経験の仕方が異なるがゆえに、パーソナリティ発達において基本的性差が生じる。その結果、「既存の社会ならどこでも、女性のパーソナリティは、男性のパーソナリティに比べて、他の人々との関係やつながりのなかに自己規定するようになる」(1974, p. 44)。

一九七八年になると、ロバート・ストラーの研究がチョドロウの分析の基調となっている。[4] それは、パーソナリティ形成の普遍の核となるジェンダー・アイデンティティが「男女とも三歳ごろまでにほぼ例外なく、しっかり不可避的に確立されること」[5]を示したものである(1978, p. 150 邦訳二三一

(3) チョドロウはこの論文で、一九七一年にロサルドらの母‐娘関係の共同研究に参加したことが自身に多大な影響を与えたと述べている。さらにこの論文集は Chodorow (1978) でしばしば参照され、さらに、本書で取り上げるフロイトやミード、ブロスなどの文献は Chodorow (1978) で取り上げられているものが多い。Michelle Z. Rosaldo (1944-1981) 自身、女性についての言語・人類学研究の先駆者である。この論文集に先行して Shapiro, H. L. *Man, Culture and Society*, Oxford University Press, 1956 がある。

(4) チョドロウがストラーに着目したとすれば、それはジェンダー・アイデンティティの発達がエディプス・コンプレックスの必須条件であることを暗示した功績であろう。ストラーの研究がフロイトの基本的な主張を率直に否定するがゆえに、フロイト以降の精神分析業界で認められなかったと、さらに注を設けて強調している。同書中ほかにもストラーに言及する箇所が複数あるが、ギリガンの研究の系譜を確認する上でこの注は重要と思われる。ただし、ストラーからの示唆は一九七四年の論文では見当たらず、論文中に明記されているのは師事した Philip Slater の文献である。そのため、原文で段落冒頭 In her analysis とあるのは、前段落ではなく一九七八年の著作を指すという区別を明確にするため、訳を変えてある。

頁）。性別を問わず、生後三年間の基本的な養育者が女性であるという典型的な場合、ジェンダー・アイデンティティを形成する対人関係力学は、男子と女子とで異なる。女性のアイデンティティは、進行中の人間関係の文脈内で形成される。というのは、「母親たちは、えてして自分の娘を自分とよく似ていて自分と連続しているように経験する傾向がある」からである（1978, p. 166 邦訳二五五頁）。呼応するように娘も、自分を女性と認識するときには母親たちと同じように、愛着経験とアイデンティティ形成過程とを融合させてしまう。

対照的に、「母親は息子を対立する異性として経験し」、息子は、自分を男性であると自覚すると、母親を自分から切り離す。つまり、「〔母親との〕原初的な愛情や情緒的な一体感」をそぎ落としてしまう。その結果、男性の発達は、「個体化をより強調し、体得した自我境界を固定するべく、より防衛的になること」を必然的に伴うものとなる。女子ではなく男子にとって、「分化の問題と性の問題がもつれ合う」（p. 167 邦訳二五五頁）。

精神分析理論が男性に偏向することをチョドロウは批判する。幼児期の個体化や人間関係の経験に性差が存在するからといって、「女性の自我境界が、男性のそれより「脆弱である」とか精神病になりやすいとかいうことにはならない」ということだ。それどころか、性差が意味するところは、「女子たちが、この時期から、男子たちとは異なるやり方で、原初的な自己規定のなかに、「共感」の基盤を備え始める」ことになる。このようにチョドロウは、女性心理に対するフロイトの否定的で周縁的な扱いを退け、積極的で直接的な持論を展開する。すなわち、「女子は、相手のニーズや感情を自分のこととして経験する（あるいは、相手のニーズや感情を分かち合っていると考える）ためのより強い基盤を備えるようになる。さらに、女子は男子ほどには、前エディプス期の関係様式を否定して自己定義を行うようなことはしない。したがって、女子は前エディプス期の様式へ退行しても、自分の自我が基本的に脅かされるとまでは感じない。そして、同性の人物に養育されるため、ごく幼い時から……女子たちは、男子たちほどには違和感を経験せず、より連続的に外界と関連づけられ、内面世界への方向づけも異なってくる」（以上すべてp. 167 邦訳二五五頁）。

その結果、人間関係や、特に依存の問題は、女性と男性とでは経験のされ方が異なる。男子や男性の場合、分離と個体化がジェンダー・アイデンティティときわどく結びついている。それは、母親

（5）該当箇所（同訳書では「9章フロイト／イデオロギーと証拠」二三一頁）で参照されたのは、ストラーをはじめとする以下の各文献である。Robert Stoller, "A Contribution to the Study of Gender Identity," *International Journal of Psycho-Analysis*, 45, pp. 220-226, 1964〔本書と同じ〕, "The Sense of Maleness," *Psychoanalytic Quarterly*, 34, pp. 207-218, 1965, "The Bedrock," 1972, "Overview," 1973, "Facts and Fancies," 1974. 他にJohn Money and Anke A. Ehrhardt, *Man & Woman, Boy & Girl: the Differentiation and Dimorphism of Gender Identity from Conception to Maturity*, Baltimore: Johns Hopkins University Press, 1972, およびLawrence A. Kohlberg, "A cognitive developmental analysis of children's sex role concepts and attitudes," Eleanor C. Maccoby.（ed.）, *The Development of Sex Differences*, pp. 82-173, Stanford University Press, Stanford, CA, 1966.

からの分離が男らしさの発達を決定するからである。女子や女性の場合、女らしさや女性としてのアイデンティティは、母親からの分離を達成する、あるいは個体化を進めることにかかっているわけではない。男らしさが母親からの分離を通して定まる一方で、女らしさは母親に対する愛着を通して定まる。そのため、男性としてのアイデンティティが親密性によって脅かされるのに対して、女性としてのアイデンティティが分離によって脅かされる。こうして、男性は人とかかわることが苦手で、一方、女性は個人として立つことが難しくなりがちになる。しかしながら、学童期や青年期の発達段階が分離具合を目安にして心理学の論文に書かれると、男性の人生とは対照的に女性の人生を特徴づける、社会的な相互作用や個人的な関係性に埋め込まれている特質は、記述の違いにとどまらず、発達上の欠陥とされる。分離が達成できない女性は、発達しそこねたと定義されてしまうのである。

チョドロウが幼児期について述べたパーソナリティ形成における性差は、学童期では、ゲームの研究にあらわれている。ジョージ・ハーバート・ミード（一九三四年）とジャン・ピアジェ（一九三二年）はそれぞれ、子どものゲームを学童期の社会的発達を鍛え上げるものとみなしている。ゲームで遊びながら、子どもたちは他者の役割を演じることを学び、相手の目を通して自分自身を見るようになる。ゲームで遊びながら、子どもたちは規則を尊重することを学び、規則をどう作り、どう変えることができるかを理解する。

ジャネット・リーヴァー（一九七六年）は、小学生のうちは仲間集団が社会化の担い手となり、遊ぶことがこの時期の社会化にとって主要な活動になると考え、子どもたちの遊びに性差があるかどうかを見きわめようとした。彼女は、白人中産階級の一〇～一一歳の五年生一八一名を対象として、休み時間中の活動の組織や構造を観察した。学校の休み時間と体育の授業で遊ぶ子どもたちを観察し、加えて、子どもたちが校外の時間をどう過ごしたかという話を毎日記録した。この研究から、リーヴァーは性差があることを報告している。すなわち、男子たちは女子よりも多く屋外で遊ぶこと、男児たちは多人数で年齢に幅のある集団の遊びが多いこと、男子たちはしばしば競争的なゲームで遊び、しかもそのゲームは女子たちのゲームより長く続くことなど。この最後の性差は、いくつかの点でもっとも興味深い知見である。男子たちのゲームが長く続くように見えるのは、より高度なスキルが求められるゲームであるために退屈しにくいというだけでなく、ゲームの途中で口論になったときに、女子たちよりうまくおさめることが可能だからである。つまり、「この研究をしている間、男子たちはしょっちゅう喧嘩しているところが見受けられたが、喧嘩のためにゲームを終了したことは一度もなく、七分以上中断されたこともなかった。もっとも深刻な討論の場合でさえ、最後は必ず「もう一回やろうぜ」と誰かが言い、するとたいてい、「〔それは〕こいつが〈ずるをした証拠〉だぞ」とやんやと囃したりして締めくくられる」(p. 482)。実際のところ、男子たちはゲームそのものを楽しむのと同じぐらい、規則をめぐる討論を楽しんでいるようでもあり、身体が小さかったり遊びが未熟だったりして中心になれない子どもでさえ、たびたび起こる口喧嘩に参加していた。対照的に、女子たちの間で言い争いが始まると、それでゲームがお開きになる傾向が見られた。

このようにリーヴァーは、ゲームの規則をめぐる研究でピアジェが得た知見を拡大し裏づけている。ピアジェが見たところ、男子たちは学童期を通して、規則を法として練り上げていくことや紛争を裁くための公正な手続きを発展させることに次第に魅かれていくが、そのような事柄は女子たちの気を惹かない。女子たちは規則に対してより「実用主義的な（プラグマティック）」態度をとり、「そのゲームがうまくいくかぎり、いい規則である」と、ピアジェは観察している（1932, p. 83 邦訳八七頁）。規則に対する女子たちの態度はより鷹揚で、例外もやぶさかでなく、規則を作りかえることにも応じやすい。その結果、法感覚となると――それこそピアジェが道徳性の発達に不可欠とみなしていたが――「男子たちより女子たちの発達は著しく劣る」（p. 83 邦訳八七頁）[6]。

ピアジェが男性の発達を子どもの発達と同一視した偏向は、リーヴァーの研究をも歪めている。調査結果についてのリーヴァーの議論をまとめている仮説は、現代の実業的成功の要求に適しているがゆえに、男性モデルのほうがよいというものである。対照的に女子たちが遊びを通して培う、他者の感情に対する感受性やケアの持つ市場価値は小さく、専門職として成功する妨げにさえなりうる。リーヴァーの示唆するところは、おとなの生活の現実をかんがみると、もし女子が男性に依存するままに置かれたくなければ、男子のように遊ぶことを学習しなければならないであろうことである。

子どもは規則に制約されるゲームを遊ぶことを通して、道徳性の発達に必要な遵法精神を学ぶというピアジェの主張に対して、ローレンス・コールバーグ（一九六九年）は、こうした課題は、喧嘩を解決する過程で生じる役割を演じる機会を通して最も効果的に学習されると付け加えた。その結果、女子の遊びは、男子の遊びほどには道徳を身につけることがないように見えてしまう。縄跳びや石蹴りのような伝統的な女子の遊びは、代わりばんこにする遊びであり、一人がうまくできたからといって必ずしも他の子どもが負けることにはならないため、競争は直接的なものではない。したがって、裁定を要する揉めごとは、きわめて起こりにくい。実際、リーヴァーがインタビュー調査をした女子たちの多くは、揉めたら遊ぶのをやめると主張していた。女子たちは揉め事を解決するために規則体系を苦心して作り上げるよりはむしろ、人間関係の継続をゲームの継続より優先させる。

リーヴァーの結論は、ゲームで遊ぶことで、男子は自立心と、大勢の多様な人々からなる集団の活動を調整するうえで必要な組織力との両方を学習するというものだった。男子は、統制が取れて社会で承認される競争的な状況に参加することにより、比較的に問題なく、競争を処理——敵方と遊んだり、友人と競ったり——することを学ぶが、そうしたことはすべてゲームの規則に従っている。対

---

(6) ただし、ピアジェは、一一—一三歳男児のマーブルゲームにおける合意による規則改正にデモクラシーの萌芽を読み取って喜ぶ一方で、五—一〇歳女児の「如何にも単純な」石蹴りを観察したものの、マーブルゲームを好む少数の女児について掘り下げて研究していない(リーヴァーの研究にも同様の欠落がある)ことを認めている。それでもピアジェの調査では、六歳女児たちは規則に対して強いリスペクトを示したが、八歳女児たちの半分以上が「実際的であるならば、そしてとりわけすべての同意を得るならば、新規則は旧規則と同様な効力を有する」といった判断を下して、男児同様、規則に対する態度が年齢とともに変容すること自体は承認している。

照的に、女子たちの遊びは、よりこじんまりした、より親密な集団で行われがちであり、大の仲良しと二人きりでこっそり遊ぶこともままある。こういう遊びは、仲間がより協力的であるという意味で第一次的な人間関係の社会的な型の複製となる。かくして、ミード風に表現するならば、女子の遊びは、「一般化された他者」の役割を演じることを学習したり人間関係を抽象化したりすることをあまり志向しない。しかし、女子たちの遊びは、「特定の誰か」の役割を演じるのに必要な共感と感受性の発達を強化し、自分とは違う他者を理解することに対して、より前向きだといえる。

　このように、学童期の遊び活動における性差についてのリーヴァーの観察は、チョドロウが母子関係の分析から引き出した幼児期のパーソナリティ形成における性差を拡張した。二人の説明がともに示唆するのは、男子と女子が対人関係を別様に認識し、異なる社会経験を重ねながら青年期に至ることである。それでも思春期は、分離の決定的な時機、すなわち、「第二の個体化過程」(Blos, 1967)[7]の時期と考えられているので、女性の発達は一筋縄ではいかず、この時期は特に問題含みであるように見える。

　フロイトは言う。「青年期は、男子の場合はリビドーの著しい上昇をもたらすが、女子の場合は新たな抑圧の波という特徴がある」。それは、幼い女子の「男性的なセクシュアリティを　おとなの女性の格別に女性らしいセクシュアリティに変容させるために　必要である」(1905, pp. 220-221 邦訳二八二頁)。フロイトはこの変容を、「自分は去勢されているという事実」(1931, p. 229 邦訳二三五頁)を女子が認識し、受け入れることと仮定する。フロイトの説明によると思春期は、「自己愛が傷つけられた」という新たな自覚を女子にもたらし、「傷跡のような、劣等感」(1925, p. 253 邦訳二〇九頁)を募らせる。フロイトの精神分析を発展させたエリク・エリクソンの場合、思春期は、発達がアイデンティティ次第で決まるときなので、女子はこの節目で心理的な危機に陥るか、あるいは生き方を変えることになる。

女性の青年期が発達理論研究に提示する問題は、エリクソンの体系に明らかである。エリクソン(一九五〇年)は、心理社会的発達を八段階の図で説明しているが、青年期はその第五段階に相当する。この段階での課題は、一貫した自己認識をまとめ上げることであり、すなわち、思春期の不連続をまたぎ、大人として人を愛したり仕事をしたりを可能にするアイデンティティの手ごたえをつかむことである。青年期のアイデンティティ・クライシスをうまく解決するための準備は、先行する四つの段階を特徴づけるさまざまな危機に関するエリクソンの説明の中で詳述されている。乳児期における「信頼 対 不信」という最初の危機は、発達を対人関係の経験の中に固定するが、〔発達の〕課題は明

(7) ブロスは長年の臨床経験にもとづき、それまで男性のライフサイクルにおけるネガティブな存在であった父親の積極的な意義、男児の父親に対する愛着情動に注目して青年期に関する精神分析理論を拡充した。具体的な臨床経験とシェイクスピアなどの文学作品を駆使する手法をとっており、日本でも早くから紹介されている。野沢栄司訳『青年期の精神医学』誠信書房、一九七一年、児玉憲典訳『息子と父親——エディプス・コンプレックス論をこえて　青年期臨床の精神分析理論』誠信書房、一九九〇年など。ブロスを承けて、分離・個体化の過程や性同一性の確立における父親の意義を研究したのが、前述のストラーである。

らかに、個体化という課題になる。エリクソンの第二段階は「自律 対 恥と疑惑」の危機を中心とするが、その特徴は、歩き始めた子どもに芽生える、母親から離れて自分で行動する感覚である。そこから、発達は「自発性 対 罪悪感」の危機を通るが、その危機をうまく解決して自律が大きく前進する。次に、エディプス期の魔法のような願望が打ち砕かれ、続いて子どもたちは、両親と競い合うにはまず両親の行動に加わり、両親がうまくこなしていることを習い覚えなければならないと気づく。こうして、学童期には、競争能力を発揮することが、本人の自尊心をはぐくむ上で重要なので、「勤勉 対 劣等感」の危機が発達の主題となる。この時期は、一人前になれると自他共に認められるために、子どもたちが〔大人たちの〕文化のテクノロジーを学習し熟達しようとがんばる時期である。次に到来するのが青年期であり、成人の積極的関与を支え正当化するイデオロギーにもとづくアイデンティティを構築することを通して、自律し、自主的で勤勉な自己が祝福される時期である。しかし、エリクソンが語っているのは、誰のことなのだろうか?

これは、またしても男子についての話なのだ。エリクソン(一九六八年)は、女性の場合、展開が少し違ってくるという。女性は、彼女の「内面」を埋めて、空虚と孤独から救ってくれる男性をひきつける準備をするうちに自分のアイデンティティを棚上げにしてしまうのであって、彼女はその男性の苗字で呼ばれるようになり、その男性の地位によって位置づけられるようになる。男性の場合は、お互いの対人分離や愛着の最適なサイクルにおいて、アイデンティティが親密さや世代継承性に先行するのに対し、女性の場合は逆に、こうした課題が融合しているように見える。〔女性の場合〕親密さがアイデンティティと不可分になるのだがそれは、ほかの人たちとの関係を通して〔他の人たちから〕知られている通りに自分を理解するからである。

それでも、性差〔の存在〕を見取ったにもかかわらず、エリクソンによるライフサイクルの諸段階の構図は変更されずに残っている。とりもなおさず、男性の経験がエリクソンのライフサイクル概念を規定しているので、アイデンティティが親密さに優先し続けている。しかし、この男性のライフサイクルにおいては、成人としての最初の段階の親密さがほとんど用意されていない。信頼 対 不信という〔乳児期の〕第一段階のみが、エリクソンなら親密さと世代継承性、フロイトなら性器性という意味で用いている相互関係を示唆するに過ぎない。それ以外は〔母親から〕分離していると、その結果、発達そのものが分離することと同義になり、女性を評価するときにくり返し見られるように、愛着が発達の障害であるかのように見えてしまう。

男性のアイデンティティが世界に関連づけて構築され、女性のアイデンティティが相手との親密な関係のなかで覚醒するというエリクソンの説明は、画期的とは言いがたい。B・ベッテルハイム（一九七六年）が語るおとぎばなしの中に、アイデンティティにかかわる一つの物語がある。[8] その「三

（8）ベッテルハイム自身の編著に当該の童話を解説した論文「三つのことば」が収録されており、〝私は、一人の青年が、自分自身の中でも広い世の中ででも、見事な自己実現を成しとげる過程を、これほど簡潔に表現した昔話を、他に知らない。〟とある。京都大学の客員教授として来日した折、「昔話の価値を一言で

つのことば」に出てくる父と息子の葛藤には、男性の思春期の力学が典型的に描かれているのだ。この息子は、父親から絶望的なまでの愚か者とみなされているのだが、教育の最後の機会として〔名高い〕先生のもとで一年間勉強させてもらうことになる。しかし帰ってきたときに、彼が学んできたことといえば、「犬が吠える言葉」だけであった。さらに二回、こうした機会を与えてみたものの、父親はうんざりしてあきらめ、召使たちに、息子を森へ連れて行って殺してしまえと命じた。しかし召使たちは——常に、勘当されたり捨てられたりした子どもたちを救う役回りなのだが——この息子を憐れに思い、森のなかに置き去りにしてくるだけにしようと決めた。そこからさまよった挙句、息子は、怒り狂う犬たちの吠え声で誰も休むことができず住民の一人が定期的に貪り食われる国へやってきた。さあ、われらが主人公の学んできたことがまさに当たりだったことは、誰の目にも明らかだ。彼なら犬たちと会話をして犬たちを鎮め、その国に平和をもたらすことができるのだから。習得した他の知識も同様に役に立ち〔パーソナリティの統合を成し遂げ〕、息子は、ライフサイクル構想の巨人である父親との青年期特有の対立に勝利した。

対照的に、女性の青年期の力学は、まったく異なる筋立てで語られる。おとぎばなしの世界では、少女の初潮に続くのは、一見何も起こらない、極端に受身の時期である。それでも、白雪姫や眠れる森の美女の深い眠りには、ベッテルハイムの見るところでは、冒険的な活動に対峙するに必要な、内なる集中がある。思春期のヒロインたちが眠りから覚めるのは世界を征服するためではなく、王子様と結婚するためなので、ヒロインたちのアイデンティティは、内向的かつ対人関係に規定される。エ言えば、象徴的、間接的な表現で人間の真実を語って、生きることの意味を子どもたちに悟らせ、困難に立ち向かう勇気を与える、ということです」と彼は訳者（波多野）に説明している。

なお、ギリガンの本書には、巻末の文献一覧に記載されながらも本文中に言及がないものが数点ある。本書の構想の土台とも血肉を形成したものともいえる重要な作品ゆえに明示的な言及を控えたとも考えられるが、本人の論文以外にこれに該当する一つがベッテルハイムの一九六五年の論文である（"The Problem of Generations." In E. Erikson, ed., *The Challenge of Youth*. New York: Doubleday, 1965）。エリクソンが編集した同書は、Erikson（1976）, Kohlberg and Gilligan（1971）も掲載されたAmerican Academy of Arts and Sciences の機関誌 *Daedalus* が青年問題特集号と銘打った一九六二年冬季号をベースとして単行本化したものである。監訳者の栗原彬によれば、アイデンティティを中心概念として社会変動と青年の課題を扱った同号の柱＝一九六〇年代初期における青年の再発見は、同時に青年期とアイデンティティの機制の再発見でもあった。原書を編集したエリクソンが巻頭で、「標準的な規範とは、言うまでもなく、普通は正常な成人男性のことである」としながらも、同書で未開拓のテーマの一つ、女性について「あたりまえの男ならうかうかと看過して来てしまい、ある日突然、実は女性を無視することによって男性としての自分の誇り高い位置に幻想的な質を与えてきたのではないかと思いいたって思わずがくぜんとする」とし、「私は、科学、テクノロジー、および誠実な自己吟味の進められるところではどこでも、両性相互間の関係に起こる途方もない変化の中に、男性と女性、父性と母性の新しいバランスが予感されるかもしれない、と考えるものである。これもまた、別の本の仕事である。だがそれは、ここに開始されたシンポジウムを継ぐものになるはずである」（栗原訳）と予言している。ギリガンとエリクソンは同僚になった時期があり、ギリガンがエリクソンの編著をふまえて本書を世に出した一九八二年当時にエリクソンはまだ存命であったから、本書を手にした当人はさぞ感慨深かったことであろう。

リクソンの説明同様、ベッテルハイムの説明においても、女性の場合、アイデンティティと親密さは複雑に結合している。『トロイラスとクレシダ』や『タンクレッドとクロリンダ』の古い物語[9]がこだましてくるような、マキシーン・ホン・キングストンの自伝的小説（一九七七年）に登場する女性戦士のファンタジー同様、おとぎばなしの世界で描かれる性差は、アクティヴな冒険が男性の活動であって、もし女性がそのような企てに乗り出すならば、少なくとも男装しなければならないことを、くり返し示している。

性差に関する以上の観察は、デイヴィッド・マクレランド（一九七五年）がたどりついた結論を裏づけるものである。すなわち、「性別役割は、人間の行動を決定するもっとも重要な因子である。心理学者は実証研究を開始する瞬間に、研究における性差を明るみに引き出す」。しかし、「より良い」とか、「より悪い」とか言わずに「異なる」と言うことは難しく、単一のものさしを作る傾向がある。しかもそのものさしは、男性研究から圧倒的排他的に抽出される研究データの男性による解釈にもとづいて標準化されてきたので、心理学者たちは、「男性の行動を「規範」とし、女性の行動をその規範からの一種の逸脱とみなしてきた傾向がある」[10]。こうして、女性〔の行動〕が心理学の期待する基準通りでないとき、結論はおおむね、女性側が何かおかしいとされてきた。

マティナ・ホーナー（一九七二年）が、女性はどうかしていると考えたのは、〔自分の調査した〕女性たちが競争に勝ち抜いていくのを怖れたことである[11]。最初期から、絵画統覚検査（TAT）を用いた動機に関する研究は、データ分析を攪乱し、複雑にするように思わせる性差の検証結果（エビデンス）に悩まされてきた。ＴＡＴは、曖昧な手がかりを〔被験者に〕提示して解釈――一枚の絵を見せてストーリーを書かせたり、ストーリーの断片を読ませて完成させたり――させるものである。心理学では、そのようなストーリーは、〔被験者の〕投影的な想像力を反映し、知覚の解釈のしかたをあらわしているとみなしている。つまり、自分の経験をどう考え、解釈するか、そしておそらくは自分の人生をどのように理解するかということである。ホーナーの研究を待つまでもなく、競争して業績を作る状況に対して、女性が男性とは異なる受け止めかたをすること、すなわち、状況の捉え方が異なる、あるいは状況に対する反応が異なることは、明らかであった。

マクレランドは、自身の男性研究にもとづき、達成動機の概念を論理的に二つの要素に分解したが、それは、成功に近づきたい動機（「成功願望」）と、失敗を避けたい動機（「失敗忌避」）である。ホーナーは、自身の女性研究から、第三のカテゴリーとして、成功を避けたい後ろ向きの動機（〝成

（9）前者はトロイ戦争を舞台にしたシェイクスピアの問題劇。英雄の対決と女性の迷いが描かれる。後者は第一回十字軍の英雄と異教徒の女性戦士・王女との恋物語を描いたイタリアの叙事詩・楽曲。

（10）一九七〇年代は、日本でも組織学会の学会誌がモチベーション特集を組むなど、集団のレベル向上に結びつく達成動機理論は、スポーツ界や企業経営の分野で注目された。

（11）ホーナーの研究は、ＦＯＳ（fear of success）理論として知られ、ホーナー自身は、ハーバード大学の姉妹校的存在であるラドクリフ女子大学総長を同校の史上最年少で務め、現代女性列伝とも呼ぶべき Women of Achievement シリーズの監修を手がけている。

功忌避〉を認定した。女性たちが競争で獲得する業績に難色を示しているように、しかもそれは、女らしさと成功との間の葛藤を意識するところに端を発しているように思われたのであるが、それは、女性らしい願望と、子どものころに学校で身につけた、より男性的な競争力の自覚とを何とか統合しようとして青年期の女性が抱えるジレンマである。「一学期の期末試験後、アンは自分がメディカル・スクールの首席だと知る」で始まるストーリーを女性に完成させたものを分析し、競争的な達成の場面で女性が見せる行動を観察した結果、ホーナーは、「成功が見込まれる、あるいは可能なとき、成功の結果として予想される否定的結果におびえて、若い女性は不安になり、積極的に達成しようとする努力が阻まれる」と報告している（p. 171）。彼女の結論は、このような恐怖は「多くの女性にとって、競争的な成果を挙げる見込みで、特に男性に競り勝つかもと考えると、たとえば社会的に拒否される怖れや、女らしさをそこねる〔おやじ化する〕とかいった否定的な結論を予想してしまうところにある」（1968, p. 125）。

しかしながら、成功をめぐるこのような葛藤に対しては、異なる見方も可能である。ジョージア・サッセン（一九八〇年）は、女性があらわす葛藤は逆に、「競争にうまく勝つことの「裏側」を十二分に自覚している」ことを示していると主張する。「〔裏側というのは〕つまり、競争を通して獲得した成功のために支払う大きな感情的代償――誰よりも良い成績をとることが成功と定義される状態は何かしらやばいという潜在意識のようなもの――を、明白ではないが、示している」（p. 15）。サッセンの指摘によると、直接的な競争で収めた成功、つまり相手の失敗と引き換えに成功する場合にのみ、成功不安を抱くことをホーナーが見出したのである。[12]

アイデンティティの危機に関する労作において、エリクソン（一九六八年）は、本人が誠心誠意是認することができない仕事なのに、未熟なまま成功に組み込まれる若者の感覚の例として、ジョージ・バーナード・ショウの自伝を引用している。七〇歳になったショウは自分の半生を振り返り、二〇歳のころ、成功しない或いは承認されないどころか、どちらにも恵まれすぎたことで生じた危機について述べている。「自分としては心ならずもうまくやっていましたが、恐るべきことに、この商売ときたら、ありのままの見下げはてたペテン師として私を追放するどころか、絶対逃すまいと締めつけていました。なんたること、まともな男なら、逃れようもないものは何でも大嫌いなわけで、自分もそれぐらい嫌っていたのに、はたちで実務の訓練を受けていました。一八七六年三月、私は、逃げ出したのです」（p. 143 邦訳一七一頁）。この時からショウは、腰をすえて好きなだけ勉強し、文筆にいそしむようになった。ショウのこうした拒絶は、達成や競争に対する神経症的な怖れの証拠と解釈されることもなく、エリクソンに「尋常ならざるパーソナリティの尋常ならざる発露という着想を与えた」（p. 144 邦訳一七二頁）。

以上をふまえると、なぜ女性が競争的成功に葛藤を抱くかではなく、なぜ男性がむしろ望み薄な

(12) サッセンは、老人を介護する家族に関する学位論文をまとめており、ケアの担い手に関する研究の先駆者の一人である。

成功をかくも進んで取り入れ賞賛するのかを、問いたくなるかもしれない。リーヴァーによって裏づけを得たが、女子が、たびたびゲーム自体を犠牲にしてまでも人間関係を気にしたのに、男子はゲームの規則に関心を持つというピアジェの研究を思い出してみると――そして女性の社会的定位は対人的（パーソナル）であるのに、男性のそれは地位的（ポジショナル）であるというチョドロウの結論を並べてみると、ホーナーの競争的成功物語において「アン」が「ジョン」になり、ストーリーが男性によって完成されるとき、成功を怖れる気持ちがなぜ消失するのかが、腑に落ちるというものである。ジョンは、規則に従ってゲームをして勝ったのだと、みなされる。ジョンは、自分の成功を肯定する権利がある。能力が一段低い連中とは切り離したところに自分のアイデンティティを確認することで、ジョンの地位感覚が固定されるのだ。アンの場合、医学部のクラスで首席になることで獲得できる地位は、実は本人の望むところではないのかもしれない。

「女性の価値観が、しばしば、男性のつくり上げた価値観とは異なることは、明らかである」と、ヴァージニア・ウルフは語る（1929, p. 76）[13]。しかし、「席巻しているのは、男性の価値観である」と、付け加える。その結果、女性は、自分の感情はおかしいのではないかと危ぶみ、他人の意見に従って自分の判断を変更するようになる。ウルフの見るところ、女性によって書かれた一九世紀の小説には、「外部の権威に従って、ほんの少し平凡から外され、クリアな視界が歪められる精神」が作用している[14]。同じように、他人の価値観や意見への追随は、二〇世紀の女性たちの判断にも、見取ることができる。女性が自分の声を獲得し、人前で自分の声で語るときに女性が経験する難しさは、制約や自己不信に姿を変えて、或いはまた、基本的にかみ合わない公的な評価と私的な評価というちぐはぐな判断の中に、くり返しあらわれる。

（13）英国で三〇歳以上の女性に参政権が与えられて一〇年後、ケンブリッジ大学の女性カレッジで行った講演にもとづく。内容は、（主に一九世紀英国の）女性と小説をテーマとする文学論の体裁ながら、創造に適した精神状態を保障するために年収（経済的自立）と個室（精神的自立）の重要性を繰り返し呼びかけている。二〇世紀半ば以降の様々な問題意識が盛り上がるなかで先駆的な批評として再発見されており、今日でもたとえばニューヨーク公共図書館でウルフの日記の原本がガラスケースで展示されているなど、アメリカ都市部においてウルフへの関心は高い。ウルフは、講演の九年前にもエリオット論をニューヨークタイムズ紙に寄稿している。

（14）このあたりは断片的に引用されているが、片山訳では以下の通りである。「また、小説とは実人生とこのように対応関係にあるので、小説において何に価値があるかは、実人生において価値があると考えられているものとある程度同じです。ところが、女性にとって価値があるものは、男性にとって価値があると決められてきたものとはしばしば明らかに食い違っています。自然とそうなっています。それなのに、幅を利かせているのは男性の価値観です…中略…価値の差異はあらゆるところに、〔ふだん思っているより〕もっとずっと微妙な形で存在しています」となっている（一二九—一三〇頁）。実際、それぞれ別の個所で、女性に不向きな男性の文章である散文という「武器を手に、筆舌に尽くしがたい残虐行為をやらかし」（＝後述の作品中でマギーを溺死させ）たジョージ・エリオット自身は「既婚男性と同棲していた」ことを、ウルフがさらりと記していることは、大いにギリガンに示唆を与えたと思われる。

しかし、ウルフが批判している女性に見られる追随と混乱は、彼女が女性の強みとみなしている価値観から派生している。女性の追随は、社会的従属だけにではなく、女性たちの道徳的関心の実体にも根ざしている。他人のニーズに対する感受性や、ケアする責任を引き受けることで、女性は、自分よりも相手の声に注意を払い、他人の視点を自分の判断のなかに抱え込んでしまう。女性の道徳的な弱さは、一見とりとめなく混乱している判断にあらわれるのだが、この弱さが女性の道徳的な強さ（すなわち、人間関係や責任に対する圧倒的な関心）と分かちがたくむすびついている。〔自分で〕判断を下したがらないこと自体、他人に対するケアと関心を示しているが、これこそ女性の発達心理を満たし、本性的に問題含みであると一般的に見られているものの原因をなしている。

このように、女性は人間関係の文脈で自己定義するだけでなく、ケアする能力の面からも判断する。男性のライフサイクルにおける女性の地位は、〔これまでずっと〕養育者であり、世話をする人であり、内助者であり、自らもあてにするネットワークの織り手であった。しかし、女性がこのように男性の世話をし続けてきたのに、男性は経済的な制度編成と同じく心理発達の理論においても、そうしたケアを当たり前のことだと見なして、その価値を低く見積もる傾向があった。個体化や個人の業績への集中が成人期にまで及び、成熟が個人の自立と同等視されるとき、人間関係への配慮は、人間としての強みというよりむしろ女性の弱点とみなされる（Miller, 1976）。

女性であることと成人であることとの齟齬が、性別役割に関するブローヴァーマンらによる共同研究（1972）ほど、明確にあらわれているものはない。この研究でくり返し述べられている知見は、成人に必要とみなされる資質——自律的に思考できる能力、明快な決断、責任を果たす行動——が、男性性と結びつくものであり、女性自身の属性としては好ましくないということである。この固定観念は、愛することと働くこととの分裂を示唆しており、それは、表現力を女性に払い下げ、精密な仕事をする能力を男性側に設定する。それでも異なる角度から見ると、それ自体バランスを欠く成人概念を反映している。つまり、他者とのつながりよりも、他者から分離している個人をよしとし、愛とケアの相互依存よりも、自立的な仕事の生活を志向するものである。

中年の男性たちが今になって褒めたたえる親密さ、かかわり、そしてケアの重要性の発見は、女性たちなら初めから知っていたことである。しかしながら、女性のそうした知識は「直観的」あるいは「本能的」であって、そういう仕組みに運命づけられていると考えられたがゆえに、心理学者は、その発達について述べることをこれまで怠ってきた。私の研究では、女性の道徳性の発達がこの知識を精巧に仕上げることに集中し、したがって男女双方の人生における心理発達の重要な境界線を引いていることを見出してきた。道徳性の発達という問題は、人間の発達に関する研究において性差の観察と評価に繰り返されるパターンを最終的に説明するだけでなく、なぜ女性の発達の特性と重要性がかくも長い間、曖昧にされ、謎に包まれ、隠されてきたかをとりわけ詳細に示している。

目隠しをつけた公平性を拒否する点が女性の正義感の弱点であると見てフロイトが行った批判は、ピアジェだけでなくコールバーグの研究にも再び姿を現す。子どもの道徳的判断に関するピアジェの研究（一九三二年）では女子は脇役であり、「子ども」は男子と想定されている。そのために「男子」がはじめから立項されていない索引には〔女子に関しては〕四つの短い項目をあてがっている奇妙さがある。一方、コールバーグが〔ピアジェをもとにして〕自分の理論を引き出した調査研究（1958, 1981）には、〔そもそも〕女性はまったく存在しない。コールバーグの研究は学童期から成人期にいたる道徳性の発達を描く六段階であるが、二〇年以上にわたり発達を追跡した八四人の男子たちの実証的研究にもとづいている。コールバーグは自分の段階説の一般性を主張するが、彼の一次資料に含まれないグループが上位に到達する見込みはほとんどない（Edwards, 1975; Holstein, 1976; Simpson, 1974）。コールバーグのものさしで測ったときに、道徳性の発達が不十分であるように見える集団の中でも著しいのが女性であり、女性たちの判断はコールバーグの六段階中、第三段階の好例にすぎない。この段階では、道徳性は対人関係の面から考えられ、善は、相手を助けたり喜ばせたりすることと同一視される。コールバーグとクレイマー（一九六九年）は、この善の構想は、成人した女性たちの人生においても機能し続けていると考えている、なぜなら女性たちの暮らしは〔もっぱら〕家庭で営まれているからである。この二人の共同研究が示唆するのは、女性は伝統的な男性の活動領域に足を踏み入れさえすれば、この〔第三段階の〕道徳的視座では物足りなくなり、より高度な段階、すなわち、かかわりが規則に従属する段階（第四段階）や、規則が一般的な正義原理に従属する段階（第五段階、第六段階）へ向けて男性のように進歩するであろうということである。

とんでもない、ここにこそ、逆説が存在する。というのもまさに、伝統的に女性の「善良さ」だと定義されてきたその特性、すなわち他者のニーズをケアし感受性を発揮するという特性こそが、同時に女性を道徳性の発達において欠陥ありときめつける目印の役割も果たしているからである。しかしながら、コールバーグらによる道徳性の発達の説明では、成熟概念は男性の人生の研究から析出され、男性の発達における個別化の重要性を反映している〔にすぎない〕。ピアジェ（一九七〇年）は、発達理論が幼少期の土台からピラミッドのように積算されていくという一般的な印象に異議を唱え、それどころか、発達概念は成熟の頂点、つまり発達がたどられている方向の先から降りてくるのだと指摘している。ということは、成熟の定義を変えることは、高次の段階についての記述を書き換えるだけではなく、全体の説明を変更し、発達についての理解そのものを作り直すことになる。

女性研究を開始し、女性の人生から発達を構成する構想を引き出すと、フロイト、ピアジェ、あるいはコールバーグによって記されてきたのとは異なる道徳構想の輪郭が浮かび上がってきて、発達についての異なる記述がもたらされる。この構想においては、権利を競うよりもむしろ責任がぶつかり合うことから道徳的問題が生じ、その解決には、形式的抽象的であるよりも文脈的叙述的な思考様式が要求される。ケアの活動にかかわるこうした道徳構想では、道徳性の発達は、責任と人間関係に対する理解を軸とする。それはまさしく、公正にかかわる道徳構想の場合に、道徳性の発達が、権利と規則に対する理解を軸とするようなものである。

女性の道徳問題の構成が〔男性の場合とは〕異なるということは、コールバーグ体系の制約内では、女性の発達不全に対する決定的理由とみなされるかもしれない。コールバーグから見ると、責任の解釈はすべて、道徳について紋切り型に理解している証拠であり、道徳性の発達の最高段階は、人権について自他に照らして理解することから得られるものと定義する。権利の道徳が、つながりよりも分離を強調する点や、かかわりよりも個人を第一に考慮する点で責任の道徳とは異なる。道徳の本質についての面接調査の質問に対する二つの回答が、その好例を示している。まずは、コールバーグの研究に参加した二五歳の男性の回答である。

【あなたにとって、道徳という単語は何を意味していますか？】 その答えは、世界中の誰にもわからない。自分は、個人の権利とか他の一人ひとりの権利を認めること、侵害しないことだと考える。他の人からされたいのと同程度に公正に行動すること。根本は、人間の生存権を守ることだと思う。一番大切なことではないかな。その次に、他人の権利を侵害しない限りにおいて、自分のしたいことをする権利さ。

【前回の面接以降、あなたの道徳観はどのように変わりましたか？】〔以前よりも〕今は、個人の権利にもっと自覚的だと思う。今までは自分のことだけ考えて、自分の視点からだけ見ていた。今なら、〔一般的に〕個人が何をする権利を有するのかということを、もっと自覚している。

コールバーグ（一九七三年）は、第五および第六段階にあてはまる、人権の原則にもとづいた考え方を説明する例として、この男性の回答を引用している。この回答を評して、コールバーグは、次のように述べている。「この二五歳男性は、自分のいる社会の視点から外の視点へと移動し、道徳を正義（公正、権利、黄金律）と同一視している。つまり道徳を、他人の権利が自然権ないし本質的権利として定義されるのを認めることと同一視している。人間には、他人の権利を侵害しない限り自分のしたいことをする権利があるというのは、社会の立法に先立って権利を定義する一つの定式である」（pp. 29-30）。

つづいて、権利と責任の研究に参加してくれた女性の回答である。彼女も当時二五歳で、法学部の三年生であった。

【道徳の問題に正しい解決は存在するでしょうか？　あるいは誰の意見も等しく正しいのでしょうか？】　いいえ、私は誰の意見も等しく正しいとは思いません。等しく有効な意見が複数存在する状況もなかにはあるでしょうし、いくつか考えられる行動のなかから慎重にひとつを選ぶこともあるでしょう。でも、正答も誤答も存在する状況もあると思います、生存の本質、お互いにともに生きていく必要がある、ここにいるすべての個人では必ず、そうなります。私たちはお互いに依存する必要があるし、単に肉体的に必要なだけではなくて、内面的な充足感も必要です。他の人たちと協力し皆と仲よく暮らそうと努力したりすることで人生は豊かになりますけど、目的に対して正しいことも間違っていることもあるし、その目的に向かって進んでいくことも目的から離れていくこともあるわけで、場合によっては明らかにその目的に進むか台無しにするかのさまざまな選択が可能です。

【以前に、このような問題について別の考え方をしていたときがありますか？】それはもう、ものごとなんて結構、相対的で、私がひとにああしろとは言えないしひとも私にこうしろなんて言えないと思っていた時期があります。だって、相手には相手の良心がありますし、私には私の良心がありますから。

【それは、いつごろですか？】高校生のころです。ふと閃いたと思うのですが、自分の考えが変わった、そして自分自身の判断が変わるのだから、他の人の判断を自分がとやかく言うことはできないと感じました。でも今では、その人自身にしか影響しないことでも、人間の本性に関する自分の知識や、その人について知っていることとつじつまが合わないなら、それは間違っているよと言いますし、まさに世界全体の運行について自分が正しいと考えていることからでも、あなたは間違えていると言えると思います。

【何があなたを変えたと思いますか？】人生を深く見るようになって、人々の間に共通するものがすごくたくさんあることがわかっただけです。おおむね反対方向に働くようなほかのことよりも、より良く生きて、より良い人間関係をつくって、より良く自己実現できるような、そんなことを進めていくことを、道徳的に正しいと言うでしょう。

この二五歳女性の回答は、探求や懐疑の年頃を経て個人的な道徳律をつくり直したことをあらわしてもいるが、道徳的理解のつくり直しとは、個人の権利の優位性や普遍性にではなくむしろ、本人が「世界に対して責任があるというとても強い感覚」と述べるところにもとづいている。このつくり直しの内側では、道徳的ジレンマは、いかにして他人の権利を侵害することなくみずからの権利を行使するかということから、いかにして「自分自身や家庭や一般の人々に対する責務を含む道徳的な人生を送るか」へ、変容する。そこで問題は、道徳的な懸念を放棄することなく、複数の責任を制限することになる。自分自身を説明してくださいといわれて、この女性が言ったことは、「私が結びつけられている人がいて、私が責任を持つべき人たちがいることを大切にしています。私は世界に対する責任感がとても強くて、ただ自分の楽しみのためだけに生きることはできませんが、世界の一員であるという事実だけでも世界をより良い場所にするために、どんな些細なことであろうとも、自分にできることをする責務を私に与えてくれます」。このようにコールバーグの〈男性〉被験者は、人々が互いの権利を侵害しあうことを心配するのだが、それに対してこの女性は「不作為、つまり、人を助けることができるのに助けないことの可能性」を心配している。

この女性が提起する問題は、ジェーン・レヴィンガーいうところの、自我発達の第五「自律」段階として扱われている。[15] そこでは、人間関係の文脈におかれた自律は、他の人々は自分自身の運命の責任を負うという認識を通して、過剰な責任感を調整するものとして定義される。レヴィンガーの説

(15) レヴィンガーは自我発達の段階を提唱した発達心理学者でエリクソンに影響を与えた。

明（一九七〇年）では、自律段階は、道徳の二分法〔的発想〕を放棄し、代わりに「生身の人間と現場の状況がもつ複雑で多面的な性格に対する想い」に置き換える（p. 6）。コールバーグの原理にもとづいたレベル（第五、第六段階）を支える道徳の権利構想では、道徳的ジレンマについて、理性的なひとなら誰でも同意できるような客観的に公正ないし正義にかなった解釈にたどりつくように作られている。それに対して、〔道徳の〕責任構想は逆に、そうした解決の限界に焦点を当て、〔解決されずに〕残るジレンマを描写する。

このように、なぜ、権利と不干渉の道徳が、無関心や無頓着を潜在的に正当化し、女性にはどきりとさせるものに見えてしまうのかが明らかになってくる。同時に、男性側の視点からは、責任の道徳が文脈依存的相対主義で決定力を欠き、散漫に見えるのはなぜなのかも、明らかになる。女性の道徳的判断は、このように発達上の性差を描写する上で観察されたパターンをはっきり説明しているが、この性差が評価され、含意をたどることが可能になるような別の成熟構想をも提示する。女性心理は、人間関係と相互依存をとりわけ強く志向すると根強く描かれてきたが、より文脈的な判断様式と〔従来とは〕異質な道徳理解を示唆している。自己と道徳性に関する女性の考えが異質であれば、女性はライフサイクルに異質の視点をもたらし、経験の秩序づけに変化をもたらすのである。

デーメーテールとペルセフォネーの神話は、権力に対する女性の態度をよくあらわすものとしてマクレランド（一九七五年）が挙げているが、二〇〇〇年以上にわたり古代ギリシアで執り行われていたエレウシースの密儀と結びついている。ホメーロスの『デーメーテール賛歌』[16]に語られているように、ペルセフォネーの物語は相互依存的であること、資源を積み上げること、そして与えることの強みを示しているが、マクレランドの権力志向に関する研究においては、成熟した女性の流儀の特徴を描くものとして見出されたのである。マクレランドによると、「この秘儀において何が行われていたのかは誰も知らないと結論を下すのは当世風だが、おそらく、ある程度の歴史資料上、宗教的儀式として最も重要なものであったことは知られている。そして〔この密儀は〕特に男性がディオニュソス信仰によって支配するまでは、女性によって女性のために催されていた」。このように、マクレランドはペルセフォネー神話を「女性心理の特別な呈示」(p. 96)とみなしている。ペルセフォネー神話は、ぬきんでたライフサイクルの物語でもある。

デーメーテールの娘ペルセフォネーは、仲間の少女たちと草原で遊んでいるうちに、一本の美しい水仙(narcissus)を見つけ、摘み取ろうとして走り寄る。同時に大地が口を開けて彼女は〔冥府の王〕ハーデースにさらわれ、地下の王国へ連れて行かれる。大地の女神デーメーテールは、娘を失ったことで悲嘆にくれ、あらゆるものの成長を拒否した。地上の生命を支える穀物は枯れはて、人間も動物も息絶え、とうとう〔主神〕ゼウスが人間の苦痛を憐れに思い、ペルセフォネーを母親に返すよう、弟ハーデースを説得した。しかしペルセフォネーは地下界を離れる前に柘榴の実を食べてしまうために、毎年一定期間を地下のハーデースとともに暮らさなければならなくなる。

(16) ホメーロス(沓掛良彦訳)『ホメーロスの諸神讃歌』ちくま学芸文庫、二〇〇四年など参照。

女性の発達のわかりにくい謎は、ライフサイクルにおいて愛着の重要性がずっと変わらないことを認識しているところにある。［従来の］発達論は、分離、自律、個体化、そして自然権を礼賛するお題目をくどくど繰り返す。その一方で、男性のライフサイクルにおける女性の位置は、この認識を守ることにある。ペルセフォネー神話は、ナルシシズム（narcissism）が死に至ること、大地の豊穣が母－娘関係の連続性に神秘的に結びつけられていること、そしてライフサイクル自体が女性世界と男性世界の交代から生じることを想起させる。そのことによって、従来のライフサイクル論がもつ歪みを、直接申し立てている。ライフサイクル論の研究者たちが、注意を振り分け、これまで男性に寄り添って生きてきたのを女性に寄り添う生き方に変えなければ、両性の経験を包含する理論にならない。そして、それができて初めて、より豊かな理論になるというものである。

第二章

関係性の複数のイメージ

フロイトは一九一四年に出版された小論「ナルシシズム」で、「不毛な理論的論争のために観察を放棄する」姿勢への嫌悪感を押し隠しながらも、心理学の領域を示す地図を自ら拡大して描いた。愛する能力を成熟や精神の健康と同等のものとして捉え、その発達過程を描いたフロイトは、その起源を母親への愛と、自己への愛との対照の中に位置づける。しかし、このように愛の世界をナルシシズムと「対象」との関係性に分けてしまうと、男性の発達過程ははっきりしてくるのに対して、女性の発達過程がますます不明瞭になることに気づかされる。このような問題が生じるのは、母親と自己との対照が、二つの異なる関係性のイメージを浮かび上がらせるからだ。フロイトは、人間の成長の筋道を明確化するに当たって男性の人生像に依拠したため、女性たちの関係性、道徳性、あるいは明確な自己意識の発達を描くことができなかったのである。自説の論理をそのまま女性たちの経験に当てはめることがあまりに困難であったため、フロイトは、女性を自身の理論から切り離し、女性たちの関係性を、女性たちの性生活と同様に「心理学にとっての「暗黒大陸」」であるとみなした（1926, p. 212 邦訳一四〇頁）。

このように固定した解釈が女性の発達についての理解を遮る問題は、関係性に関する経験の男女差から生じている。フロイトは女性に囲まれた生活を送っていたし、これ以外のことについては他者をよくみて深く観察していたが、それでもなお、女性の関係性はフロイトの目には観察すればするほど謎めいたものに映り、理解も記述もし難いものだと感じられた。この謎めきは、まさに、いかに理論が観察を阻むかを示している。また、その謎めきは、女性の発達が人間関係についての一つの構想によって覆い隠されていることをも示唆している。

関係性についてどのような心像（imagery）を持つかによって、人間の発達についてのナラティブ（物語り）は異なってくる。したがって、女性をそのナラティブに含むことは、関係性についての心像を変化させることにつながり、人間の発達の物語りを抜本的に組み替えることにつながる可能性がある。

女性の発達を解釈する際の困難を生じさせている関係性についての心像の違いは、とある二人の一一歳の子どもたちの道徳判断をみるとよくわかる。一人は男子、もう一人は女子で、二人は同じジレンマの中に、互いに全く異なった道徳の問題を見出す。現行の発達理論は男子の方の思考の筋道や論理に鮮やかに光を当てられるのに対して、女子の方にはほとんど光を当てることができていない。女子の道徳判断のしかたが、発達評価で用いられる既存の枠組みから逸脱していることは、男女の生物学的な性差ではなく、むしろ解釈の問題があることを浮き彫りにする。女子の思考という図に新たな解釈の線を付け加えることによって、これまで発達していることさえ識別されてこなかったような発達にも目を向けられるようになる。それだけでなく、関係性についての理解のしかたの違いを、優劣で測ることなしに捉えられるようになる。

その二人の子どもたちは、学校では同じ六年生のクラスに所属しており、権利と責任の調査研究に参加した。その研究は、道徳性と自己についての様々な構想について調査することを目的に設計されたものである。この調査研究の被験者は、性別と年齢という変数に着目して選ばれた。加えて、発達の可能性を最大化するために、知能、教育水準、および社会階層といった要因については、一定に、そして高水準に揃えられるように配慮されて選ばれた。これらの要因は、既存の尺度で測る限りにおいては、道徳性の発達と相関性があると考えられてきたからである。ここで取り上げる二人の子どもたち、エイミーとジェイクは、どちらも頭脳明析で言葉も達者である。また、少なくとも一一歳児なりに抱いている野心を見る限り、二人とも生物学的性別によって社会の中で担うべき役割を決めつけるような安易なカテゴリー化に抵抗していた。なぜそう言えるかといえば、エイミーは科学者を志していて、一方のジェイクは数学よりも国語を好んでいたからだ。それでもなお、二人の道徳判断は一見すると、生物学的性差に関するこれまでの一般通念を裏付けるもののように見えた。その一般通念とはつまり、低学年の間は女子の方が道徳性の発達が早いが、思春期になると、男子が秩序立った論理的思考を発達させるため、男子が女子の道徳性発達を追い抜くというものである。

二人の一一歳児が解くようにいわれたジレンマは、コールバーグが青年期の人間の道徳性発達を測定するために開発した一連のジレンマのうちの一つである。コールバーグは二つの相反する道徳規範を用意して、被験者が示す解決策の論理を分析した。二人に提示されたジレンマは、ハインツという名の男が、金銭的に手の届かない薬を、妻の命を救うために盗むべきか否かを考えているという場面を取り上げたものだ。通常のコールバーグのインタビュー調査の手順では、ハインツの窮状、妻の病、そして薬剤師による値下げの拒否という、ジレンマ自体の内容が説明された後、「ハインツは薬を盗むべきですか」という質問が投げかけられる。その後、一連の質問が被験者に投げかけられ、被験者が盗むべきだと思った理由や盗むべきでないと思った理由を掘り下げていく。これらの質問は、被験者の道徳的思考の基礎にある構造を明らかにできるように、ジレンマに関する様々な変数を入れ替えたり増やしたりして設計されている。

一一歳のジェイクは、ハインツは薬を盗むべきだ、という意見を最初からはっきりと持っていた。コールバーグの考え通り、ジェイクはこのジレンマを所有の価値と生命の価値との衝突の問題であると整理した上で、論理的に考えて生命の方が優先されるべきだと考え、自分の選択の根拠としてその論理について語った。

第一に、人間の命はお金よりも価値があります。薬剤師は、もし一〇〇〇ドルしか儲けられなかったとしても生きてはいけるでしょう。でも、もしハインツが薬を盗まなかったら、ハインツの妻は死んでしまいます。**【なぜ、命の方がお金よりも価値があるのですか?】**――薬剤師はきっとそのうち、癌になったお金持ちから一〇〇〇ドルを受け取ることができるでしょう。でもハインツは二度と妻を取り戻せません。**【なぜできないのですか?】**――だって、人はみんな違うから。だから、ハインツの妻を取り戻すことはできません。

ジェイクは、もしハインツが妻を愛していないとしても薬を盗むべきかと尋ねられると、それでも盗むべきだと答える。「嫌うことと殺すことは違う」だけでなく、もしハインツが捕まったとしても

「裁判官もきっと、ハインツは正しいことをしたと考えると思う」からだと言う。ハインツが薬を盗めば、法律を犯すことになるという点について尋ねられると、ジェイクは「法律にだって間違いはあります。それに、想像できるすべての場面に対応する法律を書き上げることなんて不可能です」と答える。

このように、ジェイクは法律の存在を考慮に入れ、法律が社会秩序の維持のための機能を有していることを認識しながらも（ジェイクは、裁判官は「ハインツをできる限り軽い刑に処するべき」だとも発言する）、法律は人間がつくったものであり、だからこそ間違いもあれば修正の余地もあると考えている。一方で、法律には間違いがつきものだという考えと同じく、ハインツは薬を盗むべきだとする自身の判断についても、ジェイクはすでに合意がなされているものと想定している。すなわち、道徳的価値については社会的コンセンサスが成立していて、人は何が「なすべき正しいこと（the right thing to do）」であるかを見定められ、他者も自分と同じようにそれを認識することができるとジェイクは考えているのだ。

論理の力に魅了されて、この一一歳の少年は真理（truth）の存在を数学の中に見出す。数学こそが「完全に論理的である唯一のもの」だと言う。ジェイクは、モラル・ジレンマは「数学の問題を人間に当てはめたようなもの」だと考えており、ジレンマを方程式の形に整理して、そこから解を導く作業を進める。ジェイクは、自分は解を合理的に導き出しているので、理性に従って考える人であれば誰でも自分と同じ結論に至ると考えている。したがって、裁判官も盗みがハインツのなすべき正しいことだと考えるだろう、とジェイクは想定しているのだ。とはいえ、それと同時に、ジェイクは論理の限界にも気づいている。道徳的な問題に正解はあるかと尋ねられると、行為を方向づける変数は変化しやすく複雑なので、「あるのは正解ではなく、正しい判断と間違った判断だけです」と答える。「路面電車で自分の席をおばあさんに譲った後、もしその路面電車が衝突事故を起こしてその座席が窓を突き抜けて飛んでいってしまったとしたら、自分が席を譲ったことがおばあさんの死んだ理由になってしまうでしょう。そんな感じで」、純粋な善意でなされた行為であっても、最悪の結果に至ってしまう可能性があると説明する。

発達心理学の諸理論は、この子どもの立場を鮮やかに説明してみせる。ジェイクは、ピアジェが子ども期における知性の頂点と表現した、子ども期と青年期の連結点に立っていて、思考を通して、これから遥かに広い可能性の世界を発見していこうとしている。前青年期という時期には、人は自分の年齢や住んでいる町、父親の職業、好き嫌いや信念といった、子ども期の世界を規定するいくつかの事実としての変数を拠り所にして自己を説明しがちで、そうした自己の説明と、秩序立った操作的な思考が絡みあっている時期であるといえる。しかし、ジェイクの自己についての説明には、エリクソンの用語でいうところの勤勉性が劣等感に勝り、望ましい均衡状態に達した子どもに特徴的な自信が現れている。ここでいう自信とは、自身に能力があること、自己が何者かについてのしっかりした感覚があること、世界を生きていく上で必要な慣習的なルールをよく知っていることなどを指す。したがって、新たに出現した秩序立った思考を司る能力、言い換えれば、論理的に自分の思考やその根拠を考える能力は、ジェイクを権威への依存から解き放ち、自分自身で問題の解決策を見出すことを可能にしている。

このような自律性は、コールバーグが描いた道徳性発達の六段階が示す道筋をたどって出現する。コールバーグの示す六段階は三つのレベルで進行していく。まず個人のニーズに基づいて公正性(fairness)を自己中心的に捉えるレベル(第一段階、第二段階)があり、そこから、社会的同意を得た、広く共有される慣習に依拠して公正性を捉えるレベル(第三段階、第四段階)に進み、ついには、平等性(equality)と互恵性(reciprocity)に関する独立した論理に基づいて公正性を原理的に捉えるレベル(第五段階、第六段階)に至る。一一歳のこの少年の判断は、コールバーグの尺度で見ると、第三段階と第四段階の混在した慣習的レベルにあるものと評価される。一方で、ジェイクの回答に見られる、モラル・ジレンマの解決に演繹的な論理を持ち込む能力、道徳性と法律を区別する能力、そして、法律がいかに間違い得るかということを考える能力は、コールバーグが道徳性の成熟とみなした、正義に関する原理的な構想をも示している。

ジェイクとは対照的に、このジレンマに対するエイミーの回答からは、大きく異なる印象を受ける。エイミーの回答は、論理的思考の失敗、あるいは自分自身で思考する能力の欠如によって、発達が阻害されているようなイメージを提示しているのだ。

ハインツは薬を盗むべきかと尋ねられた際、エイミーは回りくどく、自信のなさそうな答え方をしている。

うーん。ハインツが盗むべきだとは思いません。盗む以外の方法もあるかもしれないと思います。たとえば、お金を人に借りるとか、ローンを組むとか。でも、とにかく本当に薬を盗むべきではないと思います。でも、ハインツの妻も死ぬべきだとは思いません。

なぜ薬を盗むべきではないのかと尋ねられると、エイミーは所有についても法律についても言及せず、盗みをすることによって生じる、ハインツと妻との関係性への影響について考える。

もしハインツが薬を盗んだら、妻を助けることができるかもしれません。その時はそれでよいかもしれないけど、きっと盗んだら牢屋に行かなければならなくなるでしょう。そうしたら、妻はもっと病気が悪くなってしまうかもしれないけれど、ハインツはもう薬を持ってくることができないから、よくないと思います。だから、本当にただただよく話し合って、お金をつくる他の方法を見つけるべきです。

エイミーはジレンマの中に、人間に応用された数学の問題ではなく、長期的に考えるべき関係性のナラティブを見出している。そして、妻が継続的に持ち続ける、夫にいてほしいというニーズと、夫が継続的に抱き続ける、妻への憂慮を見据えながら、関係性を断つよりもむしろ維持する方法で、薬剤師のニーズにも応えようと模索する。妻が生き続けることを関係性の維持に結びつけて語るのと同様に、エイミーは妻の命の価値をも関係性の文脈の中で捉える。「もし妻が死んでしまったら、多くの人たちが傷つくし、それでまた妻も傷つくだろうから」という理由で、エイミーは妻を死なせることは不正だと語っているのだ。「もし、誰かを死なせないためのものを持っている人がいるなら、その人がそれを差し出さないことは不正です」という信念に基づいてエイミーは道徳判断を行なっているため、このジレンマにおいて問題が発生している理由は、薬剤師が自身の権利を主張しているからではなく、むしろ薬剤師が他者のニーズに応答できていないからだと考える。

コールバーグがジレンマを設計した際の意図に則した一連の質問を調査者が投げかけても、エイミーの答えは基本的には変わらずじまいだった。様々な質問をしても、エイミーは最初の回答よりも明瞭に自分の考えを語ることも、考えを修正することもなかった。ハインツが妻を愛していようと愛していまいと、やはり薬は盗むべきではないし、妻を死なせるべきでもない。もし死にかけているのがハインツの妻ではなく他人であったとしても、「もしその人にとって頼れる人が誰もいなかったり、知り合いがいなかったりしたら」、ハインツはその女性の命を救おうとすべきだとエイミーは言う。ただし、それでもハインツは薬を盗むべきではない。エイミーはこのように考えるのだ。しかし、調査者が何回も同じ質問を繰り返すことで、自身の回答が他の被験者のものと異なっていること、あるいは自身の回答が正解ではないということを感じとると、エイミーは自信を失い始めて、ますます回答がぎこちなく、自信なさそうなものになっていく。そして、なぜハインツは薬を盗むべきではないのかと再度尋ねられた際、エイミーはただ一言、「だって、正しくありませんから」と繰り返す。その理由を説明するようにさらに求められても、盗みはよい解決策にはならないから、と言い直す。そしてその後、弱々しい声で「もしハインツが薬を盗ったとしても、ハインツはそれを妻にどう服用させればよいのかわからないかもしれません。だとしたら、盗んでもやはり、妻は死んでしまうかもしれないでしょう」と付け加えた。エイミーはこのジレンマが、道徳的な論理を用いれば自己完結できる問題だと捉えることができないため、その解決策を導くための内的構造を理解できていない。エイミーはこの問題の構造を独自の見方で捉えているため、コールバーグの考え方とエイミーの回答のしかたは全く噛み合っていない。

コールバーグのような考えを持つ代わりに、エイミーは、世界というものを独り立ちしている人びとの集合体ではなく、関係性で構成されたものだと考えている。また、世界は、様々な規則を体系立てたシステムではなく、むしろ人間同士のつながりによってまとまると考えている。それゆえに、このジレンマを難しくしているのは、薬剤師がハインツの妻のニーズに応えられなかった点にあると考える。「命を救える時に、救わずに死なせるのは正しくない」と言う。もし薬剤師が、自分がその薬の値段を下げることを拒んだらどうなってしまうのかを予想することができさえすれば、薬剤師は「ハインツの妻に薬をあげちゃって、あとから夫に残りの代金を支払ってもらえばいい」と気づくだろう、とエイミーは推測する。このような考えから、エイミーはこのジレンマの解決策は、薬剤師に妻の容体についてもっと明確に伝えること、あるいは、それでも薬剤師が納得しなかった場合、助けるべき立場にある他の人びとに訴えかけることにあると考える。

裁判官もハインツが薬を盗むことはなすべき正しいことだという意見に同意するだろう、とジェイクが確信しているのと同様に、エイミーは「もしハインツと薬剤師が充分な時間をかけて話し合えば、盗み以外の道に辿り着けるはず」だと確信している。また、ジェイクが法律には「間違いがある」と思っているのと同様に、エイミーは、「世の中、もっと分かち合いさえすれば、人は盗まなくて済むようになる」と信じていて、このシナリオ自体が間違いだと思っている。つまり、どちらの子どもも他者の同意を得る必要性を認識しているのだ。ただ、同意に至るための調停の方法として想定していることが異なっている。ジェイクは個人的な事情を省いて、論理と法の体系を通して同意に至ろうと考え、エイミーはむしろ個人的な事情に目を向けながら、関係性におけるコミュニケーションを通して同意に至ろうと考える。ジェイクが、論理的な決まりごとは広く共有されているものだという想定のもと、このジレンマの解決策を演繹的に導き出そうとして、論理という規約に頼るのと全く同様に、エイミーは人同士のつながりが築けることを想定し、自分の声も相手に届くと信じて、コミュニケーションの過程に頼ろうとしている。しかし、ジェイクの回答内容と調査者の質問は同じような論理に根ざしているため、同意に関するジェイクの想定は調査者によって承認されているのに対して、エイミーの想定は、コミュニケーションの失敗、すなわちエイミーの回答内容を理解する能力を調査者が欠いていたことによって、否定されてしまう。

同じ質問を何回も繰り返し尋ねて、しまいには堂々巡りになってしまっていたことから、エイミーへのインタビュー調査の中で調査者が苛立っていたことは明らかである。しかし、その調査者によるエイミーの回答への評価が、解釈の問題を浮き彫りにしている。道徳性の発達段階に関してコールバーグが立てた定義や道筋に沿ってエイミーの回答を見てみると、エイミーの道徳判断は、男子に比べて、成熟度において丸々一段階分も低い水準にあるといえる。第二段階と第三段階に散らばるように評価されるエイミーの回答からは、この世の中において自分は無力であるという感覚が見える。そして、道徳性や法の概念を体系立てて思考する能力の欠如、権力に抗い、道徳的真理についての既存の考え方の根底にある論理を検証しようとする姿勢の欠如、さらに、命を助けるために直接的な行動を取ろうという考えや、もしそのような直接的な行動を取ったとすれば何かしらの効果を生むことができるかもしれないという発想の欠如すら見てとれる。関係性に頼るエイミーの姿勢は、一一歳になってもなお続く依存性や傷つけられやすさ（ヴァルネラビリティ）を露わにしているように見える。だからこそ、モラル・ジレンマを解決するための方法としてエイミーがコミュニケーションに信頼を置いていることについても、浅はかで認知的に未成熟であるように見えてしまうのだ。

しかし、エイミーの自分自身についての説明からは、これとは著しく異なる印象を受ける。前青年期の子どもに顕著な特徴について再度記するとすれば、この時期の子どもは、自身が何者かについてのしっかりした感覚を持ち、自分の信じていることに自信があって、この世の中で価値のあることをする能力を自分が持っていると確信していることが挙げられる。一一歳の自分のことを「成長して、変わってきている」という言葉で表現しながら、エイミーは、「今は、以前とは違う見方ができることがあります。私自身のことを本当によくわかるようになったし、世の中についてもだいぶ多くのことを知ったからです」と語っている。しかし、エイミーの知っている世界とは、コールバーグが設計したハインツのジレンマを通して映し出される世の中とは別物だ。エイミーの世界は、関係性とさまざまな心理的な真実の世界であり、人同士のつながりの存在に気づくことが、互いへの責任の存在を認めること、すなわち相手に応答する必要性を理解することにつながるような世の中である。このように考えてみると、エイミーの、道徳性は関係性を認めることで生じるという考え方や、衝突を解決する方法としてコミュニケーションに信頼を寄せる姿勢、そして、ジレンマの解決策はそのジレンマの状況について相手に説得的に伝えることで見えてくるという確信は、全くもって浅はかでもなければ認知的に未熟でもないように思われる。だがむしろ、ジェイクの判断が正義のアプローチにおける論理を反映していたのと同様に、エイミーの判断には、ケアの倫理（ethic of care）の中核をなす視点がいくつも含まれている。エイミーは初めから「真理を導く方法」の存在に気づいており、衝突を非暴力的に解決しようという考えを核に据えながら、ケアすることが関係性の修復につながると信じていた。そのため、エイミーの目にジレンマの登場人物たちは、自分の権利を勝ち取るために敵対する人びととしてではなく、全員が拠り所としていて維持しなければ困ってしまう関係性のネットワークを共有する人びととして映っていた。その結果、エイミーはこのジレンマの解決策として、人とのつながりを断ち切るのではなく、コミュニケーションを通してネットワークを活発化させて、むしろそのつながりを強めることで、ハインツの妻がそのネットワークから排除されないようする、という考えを示した。

ただし、エイミーの回答にみられるもうひとつの（different）論理は、私たちにインタビュー調査そのものの解釈を問い直すよう促すものだ。このインタビューは、尋問のようでありながら、対話のように見える。しかもそれは、調査者の権力の行使のしかたや、敬意の表明のしかたを通して、インタビュー自体に道徳的な諸側面があることをよく示すような対話である。このようにインタビュー調査の概念を組み直してみることで、調査者がエイミーの回答をなかなか理解できなかったのは、調査者が投げかけたと思っている質問と、エイミーが答えようとしている質問が違うからだということがわかる。エイミーは、質問を「ハインツは薬を盗むべきか」とは理解していない。したがって、ハインツがこの状況下で行動を起こすべきかどうかという質問に答えようともしていない。むしろ、「ハインツは薬を盗むべきか」と理解して、妻のニーズをよくわかっているハインツがどのようにそのニーズに応答するべきか、ということを考えているのである。調査者は、ハインツが取るべき行動様式は盗みという一つに決まっており、それは議論の余地のない事実であると想定していた。一方でエイミーは、ハインツには何かしらの行動をとる必要性があると想定して、その行動の内容について検討する。調査者は、コールバーグの道徳哲学に一欠片（ひとかけら）も登場しなかったような回答を受ける可能性があることを想像できていなかったため、エイミーの投げかける問いを受け止めることも、エイミーの回答を貫く論理に気づくこともできなかったのだ。一つの視座（perspective）では、ジレンマに正面から向き合うことを避けているように思えるような回答も、別の見方をすれば、問題を見定め、より適切な解決策を提示しようとする試みの現れとして理解できる。調査者は、そのことに気づいていなかったのである。

このように、二人の子どもたちはハインツのジレンマを受けて、それぞれ大きく異なる道徳問題に気づいた――ジェイクは論理的な演繹法によって解決することができる、生命と所有との衝突の問題だと考え、エイミーは人間関係の亀裂の問題であるため、人間関係という糸で縫い直さなければならないと考えた。道徳の定義域における別の構想に基づいた異なる問いを抱きながら、二人の子どもたちは根本から違った回答にたどり着いている。しかし、男子の回答にあるような論理をもって道徳的成熟の発達を測ることで、発達段階に対応する順序立った段階別にそれぞれの回答を整理することができるという考え方に則して回答内容を見てしまうと、女子の方の判断が露わにしたもう一つの真実を見落としてしまう。コールバーグの理論は、「ジェイクに見えていて、エイミーには見えていないものは何か」という問いにはすぐに答えることができる。その理論に照らしてジェイクの判断を評価すると、エイミーの道徳的成熟度に対して丸々一段階分高い位置にあるのだから、このことは明らかだ。しかし、「エイミーに見えていて、ジェイクには見えていないものは何か」という問いに対しては、コールバーグの理論は何も答えることができない。エイミーの回答の大部分は、コールバーグの評価体系からはみ出してしまっているので、コールバーグの視点で見ると、エイミーの回答は道徳の定義域の外側にあるものとみなされるのだ。

しかし、ジェイクが物事を正当化するための論理について洗練された理解を示したのと同様に、エイミーもまた、何かを選択するという行為の性質について、洗練された理解を示している。「もし二つの、全く別の方に向かっている道があったとして、そのうちの一つを選べば、もう一つの道に進んでいたら何があったかを知ることはできない」と語った上で、エイミーは、「こういうのは、やらなければならない賭けです。前に言ったように、結局は勘で選ばなければいけません」と説明する。自分の意見を「簡単に」説明するために、エイミーは自身が夏休みにキャンプに参加するという選択をしたことについて、次のように述べている。

もしキャンプに行かずに家にいたら何が起きていただろう、ということは知るよしもありません。それに、もしキャンプで思うようにいかないことがあっても、家にいた方がよかったのかどうかは永遠にわかりません。同時に二つのことをすることはできないから、これは絶対に避けられない問題です。だから、ただ決めるしかない。でも、どっちがよかったかは永遠にわからない。

このように、高い知性と生への感性を持つ二人の一一歳の子どもたちは、それぞれ異なる方法で、道徳についての異なる理解を、そして衝突と選択についての異なる考え方を示している。ハインツのジレンマを解決するに当たって、ジェイクは当事者間の対決・対峙を避けて薬を盗む行為に頼った上で、論争の解決に関しては法に注目した。力の階層構造を価値観の階層構造に置き換えることで、ジェイクはこの衝突を個人的事情から切り離された権利主張の衝突であると捉え、個人間の問題として加熱してしまいかねない事態を鎮静化させようとしたのだ。このようにして、ジェイクは、個人間の問題から道徳的問題を抽出して、それを公正性の論理で考察することで、論争の勝者を客観的に決定する方法を見出している。しかし、階層構造によって順序づけようとする考え方は、勝ち負けの発想が反映されており、勝ち負けには自ずと暴力が生じる可能性が内含される。したがって、エイミーがこのジレンマを整理する際にはこの考え方は採用されず、つながりのネットワーク、すなわちコミュニケーションを取る過程で維持される関係性の網（web of relationships）が考慮された。この視点の転換に伴って、道徳的問題もまた、所有が生命よりも優先されるという公正でない支配の問題から、薬剤師がハインツの妻のニーズに応えようとしないという不必要な排除の問題へと変化する。

道徳的問題の定式化のしかたが転換されるのに付随して関係性についての心像も変わっていく様子は、二人の八歳児の回答からも見てとれる。二人はジェフリーとカレンという名前で、なすべき正しいことが何なのか自信を持てなかった場面について話してほしいと尋ねられた。

ジェフリー	カレン
友だちのところにすごく行きたいけれど、お母さんが地下室を掃除している時、僕はまず友だちのことを考えて、次にお母さんのことを考えて、それから僕がするべきことについて	私にはたくさんの友だちがいるから、いつも全員と遊べるわけじゃないんです。だから、順番こで遊ばないといけません。みんな友だちだから。でも、もし一人ぼっちの人がいたら、

考えます。【でも、するべきことが何か、どうやったらわかるのですか？】だって、他のことよりも優先されるべきことがあるでしょう。

私はその人と遊びます。【あなたがそのような判断をする時、どんなことを考えていますか？】うーん。一人ぼっちの人。寂しさ。

ジェフリーは、自分の欲求と義務との間に生じる葛藤を解決するために、階層構造の順序をつくりあげている。それに対してカレンは、友だち全員を含む関係性のネットワークについて説明している。どちらの子どもも、自分の選択によって生まれる排除と優先順位の問題について話しているが、ジェフリーが最も優先するべきことは何かを考えているのに対して、カレンは、誰が排除されてしまうかということに焦点を当てている。

子どもたちが道徳的な葛藤と選択について考える際に浮かび上がってくる、階層構造のイメージとネットワークのイメージは対照的で、道徳性に関する二つの見方をよく描写している。この二つの見方は、どちらかが他方の帰結として生じるというものでも、対立するものでもなく、むしろ、補完し合う関係にある。しかし、二つの見方の相違をこのように捉えることは、階層構造の様式の中に違いを位置づけようとする、従来の発達理論が持つバイアスに反する。発達理論における体系に男子の思考構造が合致するのと対照的に、女子の思考に見られる構造は既存の理論と一致しない。それでもなお、ジェイクとエイミー、あるいはジェフリーとカレンの判断の違いを比較してみても、どちらかの子どもの判断がもう一人の子どもよりも発達において先んじていると言うことはできない。ならば、これら二つの視点はどのような関係にあるのか、という問いが浮上する。この違いは何を意味しているのだろうか？　また、これら二つの思考形式は互いにどのようにつながっているのだろうか？　これらの問いへの答えは、一一歳の子どもたちの回答に見られる、道徳性の理解と自分自身に関する説明との関連性を検討することによって明らかになるだろう。

【自分のことを自分自身に説明するとしたら、どのように言い表しますか？】

ジェイク

完璧。自惚れがちな性格を出して答えるとすれば。どういう答えを期待しているの――僕が自由に自分自身の説明の仕方を選んで大丈夫ですか？

エイミー

それは、私の性格ということ？　**【どう思いますか？】**――ええと、どうでしょう。私がどんなかと言えば、うーん。どういう意味ですか？

【自分が聞けば自分のことだとわかるように、あなたという人物について説明してください、と言われたらどのように説明しますか？】

ジェイク

まず、自分は一一歳だと言います。「ジェイク［苗字略］」だとも言います。そして、「町名

エイミー

ええと、私は学校と勉強が好きな人で、勉強を仕事にもしたいと思っています。何かの分

略」に住んでいるとも言わないといけないかな。どこに住んでいるかは僕を形作っている大きな部分なので。それから、お父さんが医者であることも付け加えます。それも僕に少しだけ影響しているだろうから。あと、ハインツの場合は別として、僕は犯罪を犯してもいいことだとは思っていません。それから、学校は退屈だと思っています。学校が好きか嫌いかで、性格は少し変わってくるような気がするので付け加えました。自分の性格を読み取る方法がわからないので、自分のことをどういうふうに話したらいいかは、よくわかりません。**【あなた自身について普通の会話で説明するように説明してください、と言われたら、何と言いますか？】**僕はくだらない冗談が好きなんです。真面目に勉強するのは本当は好きじゃないけれど、学校の勉強は全部できています。学校で出された問題

野の科学者とかそういった感じの人になって、色々なことをして、人を助けたいです。それが、私という人間だと思います。私が目指している人間とも言えるかもしれません。だから、自分のことを説明する時にもきっとそう言うと思います。人を助けるようなことをしたい、ということも言います。**【それはなぜですか？】**だって、この世界はいろんな問題を抱えていると思うし、みんなが何かしらの方法で誰かを助けようとするべきだと思うからです。私が誰かを助けるための方法として選ぶのは、科学です。

は、知識が必要なもの以外は、一問残らず全部解けます。知識が必要なものも、資料を読んだ後なら解けるけど、簡単な宿題をしていると時間を無駄にしている気がして嫌になっちゃうことがあります。あと、僕はスポーツが大好きです。多くの人たちとは違って、この世界にはまだ希望があるとも思っています。（中略）僕は、知っている人はほとんどみんな好きです。それに、僕はいい暮らしをしていると思います。今まで僕がみたことのある人たちの暮らしと比べても、引けを取らないくらいいい暮らしだと思っています。それに、僕は年齢の割には背が高いです。

この一一歳の男子の声には、この年頃の子どもによくみられる形の自己定義が現れている。それは、スティーブン・ディーダラス少年が地理の本に「じぶん、じぶんの名まえ、そしてじぶんのいるところ」を書き込んだことに通じる。[1] また、『わが町』に登場する、時間と空間の座標軸の中に階層構造の順序をつくることで自分自身の位置づけを確認しようとする記述をも彷彿とさせる。[2] ジェイクは、自分は世界における特定の立場を有していることを示すことで、自身を他から区別し、能力、信念、および身長をもって、世界から自身を切り離そうとしている。エイミーも、自分の好み、望みや信念を列挙してはいるが、むしろ自身を世界との関係の中に位置づけている。エイミーは、他者とのつながりを築くような行為をもって自身を説明しているのだ。とりわけ、他者を助ける能力を通した絆（ties）について詳しく話している。ジェイクが卓越という理想を持ち、その理想に照らして自分の真価を測るのに対して、エイミーはケアという理想を提示して、自分の活動の真価を測る。エイミーが自身を世界との関係の中に置き、科学を通して他者を助けることを選択するのに対して、ジェイクは、世界の方を自身との関係の中に置き、自身との関係によって自分の性格、立場、そして人生の質を捉えようとしているのである。

分離を通して定義される自己と、つながりを通して定義される自己との対照が、ここでより明確になる。言い換えれば、卓越という抽象的な理想に照らして測られる自己と、ケアという具体的な活動を通して評価される自己との対照が、より明確になるのだ。また、他者への責任と自己への責任との葛藤を解くために子どもたちが相異なる方法を検討している様子を見ていくと、この対照が含意する内容は一層の広がりを見せる。女性が抱く、仕事への積極的関与（commitment）と家族関係への関与との葛藤によって生じるジレンマは、責任に関する問いを浮かび上がらせる。エイミーの回答はこの葛藤の詳細で彩られているのに対して、ジェイクは責任の問題を、その問題が発生した文脈から切り離して抽象化している。ジェイクは、親密な人間関係というテーマを、ジェイク自身が持っている破綻寸前の人間関係の像に置き換えて、以下のように語る。

（1）アイルランドの小説家ジェイムズ・ジョイスが著した『若い芸術家の肖像』（原題：*A Portrait of the Artist as a Young Man*）に登場する場面。ジョイス自身をモデルとした主人公ディーダラスは、幼少期に「地理の本をあけたけれど、アメリカの地名は頭にはいらない。それでもこういうのはみんなちがう土地で、だからちがう名前がついている。こういう土地はみんなちがう国にあって、そのいろんな国はいろんな大陸にあり、いろんな大陸は世界のなかにあって、世界は宇宙のなかにある」ということを考えながら、次のように本に書き込む。「スティーヴン・ディーダラス　初等科　クロンゴーズ・ウッド・コレッジ　サリンズ　キルデア州　アイルランド　ヨーロッパ　世界　宇宙」（邦訳 二九頁）。

（2）アメリカの脚本家ソーントン・ワイルダーが一九三八年に発表した戯曲。第一幕の冒頭、劇の進行役である「舞台監督」役の俳優は、舞台となっている二〇世紀初頭のニューハンプシャー州に位置するグローバーズ・コーナーズという小さな架空の町について、次のように紹介する。「マサチューセッツ州から境界線をちょっと越えたあたりでして、正確にいうと、北緯四十二度四十分、西経七十度三十七分ていうわけですな。（中略）わが町の本通り。ずうっと向こうに鉄道の駅。線路はあっちへ走ってます。ポーランド人の町が線路の向こう側にある。それからカナダ人の部落もね。（中略）向こうに組合教会、通りを隔てて長老派教会。メソジストとユニテリアンはあっち。バプテスト教会は川沿いの窪地のところ、カトリック教会は鉄道線路の向こうっかた」（邦訳 一一二—一一三頁）。

【自分自身への責任と他者への責任が衝突する場合、人はどのようにして選択をすべきだと思いますか?】

ジェイク

他人にだいたい四分の一くらい、自分に対して四分の三の責任をとるかな、と思います。

エイミー

ええと、全く状況によりますよね。自分以外の誰かと一緒に負っている責任があるなら、ある程度その責任を取らないといけないけれど、自分のことをひどく傷つけることになってしまったり、本当に本当に自分がしたいと思っていることを阻むようになってしまったりするようだったら、そういう場合は自分を第一に考えるべきかもしれない、と思います。でも、もしそれが本当に近しい人への責任なら、自分にとって自分自身とその人のどちらを取るべきか、その場面で決断せざるを得ないですよね。さっき言った通り、自分がどんな人なのか、そして天秤にかかっている相手の人なり人たちなりについて、自分がどう感じているのか、とい

【なぜですか？】

ジェイク

意思決定で一番大事なのは、自分自身であるべきだからです。自分のことを決める時に、まるまる他人に影響されてはいけません。他人のことを考慮する必要はありますけど。だから、たとえばもし、原子爆弾で自殺したいと望んでいるとしたら、道連れにしてしまう隣人のことを考えて、手榴弾で自殺するべきです。

う点に尽きると思います。

エイミー

ええと、他人よりも自分自身や自分のことを第一に考える人もいれば、他者に本当に気づかう人もいますよね。なんていうか、私は仕事なんて、夫とか両親とか本当に近しい友人とか、自分が本当に愛している人に比べれば重要ではないと思っています。もしただの仕事への責任だったり、ほとんど知らない人への責任だったりしたら、自分を第一にしてもよいと思うけれど、自分が本当に大切に思って（ケア・フォー）いる人、自分が本当に愛している人で、自分自身のことと同じレベルかそれ以上に愛している相手だったら、自分が真により深く愛しているものは何か、という問いへの答えを出すしかありません。その人なのか、そのものなのか、あるいは自分自身なのか。**【どうやってその答えを出すのですか？】**うーん。考えないといけないですよね。両方のことを考えないといけません。それに、みんなにとってはどちらがよいのか、あるいは自分にとってはどちらがよいか、どちらがより重要か、そして、どちらがみんなをより幸せにするのか、考えないといけません。たとえば、もし他の人たちが自分以外の誰かにしてもらうことができることであれば、あるいは必ずしも自分でなければならないわけでなければ、どんな内容だったとしても、自分がしたいことをするとよいかもしれません。他の人たちも別の誰かで構わないなら幸せなままのはずですし、自分もやりたいことができて幸せになれるので。

【責任とはどういう意味ですか？】

ジェイク

要は、自分が何かする時に他人のことを考える、みたいなことです。たとえば僕が石を投げたかったとして、修理代を払わないといけなくなる人のことを思って窓に向かって投げないのは、責任です。自分のためだけに行動するのではないということです。人は他人と一緒に生きなければならないし、コミュニティで生きなければならないし、そうした人たちみんなを傷つけるようなことをしたら、大勢の人が苦しむことになってしまいます。それは、なんていうか、してはならないことでしょう。

エイミー

自分が何かすることを他人が期待して待っていて、だから「うーん、でも私はこれかあれがしたいから、そうするね」と決めることができないことを指すと思います。**【別の種類の責任はありますか？】**ええと、自分への責任もあります。もし何かがすごく楽しそうに見えるけど、やり方がわからないから実際にやるとなると怪我をするかもしれないとして、友だちが「もう、やろうよ。できるよ、心配ないって」って言うけど、やっぱりすごく怖いとしたら、自分自身が怪我するかもしれないと思うことはやらないと決めるのは自分への責任だと思います。自分のことは自分で面倒を見ないといけなくて、それが自分への責任だから。

ここでもジェイクは、解決策を導く公式を作り、ジレンマを数学の方程式の形で定式化している。つまり、他人への責任が四分の一、自分への責任は四分の三。自分への責任は当然のものだと考え、それを第一に考慮している。そしてその後に、他者に対しても負う責任の範囲について考えるという流れだ。ジェイクはまず、分離という前提から始める。とはいえ、「人は他人と一緒に生きなければならない」ことも認めており、他者への責任が自己への責任を負うことを妨害するのを抑え、結果的に損害を最小化するような規則を見出そうとしている。ジェイクの説明において、責任とは、活動の制限や攻撃の抑制に伴うものとして捉えられる。このような責任についての考え方は、他者の活動が自分への責任を妨害するのと同様に、自分の活動もまた他者に影響を及ぼす可能性があるという認識に基づいている。したがって、規則は、妨害を制限することで、コミュニティでの暮らしを安全にするものであると考えられている。また、互恵性によって自律性を守り、自己を考慮に入れることと同じように他者のことも考慮するものなのである。

対立し合う責任についての質問を受けて、エイミーは再度、物事を整理・分類する語り方ではなく、文脈的な語り方で答える。「状況によります」と言い、いかに様々な性格や境遇の違いに応じて選択が異なってくるかを示す。「自分以外の誰かと一緒に負っている責任があるなら、その責任を取らないといけない」という言葉に示されるように、エイミーはつながりという前提から始めて、その後に、自身への責任を負う範囲について検討している。分離の媒介変数について考えるに当たって、エイミーは、自分のしたいことをすることで、自身を傷つけるのを回避できるような場面や、そうすることで他者の幸せを目減りさせることがないような場面を想像している。エイミーにとって責任とは応答を意味し、活動を制限するものではなく、むしろ拡張するものである。そのため、責任は、攻撃を制限するものではなく、ケアする行為を伴うものとなる。ここでもまた、全ての人のニーズを最もよく包括するような解決策を求めて、「みんなをより幸せにする」方法でジレンマを解こうと努めるのだ。エイミーが応答する必要性に着目している一方で、ジェイクは妨害の抑制について考えているので、ジェイクは制限の指針として「自分のことを決める時に、まるまる他人に影響されてはいけません」というものを導き出している。しかし、エイミーは「自分が何かすることを他人が期待して待って」いる時に応答する必要性が生じると考えているので、「「うーん、でも私はこれかあれがしたいから、そうするね」と決めることができない」と語る。ただし、二人の回答の相互関係は明らかだ。なぜなら、エイミーは他者とのつながりを前提にして、やがて分離の媒介変数について考え始めているのに対して、ジェイクは前提を分離に置いているが、やがてはやはり、つながりの変数について考慮しているのである。ただ、分離とつながりのどちらを優位に置くかによって、自己のイメージや関係性のイメージは異なって描かれる。

二人の子どもたちの回答の違いの中で特に印象的なのは、この世界を危険な敵対性と破綻しがちなつながりに溢れたものであると捉える男子の回答には暴力のイメージがみられるのに対して、女子の方はこの世界をケアと保護の世界であると捉えて、「自分自身のことと同じレベルかそれ以上に愛している」他者とともに生きる人生を思い描いている点にある。人がどのような道徳の構想を持っているかは、その人が社会的関係性をどのように理解しているかを反映しているので、関係性の心像におけるこの違いは、ひいては道徳的命令それ自体にも変化をもたらす。たとえば、ジェイクにとって責任とは、他者のことを考慮して自分のしたいことをしないということを意味している。それに対して、エイミーにとって責任とは、自分自身のしたいこととは無関係に、他者から自分に期待されていることをすることを意味する。どちらの子どもも、損害や傷を回避したいと思っているのだが、その問題を異なる形で解釈しているのだ。ジェイクは、攻撃が表出されることによって人は傷つくのだと考えており、エイミーは、自分のニーズに応えてもらえない時に人は傷つくのだと考えている。

　二人の子どもたちのそれぞれの回答に沿って発達の軌跡を描くとするなら、相異なる道になるだろう。ジェイクの発達においては、他者を自己と等しい存在としてみるようになること、そしてそのような平等性が担保されることで、人間同士のつながりを安全なものにできると気づく過程が重要である。一方のエイミーの発達においては、広がり続ける人間同士のつながりのネットワークに自分自身を組み入れられるようになること、そして自己を分離させることは必ずしも孤立を意味せず、自分を守ることにつながる場合があることに気づく過程が描かれる。このように発達の筋道が相異なることを考えれば、とりわけ、分離とつながりの経験が、相異なる形で自己の声の発し方に結びついている点に目を向けてみれば、男子の発達のあり方が男女両方にとっての青年期の成長発達の唯一の筋道であると考えてしまうと、女子の発達を説明する際に絶えず問題が生じることになるのは明らかだとわかる。

発達はこれまで、分離を前提として語られてきた。そして、背景にある分離とは対照的であるからこそ目を惹く、うまくいかなかった関係性のナラティブ——前エディプス期の愛着、エディプス期の空想、前青年期の親友関係、青年期の愛などの物語り——が語られてきた。これらの関係性は結果的に失敗し、共感的な個別化が進んで行くというのが、これまでの発達の物語である。そのため、人生を通して関係性を持続させる女子の発達は、難ありと考えられてきた。フロイトは、思春期に女子が内向的になる変化は、一次的ナルシシズムが増大したことに起因しており、愛や「対象」関係の失敗を表象していると考えた。しかし、一転して、この内へ向かう変化を持続的な関係性を背景にして解釈し直してみると、自己への新しい応答性（responsiveness）、すなわち、関係性の失敗ではなくケアの範囲の拡張を示しているように考えられる。このように、女子は、男性の経験から抽出される関係性のカテゴリーに当てはめることができないように見える。そのため、これまで人間の発達は、破綻しがちなつながりの心像を危険な分離のイメージに置き換えることによって説明されてきたが、この考え方の土台にある関係性に関する前提を、再考する必要性がつきつけられる。

ＴＡＴ（絵画統覚検査）[3]の絵を手がかりにして大学生が書いた物語に現れる暴力のイメージを分析した一つの研究は、この考え方の転換の意義を露わにしている。この研究は、暴力が起こる場所、そ

（3）Thematic Apperception Test の略称。パーソナリティをみる投影法検査の一つ。

して暴力的な空想の中身にも、統計的に有意な男女差があることを報告している。これは、スーザン・ポラックと筆者がかつて行なった研究である（Pollak and Gilligan, 1982）。動機付けに関する心理学の科目の中で、授業中の演習の一つとして学生たちに物語を書いてもらい、その物語を後に分析する形で進めた。この研究において中核的なテーマとなったのが、分離とつながりである。この研究を手がけることになったきっかけは、ポラックの気づきにあった。すなわち、川にかかる低い橋の袂のベンチに座っているカップルという、穏やかに見える情景の絵を見て男性たちが書いた物語の中には、奇妙に思えるような暴力のイメージが描かれていたのだ。その科目を履修していた八八名の男性のうち、二一パーセント以上の男性がこの絵を受けて、殺人、自殺、刃傷沙汰、誘拐、あるいはレイプという、暴力的な事件が起きる物語を書いたのである。これとは対照的に、同じ科目を履修していた五八名の女性のうち、この情景に暴力性を投影した学生は一人もいなかった。

親密性に関して男性たちが執筆した物語の中に暴力性が現れることに気づけたのは、ホーナーの一九六八年の論文を読んだからかもしれない、と私たちは考えた。ホーナーの論文とは、競争を経て得られる成功に関して女性たちが書く物語に暴力が表象されることを示したものである（Horner, 1968）。ホーナーは、成功の後にはよくない帰結があると予想しがちである女性たちの思考を「奇妙な、あるいは暴力的な心像」というカテゴリーに位置づけた上で、その例として次のような物語を挙げた。メディカル・スクールのクラスで首席になって大喜びしたアンが、嫉妬したクラスメートたちから身体的な暴力を受けて一生不具にされる、という物語だ。親密な関係性の絵を見た男性たちの空想に暴力的な心像が登場するという、ホーナーの影響を受けた私たちの分析を詳しく説明するために、川辺のベンチの情景の絵を見て書かれた、男性の履修生の物語を一例として示そう。

ニックは、目の前を自分の人生が過ぎ去っていくのをみていた。冷たさが、自分の体の中に今までにない深さまで突き刺さっていくのを感じた。川の氷を破って落ちてから、一体どれくらい経っただろうか。――三〇秒か、一分だろうか。二月中旬のチャールズ川の冷えきった痛みに屈するのに、そう長くはかからないだろう。凍った川を渡ってみろという、ルームメートのサムの挑戦を受けるとは、なんて馬鹿だったのだろう。サムが自分を嫌悪していることには、ずっと前から気づいていたのだ。金持ちであることも、そして何より、サムの少年時代の恋人メアリーと婚約したことが、嫌われる要因だった。しかし、ニックはこの時まで、メアリーも自分を嫌悪し、本当はサムのことを愛していたとは全く気づいていなかった。だが、二人はそこにいたのだ。二人で、川沿いのベンチに穏やかそうに座って、ニックが溺れるのを見つめていた。おそらく、すぐに結婚するのだろう。そしておそらく、結婚資金は、メアリーが受取人になっているニックの生命保険金で賄うのだろう。

ポラックと筆者は、観察者の目がどこに危険を見出すかという点に注目して考え、果たして男性と女性では異なった状況の中に危険を察知し、その危険を異なる形で解釈するのだろうかという疑問を抱いた。親密性を描いた男性たちの物語の中に暴力が登場するという発見を出発点として、私たちは次の二点に性差がみられるかどうかを研究しようと考えた。第一に、業績と親和（affiliation）にまつわる様々な状況を提示した際に、どのような状況でどの程度の暴力的な空想が発生するか。第二に、そこで描かれる暴力性が親密性や競争を経て得られる成功に関連しているかどうか、という点である。暴力のイメージ研究の結果として明らかになったのは、男性たちが書いた物語には女性たちの物語に比べてより酷い暴力事件が描かれているということで、攻撃性の男女差に関する先行研究を裏付けた（Terman and Tyler, 1953; Whiting and Pope, 1973; Maccoby and Jacklin, 1974）。動機づけに関する科目を履修していた八八名の男性のうち、暴力のイメージを孕んだ物語を一つ以上書いたのは五一パーセントに当たる。それに対して、同じ科目を受けた女性たちの中で暴力が登場する物語を書いたのは、五〇名のうち二〇パーセントにすぎなかった。また、暴力が登場する話を二つ以上書いた女性は一人もいなかったのである。しかし、これだけではない。この研究はまた、暴力的な空想の内容や、暴力がどのような状況でどの程度登場するのかという点においても性差があることを明らかにし、男女では関係性をどのように空想するかに違いがある可能性を示唆した。

この研究では、授業中の演習で用いた六枚の絵のうち、四枚の絵を選択し、それらの絵についての物語を分析した。その四枚の絵を選んだ理由は、業績と親和が問題となる状況をはっきりと描いた絵だったからである。四枚の絵のうち二枚には、近しく親密な関わりにある男女二人が描かれている。一枚は川沿いのベンチにカップルが座っている情景を描いた絵で、もう一枚は、手首を掴み合っている二人のブランコ乗りの絵だ。男性のブランコ乗りはブランコにひざでぶら下がり、女性は空中を舞っている。もう二枚の絵には、没人格的で業績がものを言うような職場環境で働いている人たちが描かれている。一枚は高層ビルのオフィスで机に向かってひとりで座っている男性の絵で、もう一枚は、研究所で働いている白衣を着た二人の女性の絵である。手前の女性が試験管を扱っているのを、背後の女性がみつめている様子が描かれている。筆者らの研究は、これらの二組の絵を見て書かれた物語を比較分析する作業を中心に進められた。

この科目を履修していた男性たちは、研究上、一つのグループと捉えているが、没人格的で業績がものを言うような状況よりも、人格的な親和関係のある状況の方により多くの暴力を投影していた。男性のうち、二五パーセントが親和を描いた絵にのみ暴力的な物語をつけ、一九パーセントが親和と業績の両方の絵に暴力的な物語をつけ、七パーセントが功績の絵にのみ暴力的な物語をつけた。これとは対照的に、女性たちは親和よりも業績重視の没人格的な状況を示した絵の方により多くの暴力を描いた。女性のうち、一六パーセントが業績の状況を示す絵に暴力的な物語をつけ、六パーセントが関わりを示す絵に暴力的な物語をつけた。

一人の男性が書いた先ほどのニックの物語は、親密性と危険性を結びつけて捉えていることを鮮やかに示していた。それと同様に、ある女性が書いたへグステッド先生の物語は、業績重視の状況に暴力を投影する様子、および競争によって得られる成功と危険性を結びつけて捉えていることを示す、よい例となっている。

今日もまた、実験室で過ごす退屈な一日。意地悪で陰険なヘグステッド先生は、いつも生徒たちのことを後ろから気持ち悪いほどジロジロと監視してくる。ヘグステッド先生は、ニーダム・カントリー高校に四〇年間も勤務していて、化学の授業は毎回、一〇年一日のごとくまったく変らない。先生は、このクラスの模範生、ジェーン・スミスを見つめている。授業の度に先生はジェーンの側に行き、他の生徒たちに向かって、ジェーンはいつも実験を正しく進めているとか、本当に頑張っている生徒はジェーンしかいないといったことを発言する。この時ジェーンが、先生が午後に飲むコーヒーに入れるための砒素を用意しているとは、微塵も思っていないのである。

もし攻撃性を、危険を知覚したことで起こる反応だと捉えるなら、私たちが実施した暴力イメージの研究の成果は、男女は異なる社会状況に危険を察知し、その危険を異なる形で解釈していることを示唆している。というのも、男性たちは、業績重視の状況よりも人格的な親和関係の方により頻繁に危険を見出し、危険は親密性から生じるのだと考えている。一方の女性たちは、没人格的な業績重視の状況に危険を察知し、危険は競争を経て得られる成功によって引き起こされるものであると考えているのだ。親密性の物語の中で男性たちが描いている危険とは、息が詰まるような関係性に縛られたり、拒絶や偽りによって自尊心を傷つけられたりするような、わな、もしくは裏切りという危険である。これとは対照的に、業績に関する話に女性たちが投影している危険とは、成功することで目立ってしまったり他者との間に隔たりができてしまったりして、ひとり取り残されてしまうことへの恐怖、すなわち孤立という危険である。ヘグステッド先生の物語において、暴力が引き起こされる唯一明らかな原因は、ジェーンが最も優秀な生徒であると先生から一人だけ名指しされ、クラスメートたちとの間に隔たりが生じたことにある。ジェーンはその仕返しとして、先生が午後に飲むコーヒーに入れるための砒素を用意するのだが、ヘグステッド先生のしたことというのは、ジェーンの頑張りを褒めただけなのだ。

絵の中の人物たちが近く描かれれば描かれるほど、男性たちの物語は暴力のイメージを濃くしていくのに対して、人物が遠くに描かれれば描かれるほど、女性たちの物語の暴力のイメージは濃くなる。たとえば、授業を履修していた女性たちの物語を見ると、机の前に座っている男性の絵（唯一、人物が一人しか描かれていない絵）に暴力を投影することが最も多かったのに対して、男性たちの方を見ると、ブランコ乗りのアクロバティックな動きを描いた情景の絵（唯一、人物同士が接触している絵）に暴力を見ることが最も多かった。このことから、男性と女性は、愛着と分離を異なった形で経験するということ、そして男女それぞれが他方には見えない危険――男性はつながり、女性は分離における危険――を知覚しているということが言えるのではないだろうか。

しかし、机の前に座っている男性よりも、アクロバティックなブランコ乗りの方が遥かに大きな危険に晒されていると考えるのが普通であり、女性たちが知覚する危険は、通常予想されるものとは異なっているといえる。そのため、女性たちのものの見方は、通常の解釈の様式をも問い直すことを求める。攻撃性にみられる男女の違いは、大抵は男性の反応の仕方を規範として捉える形で説明される。それゆえ、解明されるべき問題は、女性たちの攻撃性の欠如にあると考えられるのだ。しかし、女性と男性が書いた物語では、暴力が登場する場面が全く異なるのだということに気づけば、問うべきは、なぜ女性たちはブランコ乗りの絵を安全なものだとみなしたのかという点になるだろう。

この問いへの答えは、ブランコ乗りについて書かれた物語を分析することで見えてくる。ブランコ乗りの絵には、安全ネットなしに空中の高いところで演技している様子が描かれているが、この研究に参加した女性の二二パーセントが、そこにネットがあるものと補足して物語を書いている。これに対して、男性のうち、ネットの存在を想像して書いたのはわずか六パーセントにすぎず、男性の四〇パーセントは、はっきりとそこにはネットがないことを述べたか、あるいはブランコ乗りのどちらか、あるいは両方が、まっさかさまに落ちて死んでしまう話を書くことで、ネットがなかったことを暗に示していた。このような違いから、女性たちはブランコ乗りの情景を安全なものとしてとらえていたのだ。つまり、女性たちは安全ネットを登場させ、万が一落下してもブランコ乗りの命はネットによって守られるようにしたことで、自らの手でその情景を安全なものにしていたといえる。しかし、ブランコ乗りの情景の中にネットの存在を想像しない男性たちは、女性たちの物語を解釈するに当たって、女性の物語に暴力がみられないのは、女性がブランコ乗りたちを安全にするためにケアの活動を行ったからであるとは考えない。そうではなく、危険が存在することの否認、あるいは攻撃性の抑圧に要因があると短絡的に考えるのだ（May, 1981）。関係性を編み上げ、つながりを支えているような活動を想像することによって、男性の目にはとても謎めいて危険に見える親密性の世界が、女性たちには、むしろより安定した、より安全なものに見えてくるのだ。

もし、女性たちが知覚するように、攻撃性は人間同士のつながりが砕けることで起きるのだとすれば、先の女性たちの空想物語が示唆しているように、ケアの活動とは、攻撃性の範囲を制限する規則を導き出すことによってではなく、むしろ孤立を回避し、攻撃を予防することによって、この実社会を安全なものにしていこうという活動である。この考え方に照らしてみると、攻撃性はもはや、蓋をするべき手に負えない衝動ではなく、つながりが砕けた印、あるいは関係性の失敗の印であると理解できる。このように考えると、男性たちの物語に危険が頻出し、どこもかしこも危険に晒されているような世界を表しているのは、男性たちが抱える困難を表象しているといえる。すなわち、男性たちがつながりを作ることに困難を感じていること、そしてその困難によって関係性を瓦解させてしまったり、分離を危険な孤立へと変えてしまったりすることを示しているのだ。一般的な解釈の仕方なら、女性の攻撃性の欠如は女性たちが分離を不得手とすることに関連していると考えられる。けれども、この解釈をひっくり返して考えてみるならば、男性の物語に暴力が頻出すること、親密な関係性についての文脈の中に暴力が奇妙に登場すること、そして暴力を裏切りや欺きに結びつけて捉えることは、次のような問題を表すものとして考えられるようになる。すなわち、男性たちが他者とつながることを不得手とするがゆえに、関係性を危険なものとして捉え、分離の中に安全性を見出すようになってしまっているという問題である。規則に縛られた競争的な業績重視の状況を、女性は、つながりの網を傷つけるものとして捉えている。しかし、男性にとってそうした状況は、他者との間に明確な境界線を引き、攻撃性を制限してくれるようなつながり方を示すものであり、それゆえに比較的安全なものだと考えているということになる。

女性たちの中の一人が書いたブランコ乗りの物語は、関係性の維持を成功の鍵として描いており、業績と親和を対立的に捉える一般的な考え方に疑問を呈している。この女性は、これらの主題について次のように説明している。

ここにいるのは、二人の「空飛ぶジプシー」だ。二人は今、リングリング・ブラザーズ・サーカスの大舞台に立つためのオーディションを受けている。オーディションの順番は、最後。かなり好調に演じている。二人には優雅さと品があるが、安全ネットを使用しないチームもある中で、二人はネットを使ってしまっていた。そこで、サーカスのオーナーたちは、二人がネットを撤去するなら雇おうと言った。しかし、「ジプシー」たちは、そのようなリスクを負うよりも長生きすることを選び、仕事を断った。もし二人のうちのどちらかが怪我をしたら、二人の演技が台無しになってしまうことがわかっていたから、そのリスクは全く負う意味がないものだと考えたのだ。

この物語に登場するジプシーたちにとって最重要なことは、サーカスでの大舞台に立つことではなく、自分たち二人の暮らしよさ（ウェルビーイング）にある。自分たちの命を危険にさらして得られる成功の帰結として起こり得る、よくない結末を考慮し、ネットではなく、仕事の方を手放す決断をしたのだ。そうすることで、自分たちの命だけでなく、出し物としての演技をも守ることになった。というのも、「もし二人のうちのどちらかが怪我をしたら、二人の演技が台無しになってしまう」からである。

このように、女性たちが関係性を保持するために規則を変えようとするのに対して、男性たちは、こうした規則を守りながら、関係性は容易に代替できるものであると考える。男性たちはブランコ乗りの情景に凄まじい暴力を投影したが、そこで描かれた物語は、男性のブランコ乗りが女性のブランコ乗りを墜落させ、関係性を持つ相手をおそらく取り替えることで演技を続けるという結末に終わる、背信と裏切りの物語だ。

女性のブランコ乗りは、相棒の男性ブランコ乗りの親友と結婚している。相棒はたった今、女性が自分の友人（女性の夫）に不貞を働いていることを（ショーがはじまる前に）知ったところだ。相棒は女性に、自分は不貞のことを知っていると告げ、夫に話すように言った。だが、女性は夫には伝えないと言う。男性のブランコ乗りは、自分の口で友人に告げる勇気はなく、地上一〇〇フィートの空中で、女性を自分の手から滑り落とさせる事故を工作した。女性はその事故で死んだが、男性は全く罪悪感を抱いていない。自分は事態を正したのだと信じているのだ。

一一歳の少年の道徳判断の中に破綻寸前の心像がみられたり、いざこざの代表的な解決策として盗みが想定されたりするように、男性の空想に暴力が頻出するのは、攻撃性は人間関係につきものだという考え方に符合する。しかし同時に、こうした男性の空想や心像は、関係性が破損し、コミュニケーションがうまくいかない世界や、真実を知る術が全くないように思えるために裏切りが横行する世界をも表現している。物事が真実かどうか考えることがあるかと尋ねられた際、一一歳のジェイクは、人が本当に真実を語っているのかどうか、かなり疑うと回答している。「人の噂とかね。たとえば、僕の友だちの一人が「そうそう、あいつはそう言ったよ」と言った時なんかは、「こいつは、本当に真実を話しているのかな」と考えることが、時々あります」という。ジェイクは数学にこそ真理があり、論理のなかにこそ確実性があると考えているために、国語の授業や個人的な関係性には、真理を打ち立てるための「ガイドラインがない」と思っている。

これまで、攻撃性は本能的なものであると説明され、分離は攻撃性の抑制のために必要であると考えられてきたが、男性の空想に現れる暴力は、むしろコミュニケーション上の問題や人間関係についての知識の欠如から生じているように見える。一方で、コールバーグが不可能だと考えた人間同士のつながりを一一歳のエイミーが構築しようと試みたり、男性たちが壊滅の物語を描いた場面で女性たちが安全ネットを空想したりするように、女性たちの声は、男女共に直面する攻撃性の問題を、自己の孤立や人間関係の階層構造化に問題があるものとして語っている。

フロイトは、『文化への不満』（一九三〇年）の中で、若い時に自身の心を奪った文化と道徳という問題にもう一度立ち返り、その再出発に当たって、「人生において本物の価値があるもの」(p. 64 邦訳一二四頁)を測定基準とすることを主張する。フロイトは、人間にとって最高の慰めになるのは「「永遠性」の感情」、「大洋的な」感情であると書いたロマン・ロランの手紙を引用し、ロランという友への敬意を示しつつも、そうした感情は幻想にすぎないとして否定する。それは、フロイト自身が「この大洋的な感情というものを自分の中に見出す」ことができなかったことに所以している。フロイトはこの感情を「外部の世界と一体となり、その全体とともに生きているという、失われることのない絆」と表現した上で、「自分自身の経験からは、こうした感情が原初的な性格のものであるとは確信できない。ただし、だからと言って、他者にこうした感情が起こり得るということも否定しない。問題なのは、この感情を私たちが正しく解釈しているかどうかという一点である」と説明している[4]。しかしフロイトは、解釈の問題を持ち出すことで、自身が呈した問いを即座に打ち消してしまっ

(4) フロイトは『文化への不満』の中で一貫して、「宗教とは幻想に他ならない」とする主張を展開している。ロランはその主張に同意しながらも、「宗教そのものの源泉」にある「永続性」や「大洋性」の感情の存在を認め、自身は「この感情を片時も失ったことがない」と述べる。だが、フロイトは自身がそのような感情を抱いたことがないこと、そして心理学の枠組みでも精神分析の枠組みでもそれを解釈することができないことを理由に、こうした感情の存在を退ける。そして「宗教は、多くの人が個人で神経症に陥るのを防ぐ力はあるが、そのためにある代価を払わせるのである——人びとを心的な幼児性のうちに強制的に固着させ、集団妄想にひきずり込むのだ」とも論じている(邦訳一六八—一六九頁)。このようにフロイトは無神論者

ているのである。というのも、「絆の感情は私たちが構築してきた心理学という学問の枠組みにうまく織り込むことができない」ことを根拠に、そのようなつながりの感情を最重要のものと考えることを否定している。こうした基盤に立って、フロイトは自身にとってより根本的である分離の感情からつながりの感情を切り離して、つながりの感情を「精神分析の手法――すなわち、どのように発生・遺伝していくのかという説明」に委ねてしまう（p. 65 邦訳一二八頁）。

フロイトの展開する議論においては、「私たちの自己、私たちに固有の自我の感情」が中心課題とされる。それは、「独立したもの、統一のとれたもの、他の全てのものとは明確に区別されたものであるように見える」感覚を意味する。フロイトはその後すぐに、「そのような外見はみせかけである」とする一方で、なぜそう言えるかといえば、自己と他者とのつながりが存在しているのにそれを人が認めないような状況があるからではなく、自我と無意識のエスとのつながり、すなわち、「エスに対して、自我は一種の正面玄関のような役割を果たしている」ということに気づかないことにあるからだと述べる。フロイトは、発生・遺伝的な説明を根拠に、この融合感覚は、人間が自我と外界とを区別できていなかった乳幼児期の感覚に根ざしていると論じる。自我と外界との区別は、外界にある感覚の源が乳児のもとを離れた際にフラストレーションを感じる経験から沸き起こる。その際には「何よりも、母親の乳房が大きなきっかけとなる――叫んでねだらなければ戻ってこないのだから」（pp. 65-67 邦訳一三〇頁）。フロイトは、このように助けを求めて泣き叫ぶ経験の中に、自我の誕生、すなわち自我と対象との分離があると考えた。他者が自分を満足させる対象となる一方で、自我がそのような対象から分離されることで、満足などの感覚を自己の内側に位置づけられるようになるのである。

しかし、このようにして外の世界から自己を切り離していくことによって、区別の過程のみならず、自律性の探求もが引き起こされる。つまり、幸福になる可能性を高めて、失望したり何かを失ったりする危険に勝るようにするために、快楽の源や対象を自由に操れるようになりたいという願望を抱くようになるのである。こうして、つながりは徐々に分離に取って代わられる――フロイトはつながりを、「乳児期の寄る辺なさ」や「無制限なナルシシズム」、あるいは錯覚や、危険性の存在の否定に近いものとして捉えている。そしてそれに伴って、攻撃性と深く結びついている自己主張（アサーション）が、関係性の基盤とされる。このように、一次的な分離は失望から起こり、怒りによって助長されて、他者や「対象」との関係を規則によって守られなければならない自己をつくりだす。その規則とは、潜在的に破綻する可能性を孕んでいる関係性を包み込みながらも、「家族、国家、そして社会における人間同士の相互関係」の調整をはかる道徳性を意味する（p. 86 邦訳一七〇頁）。

フロイトのこのような考え方には、フロイト自身が持ち合わせていない感受性や、自身の心理学が前提としているものとは異なる精神状態が存在することが含意されている。それは、「人間が原初

であることを公表していたが、ユダヤ教徒の両親の下、カトリック教徒の多い町で育っており、宗教の影響は多分に受けて育っている。

的に抱く互いへの敵意」や「人びとの間で築かれる、あらゆる愛情や愛に基づく関係の基盤を形成している」ところの「攻撃性」が存在しない関係を指す。それは「唯一の例外」である女性たちの経験、とりわけ「母親が築く息子との関係」(p. 113 邦訳二二六頁)である。ここでもまた、女性は関係性の規則に該当しない例外として扱われるのである。息子との関係性において女性たちは、怒りとは縁のない愛、すなわち分離から生じる愛でも外部の世界と一体となり、その全体とともに生きているという感覚から生じる愛でもなく、むしろ人とのつながりの感情や、他者と自己との原初的な絆を見せる。しかしながら、フロイトによれば、母親はこの愛を息子と分かち合うことはできない。息子は、「外界の一つである自分の選んだ性愛の対象である相手から疎んじられたり、不実や死によって相手を失ったりした場合には、きわめて大きな打撃を受ける」(p. 101 邦訳二〇一頁)立場に身を置くことになる。

フロイトは、「私たちが愛する時ほど、苦悩に対して無防備な時はない」(p. 82 邦訳一六三頁)と主張して、防衛を、文明や罪悪感に対する怒りや良心から導かれて生じるものであると捉えて研究したが、むしろ、なぜ母親は積極的に危険を背負おうとするのか、ということを問うた方が興味深いのではないだろうか。母親は愛することで、失望したり何かを失ったりする可能性をもつくりだしているため、この問いの答えを探るには、つながりをもうひとつの形で経験していること、そして、応答の様式もうひとつあることに着目する必要がありそうである。フロイトの研究において女性たちは一貫して関係性の描写における例外として扱われており、継続的なテーマとして愛する経験を提示している。女性たちが語る、愛する経験は、どのように説明されたとしても——たとえナルシシスティック、あるいは文明に対して敵対的なものとして描写されたとしても——分離や攻撃性を基盤としていないように見える。従来とは別のこうした観点からみると、自己は、孤独のあまり助けを求めて泣き叫んでしまうようなものにも、全世界との融合によって全体とともに生きるうちに失われてしまうようなものにも見えない。むしろ、自己とは、観察上異なることは確認できるけれども記述が難しいような、解き得ない関係性の様式の中に綴じられているものと考えられる。

女性は分離や喪失に直面しても、つながりの感覚を持ち続けることが示されている。また、フロイトの説明と全く異なりながらも、攻撃性の問題に直接答えるような自己の経験をすることも明らかになっている。ここでいう攻撃性の問題とは、フロイトも最後に向き合う問題であり、「文化の最大の障害物」、すなわち「他者を攻撃しようとする傾向とそれに対抗する防衛」を「どう除去するか」というものだ。防衛は「攻撃性そのものと同じように人を不幸にする」(pp. 142-143 邦訳二八七頁)。この問題を検討するに当たって、フロイトは、より原初的なつながりの感覚、つまり大洋的な感情ではなく、他者との「結合態を熱望すること」に基づいて関係性の一様式をつくりだしている「利他的な促し」の中に、その解決策を見出そうとする。フロイトは、他者と結びつこうとする衝動は個人の発達に拮抗するものであると述べつつも (p. 141 邦訳二八一頁)、また一方で、自身のこれまでの説明に欠けていた発達の筋道があることを暗示する。欠けていたのは、攻撃性を経て分離に至るのではなく、個体化を経て相互依存に至る筋道である。フロイトはこの促しを「利他的」と表現することで、もうひとつの道徳の構想である可能性を示した。それは攻撃性を制限するためではなく、つながりを維持するために生まれるものである。

愛することに伴う危険を文化への不満へと転換することで、フロイトは、幸福と文化との間に、道徳性が中心的な役割を果たすような一つのドラマをつくりあげた。このドラマは、漠然ながらも「良心は愛を起源に生じること、および罪悪感は宿命的に避けがたいものであること」(p. 132 邦訳二六五頁)に光を当ててくれる。ただし、このドラマの筋に沿って、もうひとつ別のシナリオが現れてくる。光の当て方を変えてみると、つながりは、錯覚であったり、破綻寸前で超越論的な脚色を要するものではなく、むしろ個人の心理と文明化された暮らしの双方にとって第一義的な特色であるということがわかる。「個々の人間は、自分ひとりの生涯を歩みながら、人類全体の発展プロセスにも参加している」(p. 141 邦訳二八二頁)ため、かつてつながりが錯覚だと思われたように、今度は分離が錯覚のように見えてくる。しかし、こうしたつながりの感覚をフロイトの心理学の中に織り込むとすれば、フロイト自身も認めているように、本能的な生活の色合いを変えるだけでなく、自己の表現のされ方と関係性の描写をも変えざるを得ない。

投影法を用いた空想の男女差を研究したロバート・メイ(一九八〇年)は、空想の一つの「男性パターン」を「プライド」と呼んでいる。このパターンは、昂揚から剥奪へと話が進むものであり、つながりに一次的な亀裂が入ることで、分離を経験し、さらには取り戻すことのできない喪失に至る物語や、輝かしい偉業を成し遂げた後に破滅的に落ちぶれる物語といった、フロイトが記述してきた物語に類する。一方で、メイが「ケアリング」と呼ぶ、女性の空想のパターンは、依然としてほとんど研究されてこなかった筋道を描いている。このパターンでは剥奪から昂揚へと話が進み、分離を経ながらもつながりが最終的に維持されたり修復されたりする。女性たちは、人生を関係性の継続というよりも関係性の網のようなものとして捉え、愛着よりも自律のほうを幻想、あるいは危険な冒険として描く。このように、女性の発達を見ると、人間の愛着について男性たちが解釈してきた歴史とは異なる方向に目を向けさせられる。女性たちは、置き換えや分離ではなく、連続性と関係性の構造上の変化を特に重視しており、喪失へのもうひとつの応答の仕方を披露し、成長の捉え方をも変えているのだ。

ジーン・ベーカー・ミラーは、あらゆる親和的関係が支配と服従の型に入れこまれてしまった場合に生じる問題を列挙した上で、「女性の発達を捉えるための変数は男性のものと同一ではなく、用語も男性の発達を表すためのものは合わない」（p. 86 邦訳一七一頁）と指摘する（Miller, 1979）。「親和的関係や関係性を構築し、その後もそれを維持することを中心に形成される」女性の自己意識の構造化を説明する言語は心理学の分野において存在しないというのだ（p. 83 邦訳一六六頁）。しかし、女性の心理構造の中に、ミラーは「より発展した、より親和的な生き方——現在の危険な生き方から距離をおいた生」を実現する可能性を見出す。なぜなら、女性の自己意識は、攻撃性の効力を信じることではなく、つながりへのニーズを認めることと結びついているからである（p. 86 邦訳一七二頁）。したがって、より創造的で親和的な生き方ができるようになるのではないかと考え、ミラーは社会における男女の平等を訴えるだけでなく、心理学における新たな言語の確立をも提唱した。つまり、ケアやつながりに関する説明を、不平等や抑圧を説明する用語から切り離すように訴えたのである。そして、この新たな言語を構築するに当たっては、関係性についての女性たちの経験をもとにしようと考えた。

　こうした事柄を説明する言語が欠落しているということを踏まえると、女性の経験についての心理学者らの理解を妨げている解釈の問題は、女性たちにとって厄介な問題を映し出しているといえる。それは、女性たちの経験を表象することができていない問題、あるいはその表象において歪みが生じてしまっている問題である。幾多の網の結び目が、関係性を階層構造の秩序に合わせて解（ほど）かれていく時、あるいは墜落時に守ってくれるはずのネットが、むしろ飛行の邪魔をする危険な罠であるとみなされる時、女性たちは自分たちが目にしてきたものは果たして本当に存在していると言えるのか、自分たちが経験則で知っていることは果たして真実だと言えるのか、問い直すように促される。これらの問いは、現実と真理の本性についての抽象的な哲学的な推論としてではなく、個人を揺さぶる疑念として浮かび上がってくるのだ。こうした疑念が湧くことによって女性たちは、自分は何者かという感覚を侵害され、自分自身の感覚を信じて行為する能力を奪われ、結果として、自分がすることの責任を取ろうとする積極性をも失ってしまう。これは、女性たちの青年期の発達において中心的な課題となる。青年期において、思考は省察的になるため、解釈の問題は発達そのものの流れにまで影響するようになるからだ。

二人の一一歳の子どもたちは、今までに直面したことのある道徳的な葛藤とその際の自分の選択について説明することを求められた際、同じ話を全く別の観点から語るように回答している。それはまるで、男性と女性の青年期の発達において相異なる主題が登場することの前触れのようだ。二人とも、他者に何かを伝えるべきか否かの決断を迫られている学校での場面を挙げている。ジェイクがこのジレンマに直面したのは、不正義に立ち向かい、「不公正に（unfairly）」ボコボコにされて怪我させられた友人を守るために規則の執行を求めることを決断した時だった。その友人とともに校長のところへ行き、これらの事件について知らせた後で、ジェイクはもう一人別の友人に校長に伝えたと言うべきかどうか悩んだ。この友人は、校長のところへ一緒に行った友人のことを殴っていたが、それはあくまで先に彼に挑発されていたからであった。この友人に先に伝えなかった場合、彼は〈校長から〉お仕置きを受けることになる。この場合、それは不正義（unjust）だと思ったのだ。

ジェイクがこのジレンマを説明する時に焦点を当てていたのは、「言行一致」を目指すという自身の行動基準を破ることが、この場合においては正しいと言えるかどうか、という点である。つまり、校長に伝えたことは誰にも言わないという約束をした以上、それを守るのがジェイクの行動基準だった。この板挟みの状況の打開策は、友人に伝える行為が公正であるとジェイク自身が言えるかどうかにかかっている。公正であるとさえ言えれば、この状況を生んだ二人の友人に対するジェイクの様々なケアの活動は、ジェイク自身の道徳的信念の基準と合致する。自らの行為が自身の正義の基準に合致しているとさえ言えれば、ジェイクは「情けない」と感じることはなくなり、自分がしたことを

「自ら公にし、認める」という。逆に、正義の基準に合致しなければ、ジェイクは自分の行為は過ちであったと認め、自分自身に対しても友人たちに対しても告白しなければならない。

エイミーが語ったジレンマは、ある友人が別の友人の本を盗むのを目撃したことを発端としている。エイミーはこのジレンマを、二つの忠誠心同士の葛藤として、つまり、関係性における応答の問題として捉えている。その上で、一方の友人が負った傷に応答するために、他方の友人を傷つけるリスクを負うべきかどうか、悩んでいる。自分が見てしまって、知っていることを受けて、いかに行為すべきかを問うているのだ。というのも、エイミーの論理構成において、他者に伝えないことも伝えることも、応答に該当する。ジェイクは、友人への忠誠心を貫くために自身の原理原則から逸脱する際、自身の基準から外れて約束を破ることを検討した。それと同様に、エイミーは、自身が信じる基準を貫くために一つの友人関係から距離を取ることを検討したのだ。エイミーの基準とは、分かち合いとケアの基準であり、人を傷つくことから守る基準である。しかし、このような基準を持っているからこそ、エイミーは自身の行為の結果として起こることを予測するために、それぞれの友人が負う傷の度合いについて考え、その状況の中に存在するいくつもの媒介変数に着目する。友情のために行為することが自身の（パーソナルな）統合・高潔さを傷つけることになってしまうのではないかと悩むジェイクとまるで同じように、エイミーは、自身の信念を貫くことで友人を傷つけてしまうことを懸念している。

エイミーは、何をするべきかについて考えた当時の自身の思考回路を説明するにあたって、内なる複数の声の対話を再現している。それは、当時のエイミーが耳を傾けた、他者の声とエイミー自身の声で作られる対話である。

誰も私が何かを知っているかを知る由もないし、誰も私を糾弾することはないだろうけど、でもそこに座って考えていると、誰かは必ず知っていることに気づくんです。だって、私は、自分が誰にも言わなかったということを知っているんだから。それに、友だちがすぐそこに座っているのだから、すごく嫌な気分になります。友だちはきっと、「誰か私の本を見なかった？どこだろう？　助けて！　次の授業にあの本が必要なの。助けて！　ここにないの。どこにいったの？」と言います。それを見て、私はその本のありかを知っているなら、言う方が大事だと考えるんです。それは告げ口とかそういうのとは違うんだから。だって、ほら、伝えた方がよいでしょう。

他者が助けを求めていることを認識した以上、エイミーは伝えないことはケアしないことであると考える。したがって、この関係性の文脈であれば、伝えることは告げ口ではない。しかし、関係性の文脈が変わればエイミーのケアの行為は裏切り行為になってしまうため、このような文脈的な分析方法では、解釈は揺らぎやすいものとなってしまう。

このように、自分が見聞きしたことを他者は知り得ないことに気づき、自身の行為がいかに容易に誤解され得るかを認識するようになったエイミーは、何も言わない方がよいのではないか、あるいはせめて、自分が伝えたとは言わない方がよいのではないか、と考える。つまり、男性の青年期の秘密が、公正性の論理で表せない愛着がなお存在し続けているのを隠そうとすることにあるとすれば、女性の青年期の秘密は、自分自身の声を鎮めてしまうことにある。なぜ沈黙するかといえば、他者を傷つけたくないという思いがあるからであり、また、自分が声を発しても、誰にも届かないのではないかという恐怖があるからだ。

沈黙の話は、再びペルセフォネーの神話の心像を連想させる。この神話では青年期の女性が、自己中心的で悪いものであるとされ、秘密にされていた下界を探りに行ったために、謎めいた形で姿を消す。青年期には、省察的な思考ができるようになるのに伴って、自己の経験や道徳性の理解が変容する。すると、アイデンティティや道徳性に関する様々な問いは、解釈の問題へと収束する。一一歳の女子が抱いた、自分自身に耳を傾けるべきかどうかという問いは、その子どもが青年期に入ってもなお重要性を持つ。多くの心理学者が女性の話をうまく聞き取れない一因は、女性たちが自身の話を聞くことに難しさがあるところにある。女性たちが自身の話を聞くことに困難を抱えているのは、ある一人の若い女性が語った、自身のアイデンティティ・クライシスと道徳的信念についての話から明らかである。そこで語られるのは、自身の声が他者の声と絡まってしまっているのを解(ほぐ)し、関係性についての自身の経験や、自己は何者かという感覚を表すための言語を見つけ出そうとする苦闘を核とする危機(クライシス)である。

クレアは、大学生を対象とした研究に被験者として参加し、大学四年の時と二七歳の時にインタビュー調査に応じてくれた。大学四年の時に、自分のことを自分自身に説明するとしたらどのように表現するかと聞かれて、クレアは「混乱しています」と答えた。「きっと、「ええと、私はこうでこうで」という感じで話せるべきなんでしょうけど」、それどころか「たぶん、今までの人生の中で今が一番わからなくなっている」と思うという。「人は私を特定の見方で見ている」ことを自覚しているクレアは、他者が抱いている自身のイメージが矛盾に満ちていて、自分を束縛するものであることに気づいている。「ある方向に自分が押されている感じ。それで、板挟みになっているの。私はよい母であるべきで、よい娘であるべき。でも、女子大学生としては、挑戦的で活気に満ちていてキャリア志向であるべきでもあるんですから」。大学四年になって、板挟みになったような感覚は、「自分自身で意思決定をするように強要される」ような、行為を束縛される感覚へと変わっていく。そして、クレアは「担わされてきたいろいろな役割は、どれもしっくりこないということに気づいた」という。したがって、クレアは以下のように結論づけている。

私は必ずしも、理想的なタイプの彼女(ガールフレンド)ではないし、今まで人に思われてきたような彼女でもありません。それに、私は必ずしも、今まで人に思われてきたような理想的なタイプの娘でもありません。大人になって気づくと自分は他人から見た自分になっていて。だから突然、自分と他人から見た自分を分けよう、そういう決断ができるのは自分しかいないんだ、と思うとすごく難しいんですよ。

次年度に何をするかという選択を迫られた大学四年生のクレアは、自身が認知する自分と、他者が認知する自分を区別しようと試みる。そして、他者の目に反射して映った自分の姿を見るのではなく、自分自身を直接見ようとする。

私は長い間、他人が自分にこうあってほしいと望む姿で自分自身を見てきました。というのも、私の彼氏（ボーイフレンド）にとっては英語学の教授をしている妻を持つというのはすごく魅力的だったので、そんなことやりたくないという気持ちを後ろに追いやるような感じで過ごしてきました。もしかしたら、それが私の本当にやりたいことなんじゃないかとさえ、本当に思っていたんです。彼氏の目を通して見ていたので、英語学の教授を目指すことのよい点ばかりが見えていたんですよね。でも、ある日突然、なんか気づいちゃったんです。もう無理だって。もうできないって。とにかく止めて、自分自身のことを自分が見たいように見ないとダメだって。そうしたら、違う、これじゃあ息が詰まっちゃう、と思ったんです。このアカデミアという世界は、必ずしも私には合っていないんです。それで理想的な妻になれるとしても。そう考えたら自然と、自分には何が合っているのか、という問いに直面しました。それもすごく難しいです。なぜかというと、色々考えているのと同時に、私は大人になれないのかもしれないという感覚が湧いてくるからです。

こうして、クレアは自分自身をより直接的に見つめるようになり、それに伴って、道徳的な問いも何が「正しいか（right）」から、何が「自分に合っているか（right for me）」へ変化する。しかし、この難しい問いを前にして、「私は大人になれないのかもしれない」という感覚に直面し、一気に後退りしてしまうのだ。

クレアがインタビュー調査で自身について説明することを求められたのは、「自分をカテゴリー化したり、分類したりすること」に抵抗していたタイミングだったため、クレアは「定義を外そうとしているところで、定義づけを始めるのは難しい」と語る。過去の自分は、一切の「波紋」が起こるのを避けて、「自分の気持ちは〔押し殺して〕絨毯の下に掃いて〔見えなくしてしまって〕、なかったことに」しただろうという。ただ、自分は「愛に溢れている」と説明したうえで、この言葉が二つの別々の文脈に当てはまるようになったことで悩んでいると語った。それはいわば、「他者からも、他者がつくり上げた私の定義からも切り離された」下界と、自分を自身から切り離す、つながりの世界の二つである。クレアにとって自己は分離しつつも同時につながったものであるが、自分が何者であるかという感覚を説明するにあたって、「用語」の問題が立ちはだかることに気づく。それは、自己と関係性の両方に関するクレアの新しい理解を言葉にしようとした際に浮かび上がった。

私が説明しようとしていることは二つあります。まず、私は一人きりで自分自身になろうとしています。他人から離れて、他人がつくってきた私の定義からも距離をとって。でも同時に、私は真逆のこともしようとしているんです。他人とともにあろうとしたり、他人と関わろうとしたり。どういう用語を使えばよいのかわからないけど。この二つは、両立し得ないとは思いません。

このようにして、クレアは、新たに抱いた分離の感覚を、新たなつながりの経験と結びつけ、他者と一緒にありつつも自分でいられるような方法を探求する。

このような未知のつながりの感覚をうまく伝えるためのイメージを掴もうとするものの、自分では見出すことができなかったクレアは、友人が紹介してくれた小説の登場人物の例に飛びつく。それは、D・H・ロレンスの『恋する女たち』に登場するグドルンという人物である。(5) グドルンのイメージは、クレアが抱いている「子どもっぽさ」や「躾られていない自然さ」といった感覚を想起させた。それは、本性とクレア自身の両方にある官能性に関わっている。「官能的な喜び」の世界とのつながりは、クレアが持つ「芸術的で自由奔放な」側面を象徴しており、「貴婦人のようで育ちがよい」自己像とは対照的である。グドルンのイメージはこれまでとは異なるつながり方を喚起させたが、結局のところ、クレアにとっては道徳的に問題があった。というのも、それは「他者を気遣わない」ことを示唆するイメージだったからだ。

こうして、クレアはまた板挟みになる。ただし、矛盾する他者からの様々な期待によって板挟みになっているのではなく、今回は他者への応答性と自身への応答性の狭間で悩んでいる。こうした応答の仕方が「両立し得ないとは思わない」クレアは、過去に両者を切り離していた道徳的判断を見つめ直す。かつてクレアは、「他者への責任」に焦点を当てることが「道徳的なものの見方」であると考えていた。しかし今は、「他者にとって正しいことをするのは、自分自身にとっても正しいことである」という、かつて自明の真実だと思えていた考えを問い直すようになった。クレアは、「自分が何者であるかを知らない限り、誰に対しても善良ではいられないと思いいたるところまできた」という。

「自分とは何かを発見」しようとする過程で、クレアは「自分自身の目に映らないラベル付けやなんかを、一切合切捨てる」ことにした。そうすることで、これまでの解釈のしかたとは別の形で物事を認知し、他者のことも自身のこともより直接的に見つめようとしたのだ。このようにして、クレアは自身の母親にも「欠点」があることに気づくようになった。クレアにとって母親は、無限に尽くし続ける存在である。「だって、尽くすことで自分が傷つくなんて気にしないんです。それに、自分が傷つくと、そのすごく近くにいる人たちも傷つくということに無自覚なんです——いや、自覚はして

（5）D・H・ロレンスは二〇世紀前半に活躍したイギリスの小説家。一九二〇年に出版された『恋する女たち』（原題：*Women in Love*）は、一九一五年の『虹』（原題：*The Rainbow*）の続編とされ、型破りな女性の主人公を描いている。いずれの作品も、その官能的描写や同性愛の描写を理由にイギリスで出版を禁止された時期がある。

いるかな」。クレアが抱いている自己犠牲という理想は、ケアの基準に照らして測られるものであり、「全員が個人となることを促されつつも、それと同時にお互いを助けたり、助けられたりするような家族」像に行き着く。

こうした視点からハインツのジレンマを捉えることで、クレアもまた、一一歳のエイミーが問うたのと同じ道徳的問題を見出す。つまり、権利と権利の衝突ではなく、応答の失敗に焦点を当てるのだ。クレアは、ハインツは薬を盗むべきだと信じている(「ハインツの妻の命は何よりも重要だったはずです。だから、どんなことをしてでもその命を守るべきだったと思います」)。しかし、クレアの解釈の仕方は、権利を軸に構成する考え方に対して異議を呈する。というのも、薬剤師には「権利があります。法的な権利はね。でも、それだけではなくて、この場合、薬剤師には同情(compassion)を示す道徳的責務もあったと思うんです。だから、薬剤師には断る権利はなかったと思う」という。ハインツが盗みの行為に出る必要に迫られていたことを、「この時点ではもう、妻はハインツにそうしてもらう他なかった」という事実に結びつけて、クレアは以下のように語っている。「だって、妻は自分ではできないでしょう。だから妻に必要なことができるかどうかは、ハインツにかかっています」。そしてクレアは、エイミーが明瞭に語ったのと同じ責任の概念について詳しく語り始める。クレアもエイミーも、責任は、応答するニーズと同じものだと考えている。そのニーズとは、自分が何かをすることを他者が期待していて、自分は相手を助ける立場にあると認識することで沸き起こるのだ。

ハインツが妻を愛しているかどうかは、クレアの意思決定には無関係だ。命の方が愛情よりも優先順位が高いからではない。その理由は、ハインツの妻は「助けを必要とする一人の人間である」という点にある。つまり、行為せよという道徳的な強制命令が発せられるのは、ハインツの妻への気持ちではなく、妻のニーズを認識することに由来する。また、この認識は同一化ではなく、コミュニケーションの過程に媒介されて生まれるものである。ハインツの訴えを拒絶したことに対して薬剤師は道徳的責任を負うと考えたことに表れている通り、クレアは、道徳性をつながりへの気づきと結びつけて捉えている。道徳的な人間とは、クレアの定義では、「関わっている全ての人が受ける影響を真剣に考えて」行為する人を指す。このような考えのもと、クレアは「自分自身への責任を放棄した」母を批判するとともに、自分自身もまた他者への責任を放棄したとして、自己批判している。

ハインツのジレンマに対するクレアの判断は、コールバーグの尺度で表されるカテゴリーにはほとんど当てはまらないが、クレアには法律を理解し、その機能を体系立てて説明できるので、道徳的成熟度は第四段階にあると評価される。しかし、五年後、二七歳の時にインタビュー調査を受けると、この評価は見直されることになる。というのも、この時のクレアは、薬剤師とハインツ夫妻について考える際に、責任についての様々な考慮を、法律よりも優先してしまうようになっていたからである。法律が誰を守るのかという点から法律の是非を判断するようになった二七歳のクレアは、自身が持つ責任の倫理を社会的なつながりという、より広範な展望へと拡大する。だが、この展望と正義の構想との間に落差があることによって、コールバーグの尺度では、クレアの評価は五年前よりも低くなってしまう。

道徳的判断が退行しているように見えた時期、クレアの道徳的な危機は解決されていた。コールバーグの授業を履修していたので、クレアは、自身が成長として経験してきたことは、コールバーグにとっては進歩ではないのではないかと疑うようになった。そのため、再度インタビュー調査に協力してほしいという手紙を受け取った際、このように考えたという。

ああ、退行していたらどうしよう。人生の別の段階にいた時は、こういうジレンマに対してもっとはっきりと答えられたような気がします。「はい、そうすることが全くもって正しいです。それは全くもって間違っています」みたいにね。それから私は、不確実性のぬかるみへどんどん深く沈んでいってしまっているように思います。もはやそれがよいことなのか悪いことなのかも分かりませんが、そういう意味では、一つの方向性はあったのかな、と思っています。

判断の絶対的な基準と、自身が経験してきた道徳的な選択をする際の複雑性を照らし合わせながら、クレアは方向性の問題を提示する。それは、自身の発達に関するクレア自身の解釈を示している。

二七歳の時のインタビュー調査では、解釈の問題がクレアの回答全体に浮かび上がってくる。クレアはこの時、すでに結婚していて、メディカル・スクール進学を控えており[6]、過去に経験した危機を振り返りながら、人生や考え方の変化について語った。今のことを話している際、クレアは「色々とあるべきところに落ち着いた」と発言する。しかし、その後直ちに言葉を訂正する。「それじゃあ、他の人が納めてくれたみたいに聞こえてしまいますね。そうではないんです」という。ただし、解釈の問題は、つながりの様式について説明する箇所を核にして現れる。クレアは自身について説明する際に、「母性的。いろんな意味でね」と特徴を述べた上で、「少し変に聞こえますね」と付け加える。ここに、つながり自体がよく現れている。なりたい自分は「医師であり、母親である」と話しつつ、クレアは「私が尽くしている周りの人たちのことを考えずに、自分のことを考えようとすると、難しい」と言う。エイミーと同様に、クレアは自己の経験をケアの活動やつながりに結びつけて捉えている。自身の母親のイメージと自分のイメージを重ね合わせながら、クレアは母性的な医師になることを思い描いている。また、エイミーと同じで、世界を世話（ケア）する科学者になろうとしている訓練中の身だと考えている。

何年にも及んだ危機を解決したことについて説明する際、クレアは自身が歩んだ道のりを辿り直すように話した。そうして、「全ての土台となっている方向づけ」があることを発見したと語る。危機は、大学二年の頃に始まった。

週末の間ずっと、ベッドから出られませんでした。出る理由もなかったから。どうやっても

（6）アメリカにおいて学部段階の医学部は存在しない。メディカル・スクールは、四年制大学を卒業してから進学する専門職大学院の形態をとる。

ベッドから出ることができないんです。起きても何をすればよいのかわからなかったし、大学二年はほぼずっとそんな感じでした。自分が何をしているのかも、何かをすることの意味も、わかりませんでした。何もつながらない感じ。

絶望感をつながりが切断された感覚に結びつけながら、クレアはこの時の経験に合致する言葉、もしくはイメージを探した。

いざベッドから出たら全てが元に戻っていた、なんていう意味での転換期はありませんでした。そんなことは起きなかったんです。大いなる顕現（エピファニー）とか、そんなものではありません。ただ、印象には残っているんですよ。当時はそんなに大きな影響を及ぼすような経験だとは思いませんでしたけれど。自分に何かが起きているという感じはなかったです。全然ね。でも、きっと大きな影響を及ぼす経験だったのだと思います。本物の経験でした。

危機や変化に関する既存の比喩をものさしにして自身の経験を測り、クレアは、自分の身には何も起きなかった、あるいは、起きていたとしても、大きな影響を及ぼすようなものでも本物でもなかったという結論にいたる。どん底に突き落とされたわけでも、顕現や「究極的な絶望」を経験したわけでもないのだから。

別に、ベッドに横たわって自分の人生がもうまるっきり無意味だとか考えていたわけではありません。そんなじゃないんです。そういう、深刻な不幸みたいなものではありません。ただ、無なんです。もしかするとそれこそが究極的な絶望なのかもしれないけど、その時はそういうふうには感じませんでした。あまりにもあらゆる感情が欠如している状態だから、特に印象に残っているのかもしれません。もう一つよく覚えているのは、家族を捨てた［親族の名前］に対して、極度の恨みと、極度の憎悪を抱いていたことです。なんていうか、真逆だったんですよね。すごくきつかったです。

クレアは、感情が欠如した状態においても憎悪の感情を抱いた状態においても、他者と結びつく方法を見出すことができなかった。そうして、自身の絶望の経験とは、家族関係の失敗を一因として生じた断絶の感覚に由来するのだと解釈した。

他者から断絶している感覚を抱いているため、クレアはなかなか自分に「真価がある」、つまり、当人がケアするのに値いするとは思えない。それゆえに、自分のために行為することを正当化することもできていない。リスクを負ってでも自分がしたかったことをするようになった経緯を説明する中で、クレアは、いかに自身の道徳性の構想が変容したかを語っている。以前のクレアは、善人を「他者のために最善を尽くす人」と定義していたが、今では道徳性を、関係性の経験から発生する理解と結びつけて捉えている。なぜなら、「他者が経験していることを理解する」度量は道徳的な応答をするための必要条件だと考えるようになったからである。

クレアは今やハインツのジレンマをじれったく感じるようになって、妻の命と薬剤師の貪欲さの対照を示す構造でもってこのジレンマのすべてを捉えている。クレアの考えでは、薬剤師が利益を上げることに夢中になっているのは、応答の失敗であると同時に、理解の失敗でもある。「誰しも生きる権利を持っている」ため、命は金銭よりも価値がある。だが、そこからクレアは視点を変えて、「今の言い方が適切かどうか、自信はありません」と発言している。そして、言い換える中で、クレアは権利の階層構造を関係性の網に置き換える。この置き換えによって、権利の考え方の土台にある分離という前提が揺るがされる。こうしてクレアは「つながりという嚮導原理」を描き出しているのである。関係性は分離によって生まれるのではなく、第一義的なものであると考えるクレアは、人びとの生の相互依存性を考慮し、次のような考えを抱く。すなわち、「ものごとの現状」も「ものごとのあるべき姿」も、「みんながその一員で、みんながそこから生まれた」ような、つながり合い(interconnection)の網として捉えるのだ。この実社会という構想に照らしてみると、薬剤師の主張は根本的な矛盾を起こしているように見える。クレアにとって命とは、つながりなしには存在し得なく、ケアの活動を通して維持されなければならない。また、同意による契約ではなく愛着による絆こそが基盤となるものである。したがって、ハインツが妻を愛しているかいないかに関係なく、「二人ともそこにいるという事実ゆえに」ハインツは薬を盗むべきだと、クレアは信じている。好きでない人がいることもあるだろうが、「その人を愛さなければなりません。だって、その人と自分は切っても切れないのですから。言ってしまえば、自分の右手を愛するようなものです。自分の一部なんです。その人も、みんなを含んだ巨大な集合体の一部なのです」という。こうしてクレアは、つながり合いを自覚することに根ざした責任の倫理を語る。「赤の他人であっても、その集まりの一員であることに変わりはありません。一人の人間として存在している以上、あなたがつながっている仲間の一人なのです」。

クレアは、道徳性は「より大きなものの一部でありながらも、自己完結した存在のようなものであることから生じる、不断の緊張関係」であると述べる。そして、その緊張関係を抱えながら生きる能力が、道徳的人格と強さの源であると考えている。クレアはこの時、責任に関する葛藤を示すモラル・ジレンマについて語った。それは、真実の問題から派生し、関係性が存在していることへの気づきを引き起こしたジレンマである。クレアが直面したこのモラル・ジレンマの中核にも、上述のような緊張関係が存在している。というのも、クレアは大学卒業後に妊娠中絶のためのクリニックでカウンセラーとして働いていた。そこで、もし女性当事者が自分の子宮から取り出されたものを見たいと言ったら、「今はまだ何も見えませんよ。この段階では、ゼリーのようにしか見えません」と答えるように指示された。これが、クレアの目に露わになった真実の問題である。クリニックに勤めながら抱えていた道徳的不安と、上司が指示したこの説明は正面から衝突するものであったため、クレアは「現実に起きていることに向き合わなければならない」と決意する。そして、遅い段階での妊娠中絶によって母体から排出された胎児を自ら見ようと決意するとともに、それを見る中で、次のようなことに気づいた。

もうこれ以上、自分に嘘をつくことはできませんでした。子宮の中には何もないとか、ごく小さな塵があるだけだなんて言えませんでした。そんなのは真実ではないし、私自身、真実ではないと知っているのですから。でも、なんていうか、自分の目で見てみないといけなかったんです。ただ、それと同時に、見る前の段階でも、何をやっているのか承知していました。それに、それが正しいことなんだと信じていたのです。そうすべきだったからやっているのだと。でも、「なるほど、これは正しくて、そちらは間違っています」なんて言えませんでした。ただただ、常に引き裂かれるような気持ちでした。

自分の目で世界を査定した時、クレアは自分自身の知覚を頼りとして、何が起きていて、何が真実なのかを判断していた。その際、道徳的判断における絶対性は溶けてなくなった。結果、クレアは中絶の問題を考えると「常に引き裂かれるような気持ち」で、不確実性のぬかるみにはまることになる。しかし、このことによって、より責任のある形で行為できるようにもなった。

このことでずいぶんと苦悩しました。結局のところ、私は自分の手で折り合いをつけなければならなかったのです。本当にそうだったと信じているのですが、簡単なことではありません。

後悔するかもしれないのに、感情を打ち消しながら次のように語るのは容易ではありません。というのも、そう、命は神聖なものだと。だけれども、命の質もまた重要であると。さらに、命の質が、このケースについて考えるにあたっては決定的な役割を果たさなければならないのだということです。母親の命の質、まだ生まれぬ子どもの命の質――ゴミ箱に捨てられた赤ん坊の写真とかそういうものを、私はあまりにたくさん目にしてきました。だから、「ですから、あれかこれかです」といった発言をするのはあまりにも簡単だけど、現実はそうではないのです。私は、「はい、これは殺人です。それ以外のなんでもない。でも、私はそれを受け入れようと思います。そして前に歩んでいこうと思っています。それはすごく難しいけれど」と言えるようになる必要がありました。説明しきれないと思うけれど。これをしっかり正当化するような言葉を見つけられそうにないけれど。

クレアが自身の道徳的な立場をうまく表現できないことの一因は、その立場が文脈的に物事を判断しようとするところにある。この立場は、個別具体的な時間や場所に縛られ、「あの母親」やあの「まだ生まれぬ子ども」という条件ありきで常に物事を捉えるため、無条件的な定式化に抗う。クレアにとって、想像力が持つ可能性は一般化の余地を凌駕する。しかし、妊娠中絶のカウンセリングに自身が関わる理由を言語化したり説明したりすることができないという感覚は、自身の道徳的思考力の欠如を映し出しているのかもしれない。また、クレアが取ろうとしている立場を正当化する方法をこの世の中に見出すことができないことを示しているのかもしれない。クレアは、妊娠中絶反対派でも賛成派でもない。ただ、母親の命と子どもの命は絶えずつながっているという認識を土台とする立場なのだ。

したがってクレアは、権利の争いではなく、関係性の問題としてこのジレンマを見ている。最終的には向き合わなければならない責任の問題を核とするような関係性の問題である。もし愛着が保たれ得ないとすれば、妊娠中絶した方がよい解決策だと言えるかもしれない。しかし、いずれの場合においても、道徳性はつながりの存在を認めることにある。妊娠中絶を決断する責任、あるいは子どもをケアする責任を担うという道徳性である。時に「そのような殺人も必要」であるにしても、「その判断をあまりに安易にできるようになってはいけない」とクレアはいう。「自分から切り離されてしまうと」、こうした判断は安易に行われてしまう。「もし胎児がただのゼリーなのだとしたら、それは自分から切り離された問題になってしまう。東南アジアで起きている問題[7]は、それよりもっと切り離された状態にあるけどね」。したがって、道徳性と命の保護は、つながりの維持にかかっている。行為の帰結は、関係性の網を丸々保てているかどうかで判断される。また、「責任を負うことなく、自分の代わりに誰かに殺人を委ねることをしない」ことも重要である。ここで再び、関係性の複雑さに絶対的な判断が屈する。命はつながりによって保たれるという事実をもとに、クレアは「どんな犠牲を払ってでも守られるべき命の神聖さ」があるのではなく、命に「神聖なる絆」があることを確信する。そして、権利の問題を認識しながら責任の倫理を語ろうと試みる。

クレアは、就職のための推薦状を同輩として書いてくれないかと頼まれた際にもまた、真実の問題に直面した。この時に直面したジレンマは、エイミーが語ったものに似ている。ただし、エイミーの場合、「友人関係を保つべきか、正義を保つべきか」で悩んだが、最終的に問いは他の問いに応答する一つにまとまり、自身の中の葛藤は解消された。一方で、クレアの悩みの核には一貫して正直さの問題があった。というのも、「正直でありながら、同時に友人に対しても正当な対応をするには、どうすればよいのだろうか?」とクレアは悩んでいた。しかし、友人関係を形成してきた自身の行為が一連の期待を生み、助けが必要な時にはクレアを頼りにできると友人が信じる要因となっていた。そのような自覚のもとでは、正義の問題は責任の問題であると捉えられる。その友人のことが「本当に嫌い」で、自分と友人の価値観は「全然違う」と気づいたクレアは、その関係性の現実を見つめ、正直さと公正性を両立させることは不可能であることに気がついた。何をすべきかという問いへの答えは、自身の行為が引き起こす傷の相対的な度合いの判断によって決定された。その傷としては、友

（7）具体的には、ベトナム戦争（一九五五—一九七五）を指していることが推測される。インタビュー調査が始まる前後（一九六〇—一九七〇年代）のアメリカでは、大学生などの若者を中心とした激しい反戦運動が展開されていた。とりわけ、一九六九年、第二次世界大戦以来の徴兵抽選が行われたことで、議論は一層白熱した。米軍は一九七三年に撤退したが、同戦争による死者は三〇〇万人を超えると言われており、米軍兵士も五万八〇〇〇人以上が戦死した。これはアメリカにとって、南北戦争と二つの世界大戦に次ぐ死者数である。

人が負う傷と、友人がうまく就職できた場合に生活に影響を受けることになる〔競争相手の〕人びとが負う傷とが考慮された。この状況では推薦状を書く方がよりよい解決策であると判断したクレアは、「出会った時からほんのもう少し正直に接して〔嫌悪感を示して〕いれば」回避できたジレンマであったことに気づかされた。

正直さの問題を考えるクレアは、最後に「結婚するにふさわしい善男（よしお）（Mr. Right）」と「ふさわしくない駄目男（だめお）（Mr. Wrong）」との修羅場について語る。この修羅場では、個人的な関係性の問題を客観的に捉えるのではなく、道徳的真理の問題を個人化することによって、関係性、責任、そして解釈といった多様なテーマが合わせて浮かび上がってくる。ホーナーの論文で紹介されている物語に登場するアンのように「善男」もメディカル・スクールのクラスの成績トップであり、ずっとトップの座を保ちたいので、「日曜日は一日中勉強しなければ気が済まない」。そのため、土曜日の夜には自分のベッドで寝ようと、クレアを置いて部屋に帰ってしまう。クレアは寂しく、見捨てられたような気持ちになるだけでなく、自分が「自己中心的」で「おかしい」ように思えてくる。

もっと欲しがるなんて、自分はおかしいのではないかな？　明らかにおかしい。私はひどいほど自己中心的な人間で、この関係性に何か明らかにおかしいところがあるという事実に全く向き合ってこなかったんだ。

こうした経験をしたことで、クレアは善男が「自分には合っていなかった」のだろうと考え始める。しかし、関係性を終わらせたいわけでもなく、今度は駄目男に乗り換えてしまう。

大学四年になる頃には、もう全然だめでした。でも、「私自身のためにも自己主張をしよう、もうこれ以上耐えるのはやめよう」と言う代わりに、彼に黙って汚らわしい浮気をしてしまいました。それに、そのことを彼にぶちまけてしまったんです。ぶちまけただけではありません。むしろ彼のもとに行って、泣きながら自白したんです。それはすごく気持ちよかったです。でも、全部無意識のうちに彼を傷つけようと計算してとった行動でした。

この葛藤ないしジレンマを説明する際、クレアは初め、判断と行為の間の不一致と表現していた。「とても厳格で、なんというか、面白い意味で一夫一妻の感覚」〔に基づく、関係性を維持しようとする判断〕があったという。しかしその後、本当の葛藤は二つの自分のイメージの間に起きていたのだと付け加える。すなわち、「純粋無垢な方と、開花し始めていたもう一つの側面」との葛藤である。問題は、クレアが「自分がしたいことが何か、その時点で意思決定できなかった」から生じたのだと語る。自分自身の二つのイメージの間で行き詰まり、二つの関係性の世界のはざまで身動きが取れなくなっていたのである。

私はまだ、最初の関係性を諦める気はありませんでした。いろんなことを象徴する関係性だったので。この人は、私以外の誰が見ても善男でした。でも私は気づいてしまっていたんです。そしてもう一人の男性は対照的に、明らかな駄目男でした。その時、何か似たような動物的なものを象徴してくれていて、私はそれも手放したくありませんでした。

自分自身についての知覚の仕方に不一致が生じていることに向き合い始めたクレアは、「他人から押し付けられた道徳的基準は、必ずしも自分に合っているわけではない」ことにも気づき始める。善男が自分に合っていないことを自覚するのに伴って、駄目男はそんなにだめではないことにも気づいたのである。

自分自身の中の未解決の葛藤を露わにした行為に焦点を当てて、クレアは「その葛藤に関わっていた人物は、私と私です」と語る。自身の中の分断について検討する中で、関係性の世界をも探究していく。「自分の行為に責任を持つ」ことを避けようとする姿勢が、傷の連鎖を永続させていたことを自覚して、次のように話した。

それこそが、関係性の問題全体を引き起こしていた一因でした。自分のしたことに責任を持たない私の姿勢がね。それに加えて、私が思うに、彼に傷つけられた分だけ深く彼を傷つけてやろうと思って計画していた部分もあります。彼に自分を傷つけるのをやめさせる責任を担わなかったくせにね。「今週は土曜日にここに泊まらなかったら、この関係を終わらせるよ」ということを私は彼に一度も言いませんでした。二、三年経ってようやく、何が起きていたのか気づいたんです。

クレアは、善男と駄目男のジレンマを振り返りながら、問題は次の二点にあったと語る。すなわち、自分のための自己主張に失敗したことだけでなく、「自分のために自己主張すべきであると理解していなかった」ことも問題だったという。しかし、自己主張の行為は、攻撃性ではなくコミュニケーションの行為である。善男に自分についての真実を伝えることができていれば、攻撃性の予防だけでなく、応答の機会をつくることもできていただろう。一一歳の時には明瞭に語っていた「私」が、思春期になると「混乱しています」と言った〔エイミーの〕ように、この混乱を解消するには、ある発見を要する。すなわち、自己への応答性と他者への応答性は対立するものではなく、むしろつながっているのだということの発見である。

クレアが尊敬する人びとについて語る中で、母親のことは「ものすごく尽くす人」だから、夫のことは「自分の信念に沿って生きている」から尊敬すると話す。そして、自分に関しては、ケアの活動を核とし、一貫した高潔さ（integrity）のある人生を思い描いている。この理想像は、次のような女性医師の行為によって鮮やかに描かれる。すなわち、入院中のお年寄りの女性の孤独に気づき、「外に出て、その女性のためにルートビア・フロート[8]を買って戻り、ベッドの横に座ってあげるんです。

ただ誰かがそばに居られるようにね」。つまり、ケアの理想とは関係性の活動である。また、ニーズに目を向け、それに応答する活動、すなわち、ひとりぼっちにされる人がいないよう、つながりの網を維持することで、世の中の世話をする活動である。

心理学の理論が示す真理は、女性たちの経験の真実に対して心理学者たちを盲目にしてきた。女性たちの経験が光を当てる世界は、心理学者が追跡しづらいものとみなしてきた世界である。この領域において、暴力は稀で、関係性は安全なものとみなされる。女性たちの経験がこんなにも読み解きにくい、あるいは識別すらしにくいと考えられてきた理由は、関係性の心像を変化させることは解釈〔する側〕の問題を浮上させるという点にある。男性たちと女性たちの空想物語および思考を記した文章に描かれる階層構造と網のイメージは、それぞれ関係性を組み立てる二つの方法を示している。また、道徳性と自己についての異なる見方にも結びついている。しかし、これらのイメージはいずれも、もう一方の表象のされ方を歪めてしまうため、理解〔する側〕の問題が生じる。階層構造の頂点だったものが網の端に移動し、つながりのネットワークの中心にあったものが階層状の連なりの中腹にくると、どちらのイメージも、もう一方が安全であるとみなしていたものを危険だと捉えるようになる。こうして、階層構造と網のイメージは、相異なる様式の自己主張と応答を示している。すなわち前者は、階層構造の頂点に一人だけで立っていたいという願望と、その結果として抱かれる、他者が自分の近くに来すぎることへの恐怖心を示している。そして後者は、つながりの中心にいたいという願望と、その結果として抱かれる、つながりの端に行きすぎることへの恐怖心を示している。〔他者に挟まれて〕身動きが取れなくなることへの恐怖心と、〔つながりの隅に〕捕らえられてしまうことへの恐怖心という全く異なるものをもとに、達成と親和についても相異なる描写が生まれる。そこから、異なる様式の行為や、選択の帰結を評価する際の異なる方法が生まれる。

つまり、女性の経験を女性たちの関係性の心像をもとに再解釈することで、その経験がどのようなものなのかが明らかになる。また、人間同士のつながりを階層構造なしに見ることができるようになる。階層構造のイメージの中に織り込むと、関係性は根っから不安定で、道徳的な問題を孕んだものに見えてしまう。そのため、関係性を網のイメージに転位してみると、不平等の秩序はつながり合いの構造へと変容する。いずれにしても、階層構造と網のイメージには、感情を呼び起こし、思考を蘇らせる力がある。その力は、人間のライフサイクルの中にこれら二つのイメージが包含されていることを表している。不平等性とつながり合いの経験は、親と子の関係から生まれ、その後、正義とケアの倫理を誕生させる。これらの倫理はすなわち、人間関係の理想である。一つには、自己と他者が同等の真価を有する存在として扱われ、力の違いに関わらず物事が公正に進むという理想像だ。もう

(8) ルートビア・フロートは、アメリカの一般的な炭酸飲料にバニラ味のアイスクリームを加えたもの。ルートビアは一八世紀の独立前のアメリカの農夫たちが発明したと言われており、当時はリコリスやササフラス、その他ハーブを使って自家醸造した低アルコール度数のビールを指した。一九世紀後半になると、ある薬剤師の手で酒でない健康促進用の飲料として生まれ変わり、販売されるようになる。以降、少しずつ原料を変えながらも、現在まで老若男女に親しまれている。

一つは、すべての人が他人から応えてもらえ、受け入れられ、取り残されたり傷つけられる者は誰ひとり存在しないという理想像である。こうした緊張関係にある相異なる理想像は、人間の経験に関する相矛盾する二つの真理を映し出している。それは〔第一に〕、人間は他者とつながって生きることによって初めて、それぞれを分離して捉えることができるという真理であり、〔第二に〕人間は他者を自己から区別して初めて、関係性を経験することができるという真理である。

第三章 — 自己と道徳性の概念

「道徳性とはあなたにとってどのような意味ですか、と尋ねられたら、端的にどのように答えますか？」という問いを受けて、ある女子大学生は次のように回答している。

道徳性について考えると、責務が思い浮かびます。私は普段から、道徳性は、個人的な欲望と社会的なこと、社会的な配慮との葛藤だと思っています。自分自身の個人的な欲望と、相手とか他の人たちとかの個人的な欲望との葛藤であることもあります。道徳は、こうした葛藤について自分がどうやって決断するかを問う領域そのものです。道徳的な人とは、自分を含む当事者たちを対等な立場に置いて意思決定することが多い人のことです。そして、本当に道徳的な人というのは、他者を常に自分と対等とみなす人です。（中略）社会的なやりとりをする場面では、ある個人が多くの人を騙したら、何か道徳的に不正なことが起きていると言えます。また、みんなが暮らしよくなったら、その場面は道徳的に正しかったと言えます。

しかし、正真正銘の道徳的な人間であるとあなたがみなす人はいるかと尋ねられると、この学生は次のように答えた。「そうですね。直ちに思い浮かぶのはアルベルト・シュヴァイツァーです。明らかに、他人を助けるために人生を捧げた人ですからね」。責務と犠牲は平等という理想に勝るものとされ、この学生の思考の中に基礎的な矛盾を作り出している。

別の学部生の女子もまた、「何かが道徳的に正しいとか不正だというのは、どういう意味だと思いますか？」という質問に、責任と責務について語ることで答え始めようとする。

責任や責務や価値観、主に価値観に関わります。（中略）私の生活状況でいえば、道徳性とは対人関係に関わるものだと思っています。相手と自分への敬意にも関わります。**【なぜ、他の人たちへの敬意に関わるのですか？】**人には良心や感情があって、それらが傷つけられる可能性があるからです。傷つけられるかもしれない意識もあります。

他者を傷つけることへの懸念は、「なぜ道徳的であるべきなのか？」という問いを受けた別の二名の女子学生たちの回答をも貫く重大なテーマとなっている。

何百万人という人がともに平和に暮らさなければならないでしょう。私は個人として、他者を傷つけたくはないです。それが実際の評価基準、私にとっての主要な評価基準なんです。それが私の正義の感覚の根底にあるんですよね。痛みを与えるのは素敵じゃありません。私は痛みを感じている人なら誰にでも感情移入します。私自身の私的なモラルでは、人を傷つけないということが大事なんです。何年も前の私は、自分の彼氏（ボーイフレンド）を傷つけないためなら窓から飛び降りることだって厭わなかったでしょう。あの頃は病的でした。でも、今になっても、承認と愛がほしくて、敵を作りたくないんです。もしかすると、そう思うから道徳性が存在するのかもしれませんね。つまり、人が承認と愛と友情を勝ち取ることができるために。

私の主な原則は、他人を傷つけないことです。自分自身の良心に逆らわず、自分に正直であり続ける限りにおいては。（中略）妊娠中絶や、徴兵、殺人、窃盗、浮気をしないことなど、道徳的な問題はたくさんあります。これらと同じように論争的な問題があるとき、私は決まって「人による」と言います。個人が決断をして、それから自分自身の良心に従う他ないのです。道徳的に絶対なことは何もありません。法律は実用的な道具ですが、絶対ではありません。これからも存続しようとする社会であれば、しょっちゅう例外を設けることはできません。でも私個人としては、そうします。（中略）いつか、彼氏と大きな危機に陥るような方向へ突き進んでいるのではないかという心配が私にはあります。それで、誰かが傷つくのではないか、という。しかも、私より彼の方がもっと傷ついてしまうのではないか、と考えます。私は、彼を傷つけない一種の責務を負っていると感じているのですが、それと同時に、嘘をついてはならないという、別の責務も負っていると思っています。でも、嘘もつかずに人を傷つけないでいることが可能なのか、わからないんです。

四名の発言に共通して一貫しているのは、他者を傷つけたくないという望みと、道徳は誰も傷つかない形で葛藤を解消してくれるのではないかという期待である。非常に一般性の高い問いを投げかけられた際の女性たちの回答に登場する最も明確な発言がこのテーマに関するものであり、四名の女性それぞれが別個にこのテーマを持ち出している。道徳的な人間とは、他者を助ける人のことである。善とは奉仕であり、他者に対して負っている自身の責務と責任をまっとうすることである。可能であれば、自分自身のことを犠牲にすることなしに。四名の女性のうち、最初の女性は自身が冒頭で提示した葛藤を最終的に否定しているのに対して、四人目の女性は自分に対して正直であることと他者を傷つけないという自分の原則に忠実であることとの葛藤の発生を予測している。他者を助けるためには自分自身を傷つけるという代償を払わなければならないようなジレンマは、この判断の限界を見極めることにつながる。

「論争的な問題」における立場を明確にすることを避け、「しょっちゅう例外を設け」ようとする姿勢は、他の大学生の女性たちの声にも繰り返し現れる。

誰のことであっても、私は他人を非難できると感じることは一切ありません。すごく相対主義的な立場なんです。私がこだわっている基本的な考えは、人の命は神聖であるということです。自分が信じていることを他の人たちに押し付けることには躊躇います。

私はどんなときでも、道徳的な問題についての自分の信念が、他の人も受け入れるべきものであるなんて主張できることはありません。私は絶対性を信じていません。もし道徳的な意思決定における絶対があるとすれば、それは人の命についてでしょう。

三一歳の大学院生は、他者の命のためなら薬を盗むことは正しいと信じているのに、自分の命を救うために薬を盗むことには抵抗感を抱く理由を説明しようと、次のように語る。「規則に反して自分自身のことを擁護するのは、ただただ非常に難しいんです。なんていうか、私たちはコンセンサスをもとに生きていますよね。それなのに自分のためだけに、自分だけの手で行為するとなると、そこには合意がないわけです。そしてそれは、今の社会においては相対的に擁護し難いことなのです」。

これらの声から浮かび上がってくるのは、傷つけられやすさの感覚である。女性たちはこの感覚から、自身の立場を明確化することを避ける。これはジョージ・エリオットが、他者から敵対的な意見を受けることに対する女子の「感受性」と呼んだものである。エリオットは、この多感さは、女子の非力さとそれに伴う「世の中でことをなす」能力の欠如に基づいていると記した（p. 365 邦訳二三一頁）。コールバーグとクレーマー（一九六九年）、およびコールバーグとギリガン（一九七一年）の研究は、道徳的判断を避けようとする姿勢は青年期のアイデンティティと信念の危機に結びつけて論じられた。男性の場合、道徳性の概念自体を問い直すことで、こうした非積極的な姿勢をとる。しかし、これらの女性たちが判断したくないと思うのはむしろ、道徳的な意見を述べる権利を自分が有しているのかどうかという不安から生じている。あるいは、そうした判断をすることで必然的に払わなければならなくなるであろう代償を考えてのことである。

自分たちが社会への直接的な参加から排除されていると感じると、女性は自らを男性たちによって作られ、運用されている合意や判断に従わなければならない立場にあると捉えるようになる。また、自分たちは男性の保護と支援に依存しており、男性の姓によって知られる存在であると考える。離婚歴のある中年女性で、大学の〔教職員の住居が連なる〕洗練されたコミュニティに住んでいる、青年期の娘たちを持つ母親は、次のような物語を語っている。

女性として、私は自分がひとかどの人間であるということを理解できたことが一度もないように思います。自分で意思決定をしてもよいとか、自分に決断する権利があると思ったことがありません。いつも、そうしたことはどういうわけか父親か夫のものだと感じていたのです。あるいは、教会のものであることもありました。その場合、いつも男性の聖職者がその役割を担っていました。父親と夫と聖職者は、私の人生に登場する三名の男性たちです。彼らは、私がするべきことやすべきでないことについて、とてもたくさん口出しをしました。本当に権威的な人物だったし、私もそれを受け入れていました。それに私が抵抗したことさえ一度もないということに気がついたのは、最近になってのことです。娘たちは、もっとずっと自覚的です。だからと言って闘っているわけではなく、ただ認識しているだけですが。（中略）私は今でも、自分で何かを起こすとか、自分で選択をするというより、自分の身に何かが起きるのを受け入れてしまいます。選択についてよく知っているのにね。選択の手続きも手順も全部わかっているのに。**【なぜそうなのか、理由は見当がつきますか？】**そうですね。ある意味では、責任が軽いということがあると思います。馬鹿な意思決定をしたら、自分でそのツケを払わないといけませんよね。でも、自分の身に起きたことであれば、ほら、自分も文句を言えるじゃない。自分には選択することができるのだという感覚を持って育たなければ、自分には情動的な責任感があるという感覚を持たないのだと思います。こうした責任の感覚は、選択の感覚に付随するのです。

道徳的な意思決定の本質は、選択権の行使と、その選択に伴う責任を受け入れようとする姿勢にある。女性たちが自分には選択権がないと知覚している限り、意思決定に伴う責任から相応な分だけ逃げようとする。男性たちに依存する存在であり、それゆえに見放されることへの恐怖心が生じる。そういう意味での傷つけられやすさを有しているという点で、女性たちは子どものようになる。そして、ただ他者を喜ばせたいと願うのだと主張し、その一方で、自分たちが善である見返りに自分を愛し、世話してくれることを相手に期待する。このように考えると、こうした姿勢は、常にリスクを背負った「利他主義」であるといえる。なぜなら、それは純真さを前提としているが、その純真さは常に、上述のような交換条件が成立していることを自覚した途端に損なわれる危険性に晒されているのだから。自身について説明するように求められて、とある大学四年生は次のように回答している。

玉ねぎの皮理論というものを聞いたことがあります。そこでは、自分は玉ねぎだとします。たくさんの層が重なった塊です。外側の層は、私があまりよく知らない人たちに見せる部分です。愛想が良くて、社交的な部分です。そして段々と内側に進んでいくにつれて、私が知っている人に見せるより多くの側面が出てきます。一番内側の部分については私もまだよくわかりません。核となるものがあるのか、あるいは全部、育っていく中で、いろんな影響を受けて獲得したものに過ぎないのか。私は自分を価値中立的な態度で見ることができていると思うけど、善悪の観点から考えがちであることも確かです。善を挙げるなら、私は他人を気遣い、思慮深くあろうとしています。そして、場面場面で公正であろうとしているし、寛容でもあろうとしています。言葉も使いますが、それが実践を伴うように努力します。悪いところは、悪いといえるかどうかがよくわからないんですよ。利他主義でやっていること〔ならば悪くないが、果たして本当にそう〕なのか、〔あるいは実際には〕他人の承認を得たいばかりにやっているのか。**【それはどういうことですか?】**私が実践しようと努めている価値です。大抵の場合、対人関係に関わることです。〔中略〕もし私が承認のために何かをしているとすれば、それはとても薄っぺらいことになりますよね。しかるべきフィードバックを受けられなければ、私の価値観はすべて台無しになってしまうかもしれません。

イプセンの戯曲『人形の家』は、まさにそのような世界が破綻する様子を描いている。破綻は、この世界の中心に位置する善についての考えを再考させるようなモラル・ジレンマが勃発したことで引き起こされる。「リスさんという愛称で〔夫に〕呼ばれる妻」ノラは、父親と暮らしていた頃と同じような暮らしを夫としていた。[1]そして、犠牲としての善の構想を実行に移し、誠心誠意、法律に頼らずに自分の手で解決しようと乗り出したのである。ノラにとって、自身が善意を差し出した相手であり、その行為によって利益を得る立場にあった人間自身から拒絶されたことはひどく辛かった。ノラは当初、自死こそが究極の表現であると考えていたが、私刑によって引き起こされる危機を通して、その考えを退けるようになる。むしろ、アイデンティティと道徳的信念についての問いへの新しく、よりしっかりとした答えを探求し始めるのだ。

選択肢が与えられていることは、責任を負うことをも意味する。現代では、女性の領域の最も私的な部分にも選択の余地が及ぶようになったことで、『人形の家』に類似する破綻が引き起こされる

(1)『人形の家』は、夫に可愛がられながら生きる無知で買い物好きのノラが、人形のように生きるのではなく、人として生きたいと願って家を出る物語である。ノラは当初、夫から愛情表現のつもりで「リスさん」や「かわいいヒバリさん」と呼ばれたり、「いつも金ばかり使っている」ことから「のらくら鳥」や「無駄遣い屋さん」と呼ばれたりして暮らしていた。家計についての無知さを露呈した発言をすると「ノラよ、ノラよ、お前はやっぱり女だな!」(八頁)と夫に注意され、冗談ながらも「うちののらくら鳥はかわいらしいが、おっそろしくたくさんの金を使ってしまう。こんな小さい鳥を飼うのに、どのくらい金がかかるか、見当もつかん」(一一頁)などの発言で度々ペット扱いされていた。

恐れがある。何世紀にも渡って、女性たちのセクシュアリティは受動的な立場に固定されてきた。つまり、主体的ではなく受容的な姿勢が求められており、受胎や出産といった出来事の発生をコントロールするには自制するしかない、とされていた。自制することは、女性たち自身の性的ニーズを否定したり犠牲にしたりすることであるにも関わらず。また、このような犠牲は、女性たちの知性と引き換えにしなければならないという考えも、フロイトの文献に登場する。フロイト（一九〇八年）は、「多くの女性たちが知的に劣っているという動かしがたい事実」と「性の抑え込みに必須の思考制止」とを結びつけて論じている（p. 199 邦訳二七二頁）。女性たちが性的関係の中で政治的手段として用いてきた、自制と拒否の策略は、女性たちが道徳の定義域において見せる判断の回避や自制に類似している。人の命の価値といった信念についてさえ、大学生たちが主張したがらないのは、自身の性を自分のものとして権利主張しようとしないことと同様に、次のようなことを物語っている。すなわち、自身が力を有しているかどうかに自信が持てず、選択することに非積極的で、問題に向き合うことを避けたがるような自己の存在である。

こうして、女性たちは伝統的に、男性たちに判断を委ねてきた。多くの場合、男性たちの判断とは一致しない自分の感受性をほのめかすことはしていたけれども。『フロス河の水車場』に登場するマギー・タリヴァーは、密かにフィリップ・ウェイケムとの関係性を維持していたことが見つかって、兄に非難される。(2) その際、マギーは兄の道徳的判断に同意するのだが、それと同時に、自身の〔兄に対する〕優位性を裏付けるもう一つの基準を提示している。

私は、弁解したくはありません。（中略）確かに私が間違っていました――時々は、いいえ、絶えずね。けれど、私が時々間違ったことをしてきたのは、もし兄さんにもそれがあったら、兄さんはもっとよい人になっていらしただろう、という感情が、私にあったからなんです。もし兄さん、あなたでも時には過ちをなさるようなことがあれば――もし大変間違ったことをなさったことが一つでもあるとしたら、そのために兄さんが辛い思いをなさることを、私はお気の毒に思うでしょう。兄さんに罰が当たればよいなどとは願わないでしょう。（二三〇頁）

マギーの抗議は、昔から語られてきた、思考と感情の分裂や、正義と慈悲の分裂を雄弁に表現している。これらの分裂は、男女間の違いについての型にはまった考え方や固定概念の多くの土台となっている。しかし、別の視点からみると、マギーの抗議は、それまでとってきた回避の姿勢を、対

（2）主人公のマギーとトムの父親タリヴァー氏は、所有する水車場で粉挽きをして生計を立てていた。息子のトムにはよりよい暮らしができるようになってほしいと願い、町から遠くの学校に送ったが、トムは勉強嫌いであった。そこでトムは、タリヴァー氏の宿敵である、弁護士のウェイケム氏の息子、フィリップに出会う。その後、タリヴァー氏は隣人の農家との裁判沙汰を起こし、大敗するが、その際に相手の農家の弁護人になったのもウェイケム氏であった。この裁判でタリヴァー家は水車場を手放すことになり、苦境に陥る。だが、知的好奇心が旺盛なマギーはその後も本を借りるためにフィリップと何回も会っていたことが、兄のトムに知られてしまう。

峙をもって退ける瞬間を示しているともいえる。この対峙は、判断における二形態、あるいは道徳の定義域における二つの異なる構造を露わにしている。一方は伝統的に、男性性、公的世界と社会的な力と結び付けて捉えられてきた形態であり、もう一方は、女性性と家庭内でのやりとりに関するプライバシーと結び付けられてきた形態である。これらの二つの視点を発達の階層で捉えれば、人は成熟するにしたがって、男性性の方が女性性より適正なものであると考えるようになり、女性性を男性性でもって置き換えていくものであるとされてきた。しかし、これらの二形態がどのように調和するのかは、明らかになっていない。

ノルマ・ハーンの大学生を対象とした研究（一九七五年）と、コンスタンス・ホルスタインの青年たちとその親を対象とした三年に渡る追跡調査（一九七六年）からは、女性たちの道徳的判断が男性たちのものとは異なることが示されている。すなわち、女性たちの判断は感情移入や同情の感情に結びついており、仮説のジレンマではなく現実のジレンマを解決したいと思っているという点で、大きく異なるのである。しかし、発達を評価するためのカテゴリーが、男性たちを対象とした研究から抽出されたものであり続ける限り、男性性の基準から逸脱することはただの発達の失敗としか思われない。その結果、女性たちの思考は子どものものと同じカテゴリーに分類されることが少なくない。別の基準があれば、女性の発達をよりよく網羅することができるかもしれないが、そのような基準は存在しない。しかし、このことは、男性によって作られた枠組みをもとに、男性であり青年期にある人たちばかりを調査対象として行われた研究によって示された理論の限界を示しているだけではない。

これは、女性たちの間に蔓延する自信のなさ、自身の声で公的な場で話すことへの躊躇いをも示している。こうした自信のなさや躊躇いは、女性たちが力を持たないことで押し付けられた制約と、男女間の関係に渦巻く政治を背景としている。

「女性たちはどの程度、男性と同じように思考しているのか？　女性たちはどの程度、現実を抽象的で仮説的な構造で捉える能力を有しているのか？」といった問いを超えることが重要である。そのためには、女性たちの思考のカテゴリーを網羅する発達基準を見出し、定義づける必要がある。ハーンは、女性たちの道徳的関心の中心は、長年「より頻繁に起きている、対人関係に関する、感情移入できて、仲間意識を抱けるような関心ごとについての現実社会のモラル・ジレンマ」にあったと論じる。そのため、このようなジレンマの解決策を探ることを通して、上述のような基準を抽出する必要があることを指摘する（p. 34〔ハーンの原著論文には該当頁なし〕）。しかし、女性たちの道徳的言説における言葉から発達の基準を抽出するためには、まず確認しなければならないことがある。それは、女性たちの道徳の定義域の構造が、男性たちのものとは異なる言葉に依拠しているのかどうか、という点である。加えて、その言葉は、発達の定義に用いるに当たって、男性の基準で使われている言葉と同程度の信用を寄せるに値するものかどうか、という点もある。これらを確認するためには、女性たちが選択する力を有し、自身の声で話すことを厭わないような場を見つける必要がある。

避妊と妊娠中絶が、女性たちに自身の生殖能力をコントロールする効果的な手段となったことで、女性たちの人生の舞台の中心に選択のジレンマが降りかかってくる。そうすると、伝統的に女性たちのアイデンティティを定義づけ、女性の道徳的判断を規定してきた関係性を築くことは、生殖能力についての考慮をもとに不可避なものであるとは捉えられなくなる。むしろ、そうした関係性を築くかどうかも、女性たちがコントロール可能な意思決定の問題となるのである。女性たちは、セクシュアリティに関して受け身であることや、控えめであることを求められ、それによって依存するように縛られてきた。それらから解放されたことで、女性たちは自分が何を望んでいるのかをフロイトとともに問い、その問いへの自分自身の答えを自己主張することが可能となる。しかし、女性が自身のために選択する権利を公式に社会が認めたとしても、そのような選択権を行使することは、女性性のしきたりとの間の葛藤を女性自身の中の私的な部分で引き起こす。とりわけ、善と自己犠牲を同一視する道徳的なものの見方が問題となる。判断と行為において、自立した自己主張ができることは成人期への突入の特徴とされる。だが女性たちは、自分を評価する際にも、他者から評価される際にも、他者をケアし、思い遣っているかどうかが問題とされてきたのだ。

このように、女性にとって道徳的問題とは、自己と他者との間の葛藤が核となっている。そして、そうした葛藤は、女性性と成人期を調和させない限り解決できないようなジレンマを突きつけるのである。そのような調和なくして、道徳的な問題は解決され得ない。「善い女性」は、回避という布で自己主張を覆い隠し、自分はただ他者のニーズに応えたいだけなのだと主張することで責任を否定する。一方で、「悪い女性」は、自身を自己欺瞞や裏切りに縛りつけるような積極的関与を控えたり、放棄したりする。それは同情と自律、そして徳と力の間の葛藤である。女性特有の声が解決しようとしているのは、まさにこれらの葛藤に表されるジレンマだ。女性は、自己を取り戻し、誰も傷つけない形で道徳的問題を解こうと努力しながら、このジレンマを解決しようとしているのである。

女性が妊娠を継続するか中絶するか検討する際、その人は自己と他者の両方に影響を及ぼす意思決定について熟考している。また、その意思決定は、人を傷つけるという、重大な道徳的課題を直接的に突きつけるものである。決定権はその女性が有しているため、その決定については女性が責任を負うことになる。このことによって、女性たちにとって特に問題であった判断の問題がここでまさに浮かび上がってくる。このとき女性は、命の連鎖を中断させたいかどうかを問われる——女性が依存する受け身の姿勢に抑えつけられてきたのは、何世紀にも渡る命の連鎖の中においてである。しかし、それと同時に、女性はケアの責任を強要される。このようにして、妊娠中絶に関する意思決定は、女性特有の不安の核に次のようなものを位置付ける。すなわち、ジョーン・ディディオン（一九七二年）が「中絶という意思決定が持つ、調和不能な不一致——水中に潜ったまま極めて深刻な生涯を送る感覚、あるいは、闇の中で血と生と死に関わる感覚」（p. 14）と表現するところの、責任と選択に関する大人の問いである。

女性たちはこのような選択とどのように向き合っているのか、というのが妊娠中絶に関する研究の問いであった。この研究は、女性たちが妊娠中絶に関する意思決定をする際に、どのように考えを組み立て、解決に至るのかという筋道を明確にすることを目指して設計した。研究のために、一五歳から三三歳までの、エスニシティの背景や社会階層が多様な二九名の女性を、中絶と妊娠のカウンセリング・サービス機関から紹介してもらった。研究に参加してくれた女性たちの動機はさまざまである。自分が抱いている葛藤について意思決定をするに当たって、より明確な見解を持てるようにするために参加した女性もいれば、妊娠中絶を繰り返していたためにカウンセラーに心配されてこの研究に参加するよう勧められた女性もおり、また、先端の研究に寄与したいという思いの女性たちもいた。参加してくれた女性たちの人生において、妊娠は多様な状況下で起きていたが、特定の共通点も見受けられた。青年期の女性たちの場合、まだ自分には子どもを産む力はないだろうと、その可能性を否定したり信じなかったりして、避妊しなかったというケースが多い。性交を予期していなかったため避妊具を用いることを怠り、妊娠に至ったケースもあった。また、女性から関係性を終わりにしようと働きかけていた矢先に起きてしまった妊娠もあった。このような場合の妊娠は、両極感情（アンビヴァレンス）の現れ、あるいはその関係性への関与の度合いを測る究極の試練だと捉えることもできるだろう。これらの女性たちにとって、妊娠は真実を試す一つの方法であった。赤ん坊は、女性が男性からの支援や保護を探求する際のかすがいであり、その探求がうまくいかなかった場合には、男性からの拒絶を受けた被害者同士となる。最後に、避妊の失敗によって妊娠した女性たちもいれば、後悔を伴う合意によって妊娠した女性たちもいた。二九名の女性のうち、四名が出産する決断をし、二名が流産し、二一名が妊娠中絶を選択した。残りの二名は、インタビュー調査を行なった時期には意思を定められず、その後の追跡調査の連絡への応答がなかった。

女性たちは二回、インタビュー調査を受けた。初回は意思決定をしている最中の時期で、妊娠が確定してから最初の三ヶ月間に行なった。二回目は、翌年の暮れに実施した。〔カウンセリング・サービス機関から被験者を〕紹介してもらうに当たって、女性がカウンセラーやクリニックと連絡をとってから妊娠中絶を行うまでの間に隔たりがあることが条件とされた。複数名のカウンセラーが、この研究に参加することが女性たちへの危機介入のための効果的な手段となると考えて、被験者を紹介してくれた。この事実と要因から、このインタビュー調査に協力してくれた女性たちは妊娠中絶に関する意思決定をするに当たって、通常よりも大きな葛藤を抱えていたのだと考えて間違いないだろう。この研究は、妊娠中絶という問題そのものではなく、判断と行為との間の関係に焦点を当てるものであり、妊娠中絶を検討し、求め、行おうとしている女性たちを抽出できるようにサンプルを選ぶようなことは一切していない。そのため、この研究の成果においても、女性たちが一般的に妊娠中絶という選択についてどのような異なる考え方をするか、という点ではなく、女性たちが自身の人生で直面するジレンマについてどのような異なる考え方をするか、という点を論じている。

インタビュー調査の冒頭では、女性たちに自分が直面した意思決定の場面について説明し、次のことを語るように求めた。すなわち、その意思決定とどのように向き合ったのか、どのような他の選択肢を検討したか、それぞれの選択肢を選んだ理由と選ばなかった理由、その意思決定に関わっていた人がどのような人たちであったか、どのような葛藤を伴うものだったか、そして、意思決定が自身についての見方や自分と他者との関係性についての見方にどのような影響を与えたか、についてである。インタビュー調査の次の部分では、三つの仮説的なモラル・ジレンマの解決策を答えるように求めた。この中には、コールバーグの研究で使われたハインツのジレンマも含まれる。

子どもの道徳的判断に関するピアジェの理論を青年期や成人期の道徳的判断にも当てはめようとする中で、コールバーグ（一九七六年）は道徳的葛藤と選択についての視点を三つに分類する。青年期の道徳性発達をその時期に起こる省察的思考能力の発達に結びつけて捉えた上で、コールバーグはこれらの三つの視座（perspective）を前慣習的レベル、慣習的レベル、そして脱慣習的レベルと呼び分ける。これらの呼称は、道徳的理解のしかたが個人的な視点から社会的な視点へ、さらには普遍的な視点にまで拡張されていく様子を映し出している。このスキームにおいて慣習的な道徳性とは、既存の社会規範や価値観を維持するかどうかと善悪を同一視する考え方であり、常にさらなる発達が求められる水準だとみなされる。一方で、前慣習的レベルの道徳判断は他者と共有されるような、社会的な視点を構築する能力の欠如を意味し、脱慣習的な判断はそうした社会的な視点をも超越するものであるとされる。前慣習的レベルの判断は自己中心的で、個人のニーズをもとに道徳の構成要素を抽出する。それに対して慣習的レベルの判断は、他者と共有される規範や価値観を基盤としている。その規範や価値観によって関係性や集団、コミュニティや社会が維持されているのである。さらに、脱慣習的レベルの判断になると、社会的な価値観に対して省察的な視点を向け、普遍的に応用し得る道徳的原理を組み立てる。

より明確に他と区別されるような、包括的で省察的な思考様式に向かって視点が変容していく様子は、女性たちが実際のジレンマに応答する際にも、仮説的なジレンマに応答する際にも、見てとれる。しかし、女性の道徳的判断を規定する慣習は男性のものとは異なっており、それと全く同様に、女性たちにとっての道徳の定義域が指すものもまた、男性を対象とした研究から抽出される定義とは異なっている。女性たちは道徳的問題を、権利と規則の問題としてではなく、関係性におけるケアと責任の問題として組み立てる。その上で、自身の道徳的思考の発達を、責任と関係性についての理解の仕方の変容と結びつけて捉える。ちょうど、正義としての道徳性という構想が、発達を平等性と互恵性の論理と結びつけて捉えるのと同様である。したがって、ケアの倫理の土台をなす論理は関係性に関する心理的な論理であるといえる。それは、正義のアプローチを特徴づける、公正性という形式的論理学とは対照的な論理である。

とりわけ妊娠中絶のジレンマを女性たちがどのように構造化しているかを見てみると、男性とは全く異なる道徳的言語を有していることが露わになる。この道徳的言語は、一連の発達の過程をなぞる形で進化してきた。これは利己心と責任の言語であり、ケアを発揮することと傷を回避することへの責務として道徳的問題を定義する考え方である。傷を負わせることは、無関心さを映し出しているという意味で、利己的で不道徳的であるとみなされる。一方で、ケアを表現することは、道徳的責任を全うすることとみなされるのである。道徳的な葛藤や選択について話す際、女性たちは、利己的（身勝手）と責任あるという言葉を繰り返し用いた。女性たちの言語の根底にある道徳的な指向性を視野に入れると、こうした言葉を多用する女性たちはコールバーグが調査した男性たちとは異なることがわかる。女性たちは、道徳性発達についてのもう一つの理解の仕方を示しているのだ。

妊娠中絶の意思決定に関する調査研究から明らかになった三つの道徳的な視座は、ケアの倫理の発達における順序を示している。これらのケアを見つめる異なる〔三つの〕視座と、それぞれの間の移行は、次の事柄に関する分析を通して浮かび上がってきた。一つには、〜すべき、〜するはず、〜した方がよい、〜することが正しい、〜するのが善い、そして〜するのはおかしい、といった言葉遣いで女性たちがどのように道徳的な言語を用いているのか、ということの分析である。また、女性たちの思考に現れた変化や変容、および女性たち自身が自分の思考を振り返り、評価していた方法についても分析した。この順序において、生存保証を目的とした自分自身へのケアリングに焦点を当てるのが第一の視座である。続いて、このような判断の仕方は利己的であると批判される、移行期が訪れる。このような批判の発生は、自己と他者とのつながりに関する新たな理解が生まれたことを意味する。すなわち、責任の概念によって自己と他者とのつながりを示す理解である。二つ目の視座は、この責任概念の緻密化、および責任概念の母性的な道徳性との融合に特徴づけられる。母性的な道徳性とは、他者なくして生きられない状態にある人と不平等な扱いを受けている人にケアが行き届くようにしようとする道徳性である。この段階では、善は他者へのケアリングと同一視される。しかし、女性のケアの受け手として他者だけが認められる場合、女性は自身を排除しようとしてしまう。すると、関係性に問題が起こり、不均衡が生じる。こうして、二度目の移行が促されるのだ。ここでは、順応性を慣習的な定義でのケアと同一視することと、他者と自己との間の不平等性という論理破綻が認識される。そのことによって、関係性の見直しが引き起こされる。つまり、女性特有の善という慣習的な考え方に内在する、自己犠牲とケアの混同を整理しようと努力し始めるのである。三つ目の視座では、関係性の力学に焦点を当て、他者と自己とのつながり合いに関する新たな理解をもとに、利己心と責任との間の緊張関係を解きほぐしていく。ここでケアは、自ら選択した判断のための原理となる。ケアは、関係性や応答に関して言えば心理的なものに留まるが、搾取や苦しみに対する糾弾においては、普遍性を帯びる。以上のことから、人間関係の心理学についてのより的確な理解が進めば、ケアの倫理も発達していくと言える。より的確な理解とはすなわち、自分と相手をよりきちんと区別することができるようになり、社会的な相互作用の力学についてよりよく捉えられるようになることを指す。ケアの倫理とは、人間関係に関する知識の蓄積を反映したものである。この倫理は、自分と相手が相互依存的であるという洞察を中心に据えて展開する。このつながりについての異なる考え方や、つながりへの異なる不安の抱き方から、三つの視座とそれぞれの移行段階を見分けることができる。この順序においては、人はつながり合っているという事実に基づいて、次のような中心的な認識が繰り返し起こる。それは、暴力沙汰が全員に対して破壊的な結末をもたらすのとまったく同様に、ケアの活動は他者および自分自身の状態を向上させる、という認識である。

　最も端的にその構造を説明するとすれば、妊娠中絶の意思決定は自己を中心に据える。その意思決定における関心は実用主義的（プラグマティック）なものであり、問題となっているのは生存である。〔意思決定をする当の〕女性は、自分が一人ぼっちであると感じるが故に、自分自身の世話をすることに焦点を当てる。この視座においては、〜するべきはできれば〜したいという言葉と区別されていない。また、他の人びとが意思決定に影響を与えるのは、その帰結を変える力においてのみだと考えられている。一八歳のスーザンは、自分が妊娠していると知った時に何を考えたのかを尋ねられ、次のように回答している。「赤ちゃんはほしくない、ということ以外は、まったく何も思いませんでした。**【どうしてですか？】** だって、ほしくなかったから。まだそんな準備はできていなかったし、翌年は〔高校〕最後の学年になる予定だったから学校を辞めたくないと思いました」。妊娠中絶に関して、正しい意思決定というもの、そして正しい決断の仕方というものがあると思うかどうかを尋ねられると、「正しい決断なんてありません。**【どうして？】** ほしくなかったんですから」と答えた。スーザンにとって正しさの問題は、自身のニーズが葛藤に含まれていた場合にのみ発生するものである。そうであれば、どのニーズを優先させるべきかを判断せざるを得なくなるのだ。このようなジレンマは、もう一人の一八歳の女性、ジョーンのケースに見て取れる。ジョーンは、赤ん坊を産むことは「結婚して家を出る恰好の機会」になるので、自分自身の自由を増大させる手段だと考えている。ただ、それと同時に、「やりたいことを色々する」自由を制限することにもなると認識している。

このような理解の様式において、関心の唯一の対象である自己は抑圧された状態にある。というのも、断絶した感覚と、その結果として生じる一人ぼっちであるという感覚によって、自己は力を欠いてしまうからである。「やりたいことを色々する」望みは、これまでに為されてきたことの限界によって絶えず打ち砕かれる。関係性は大抵、期待を裏切るものだ。「男性と付き合って得るものといえば、傷しかない」という。結果として、女性たちは時に、傷つかないように自身を守るために、意図的に孤立を選択してきた。一九歳のマーサは、特に親しかった弟の事故死について、自分に責任があったと考えている。そのマーサは、自分について説明するとしたらどのように表現するかを尋ねられた際、次のように答えている。

本当にわからないですね。考えたこともありませんでした。わかりません。基本的に、性格の輪郭ならわかります。私はとても自立しています。誰かに何かを頼むのが本当に嫌で、一匹狼の人生を送っています。誰かと一緒にいるより、一人きりの方が好きなんです。友だちは限られた人数にとどめているので、とても少ないです。他には何かあるかな。一匹狼で、それを楽しんでいます。今日はここにいても、明日にはもういない、みたいな。

一六歳のベティが、妻の命を救うために薬を盗むべきかどうかというハインツのジレンマに関する判断を求められた際の答えは、次の通りである。この回答には、生存が第一の関心ごととなっていることが明確に示されている。

私は、ひとが人生において勝ち取ろうと戦う最初のものに、生存があると考えています。生存は最も重要なことで、窃盗よりも大事なことだと考えます。窃盗は不正かもしれませんが、自分が生き延びるために盗まなければならないとしたら、たとえ殺人を犯さなければならなかったとしても、そうするべきです。(中略)自分のいのちを護ることは、私が思うに、最重要です。人生における他の何よりも優先されることです。

この立場の次に訪れる移行期には、利己心と責任という概念が初めて登場する。それは最初、自己との関係で現れる。つまり、それまで判断の基盤となっていた自己利益を再定義する際に登場するのだ。移行を引き起こすのは、他者への愛着やつながりの問題である。妊娠は、直接的で文字通りのつながりを表しているが、それだけではない。それと同時に妊娠とは、最も具体的で身体的な方法で自分には大人の女性特有の役割を担う度量があるのだということを認めることでもある。こうしたことから、妊娠は上述の〔他者への愛着やつながりの〕問題を強調する。赤ん坊を産むことは一見、青年期の孤立を中断させ、依存と自立との間の葛藤を解消することにつながりそうに思える。しかし現実には、青年期に妊娠を継続すると、一般的に、これらの問題を悪化させてしまう。また、社会的孤立を増大させ、自立に向けた歩みを止めてしまうのである。

社会的、かつ身体的な意味において、母になるということは、子どものケアと保護を担う親としての責任を負うことが前提とされる。しかし、自分以外の人をケアできるようになるためには、まず自分自身のことを責任持ってケアできるようになる必要がある。一七歳のジョージーは、妊娠したことへの自身の反応を次のように語っている。この回答に、子ども期から成人期への成長、すなわち利己心から責任への転換と捉えられるものが示されている。

すごく後悔するのではなくて、私はむしろ、初めに妊娠したことをすごくよかったと感じました。現実的にその状況を見つめていなかったからだと思います。なんというか、自分勝手なニーズをもとに状況を見てしまっていたんですよね。孤独だったので。人生がうまくいっていなかったので、自分で世話をする赤ちゃんを産んだり、自分の一部であるものを得たりすることができれば、気分がよくなるかな、と。そういう視点で考えていたんです。でも、現実面を見ていませんでした。子どもを産んだ場合に負わなければならない責任についてです。子どもを産むということに伴う責任の大きさに気づいたので、私は妊娠中絶をしようという決断に至りました。だって、傍にいてやらなければならないんですよ。家をずっと留守にしておくことはできないんです。でも私は出歩くのが好きだから。それで、自分への責任を負おう、〈自分の〉いろいろな課題をどうにか解決していこう、と決心しました。

ジョージーは、孤独に打ち勝ちつながりをつくる手段として子どもを産みたいと願っていた、従来の自分の判断様式を説明した上で、ここではそれを批判している。従来の自身の判断は「身勝手」で「非現実的」でもあったという。子どもがほしいという望みと、「家をずっと留守にしておく」ことができるように自由になりたいという願望との間の矛盾——すなわち、つながりと自立の矛盾——は、新たな優先順序が成立したことで解消される。判断基準が変容するにしたがって、このジレンマは道徳的な側面を前提とするようになる。また、願望と必要性との間の葛藤は、「できれば～したい」

と「～すべき」との間の差異として位置付けられるようになる。このような構造において、自分勝手な意思決定という「利己心」は、道徳的な選択という「責任」と対置される。

私がしたいのは、赤ちゃんを産むことです。でも、私がするべきだと思うことはというと、つまり、私がしないといけないことは、いま妊娠中絶をすることです。自分がしたいことは、時に正しくありませんからね。自分がしたいことよりも、必要なことが優先される時があるんです。したいことは、必ずしも正しいことを導きませんから。

ジョージーが次のように語るように、妊娠そのものは女性性を裏付ける。「すごくよい気分になりました。妊娠していると、女性であると感じられるようになったんです」。しかしジョージーにとって、妊娠中絶を決心することは、責任のある選択をする大人の演習の機会となった。

【自分のことを自分自身に説明するとしたら、どう表現しますか？】 ものすごく重い決断を背負ったので、今では自分のことを以前とは違うように見ています。それまでの人生では、難しい決断をそんなにたくさん担うことはなかったから。でも、その決断を成し遂げたから。そうするには、責任を担わなければなりませんでした。難しい決断をしたことで、そういう風に、私は変わりました。それはよい変化です。以前は、私の考えだと、私は問題を現実的に見なかったのだと思うからです。自分がしたいことをして過ごしていただろうし、正しくないことであってもしたがっていたと思います。ですから、意思決定や自分自身への世話、自分のために何かをする仕方が、もっと成熟してきたと思います。きっと他の面でも自分のためになるだろうと思うんです。たとえばもし、少なからず責任を担わなければならないような決断を自分でしなければならない場面にまた遭遇した時にもね。そうなっても、私は自分が決断できると信じられるようになりました。

この認知的再構成の顕現(エピファニー)の中で、古きものは新たなものへと移り変わった。「自分のために何かをする」願望はそのまま残りつつも、その願望が満たされることの意味が変化した。ジョージーにとって妊娠中絶の意思決定とは、ケアと責任を包括するという意味で、女性性と成人期の両者を肯定することを意味した。別の青年期の女性は、道徳性とは「自分についての考え方」だという。「遅かれ早かれ、意思を固めて自分のことを世話し始めなければなりません。正しい理由で行うなら、妊娠中絶はやり直しの機会となって、いろいろなことができるようにしてくれます」。

この移行は、自己に真価があるという感覚が強化されていることを示している。そのため、こうした移行には、「正しいこと」をする可能性を持った自己という構想が必要である。すなわち、自分自身は善である可能性を潜在的に持っており、それゆえに社会に包摂されるに値すると思える力が必要なのだ。こうした自信が深刻に揺るがされている場合には、移行へと向かわせる問題は浮かび上がるかもしれないが、発達は妨げられてしまう。この最初の移行へと向かわせるような複数の問題を理解していながらも、その移行を辿ることができなかったケースが、アンである。アンは二〇代後半で、利己心と責任との葛藤に苦しみながらも、三度目の妊娠中絶を行うべきかどうかというジレンマを解決できずにいる。

関わりのある人たちのことを考えないといけないと思うんです。自分を含めて。自分には自分に対する責任があります。そして、正しい決断——そんなものは何かわからないけれど——ができるかどうかは、自分が担っている責任についての知識と自覚にかかっています。また、子どもを産んで生きていけるのかも、子どもを産むことがその父親と自分の関係にどのような影響を与えるのかも、それとも子の父親が感情面でどのような打撃を受けるのかどうか、それらにかかっています。

アンは、赤ん坊を売って「闇市かなんかで大金を」得る考えを退ける。「私は大抵の場合、原理に基づいて動くので。それに、自分の子どもを売ろうとしていると考えたら私自身の心を逆撫でしてしまいます」。そう語りながら、アンは責任の概念を受け入れることに苦労する。責任の概念を考えると、アンは繰り返し、自身の生存の問題に立ち戻されるのである。自己イメージから矛盾を拭いきれないことで、移行が阻害されている様子が見て取れる。

【自分のことを自分自身に説明するとしたら、どのように表現しますか?】私は自分のことを衝動的で手際がよく――そこに矛盾があるのですが――、そして道徳的でありつつも不道徳的でもあると思っています。実際、私の中で矛盾なく一貫しているのは、かなり怠惰だというところしかありません。昔からずっと、その怠惰さは何か別のことが原因で起きている症状だとみんなから言われてきたのですが、その原因が何なのか、はっきりと突き止められたことがないんです。私は、自分のことを好きになるのに長くかかりました。実際、自分のことが好きではない時もあります。ある程度は、それも健全なことだと思っています。でも逆に、自分のことが好きすぎるように感じる時もあります。それに、自分自身のことをはぐらかすことも多すぎるように思います。そうやって、自分への責任と、自分のことを好きでいてくれる人たちへの責任を避けているんです。私は自分に対して、結構不誠実です。自分が人間なのだと考えることすら、難しい時があります。理由は単純で、毎日毎日腐ったことが多すぎるし、人はくだらないし無神経すぎるから。

自分は責任を回避していると思っているアンは、妊娠のジレンマを解決するための基盤を見失っている。明瞭な意思決定に至る能力の欠如によって、アンはますます自分のことを全面的に失敗作だと捉えるばかりである。両親から望まない妊娠中絶を強要されたとして、アンは青年期に経験した両親からの裏切りを批判する。しかし、今は自分で自分を裏切っており、そのことをも自ら批判している。このような視点で見ると、アンが子どもを売ることを検討していることも驚きではない。自分自身、両親の世間体のために売られたのも同然であると感じているのだ。

一つ目から二つ目の視座へと変わる移行は、利己心から責任への変容であり、社会参加に向かっている。一つ目の視座から見ると、道徳性は社会によって強いられたサンクションのようなものである。また、この場合、人は社会を構成する市民であるというより、臣民であるとされる。しかし、二つ目の視座においては、道徳的判断は他者と共有された規範や予期を頼りにする。この段階に至ると、女性は、社会的な価値観を受け入れ、自分にも社会の構成員としての地位があるという主張を認める。ここでは、生存は、他者による受容があって初めて成立するものであるとみなされる。そのため、最重要の関心ごとは、善に関する合意に基づく判断となる。

ここで、慣習的な女性特有の声が大変な明瞭さをもって沸き起こる。その声は自己を定義づけ、他者をケアし、保護する能力をもとにその自己の真価を明らかにしようとする。そうして女性は、女性特有の善の前提が深く染み込んだ形で、世界を構成する。ここでいう女性特有の善とは、ブローヴァーマンらの研究（一九七二年）で明らかにされたステレオタイプに映し出されている類のものである。この研究は、女性にとって望ましいと考えられている特質はすべて、他者の存在を想定していることを明らかにした。つまり、「気配りや優しさ、そして感情のおおらかな表現のしかた」の受け手が想定されているのである。こうして女性は繊細に応答できるようになり、その見返りに、自身の「保安へのきわめて強いニーズ」を満たしてくれるケアを誘い出すのだ（p. 63）。この立場にあることの強みは、ケアする度量にある。一方で、この立場の弱みは、直接的な表現への制限を強いられることにある。この両方の特徴を明確に示しているのが、一九歳のジュディのケースである。ジュディは、批判したくないと思う自分の姿勢と、彼氏(ボーイフレンド)の単刀直入な態度を対比して、次のように語っている。

私は、誰のことも決して傷つけたくないんです。だから、人にはとても感じよく物事を伝えます。そして、相手の意見への敬意も持っています。他人は、自分たちが好きなようにすればよいのです。でも彼は、普段からすぐに人に物を言うんですよ。彼は、いろんなことを公の場で堂々としてしまいます。私なら人がいないようなところでするようなことも。そっちの方がいいんでしょうけど、私には絶対にできません。

ジュディは明らかに自分で判断をしているのに、少なくとも人前では、それを見せようとしない。他者の気持ちへの懸念から、相手に合わさざるを得なくなっているのだ。一方でジュディは、そのことを批判してもいる。それは、他者への配慮の名の下で、傷つけられやすさと本音と建前を隠している自覚があるからである。

発達がここまで進むと、傷つけることが明確な問題となって葛藤が引き起こされる。全員にとって最善の利益につながると思われるような選択肢が存在せず、責任が相互に衝突し合い、誰かのニーズを犠牲にするような意思決定が余儀なくされるとき、女性は被害者の選択に向き合う。それは一見、不可能と思われる作業である。一九歳のキャシーは、二度目の妊娠中絶をすることで自分の身に起こる帰結を恐れていた。しかし、妊娠中一貫して、家族や恋人からは妊娠継続を反対されていた。そのようなジレンマについて、次のように語っている。

私には、自分にどのような選択肢があるのかわかりません。子どもを産むか、妊娠中絶するかのどちらかですよね。この二つが、私に与えられている選択肢でしょう。でも私が悩んでいるのは、自分自身を傷つけるか、私の周りの人たちを傷つけるか、という選択なんです。より重要なのはどちらか？　ちょうどいい折衷案があればよいわけだけど、ないですよね。こっち側の誰かを傷つけるか、私自身を傷つけるかの二択なんですよ。

善を自己犠牲と同一視する女性特有の考え方に則れば、このジレンマへの「正しい」解決策は明確に定められる。しかし、その解決策では女性自身にとってリスクが大きすぎる場合がある。また、他者を気遣って妊娠中絶をしたとしても、その選択に表される利他主義は、いずれにしても胎児を犠牲にすることによって損なわれてしまう。愛とケアを表すためになされる妊娠中絶は、女性性そのものと相容れない。そのため、このような解決方法は、自己矛盾によって直ちに破綻するのである。

二五歳のデニースは、次のように話している。「誰も、自分が愛する二つのもののどちらかを選択しなければならないような状況に置かれるべきではないと思います」。デニースは望まない妊娠中絶をしていた。理由は、恋人だけでなく、恋人の妻と子どもたちに対しても責任を感じたからだという。

私はただお腹の子どもを産みたかったんです。妊娠中絶は支持していませんでしたし。命がいつ始まるかなんて、答えられる人はいないでしょう？　私は、受胎の瞬間から命は始まっていると思っています。自分の身体に変化が起きているのを感じていましたし、子どもを守りたいと強く感じていました。でも、責任を感じたんです。［彼の妻］に万が一何かが起きてしまったら、という責任です。彼は私に、私自身が決断をしなければならないのだと思わせました。しかも、選択肢は一つしかない。妊娠中絶をするしかないのだと思わせたのです。私には、また別のタイミングでいつでも子どもを産むことができるだろうというのです。そして、妊娠中絶しなければ私たちは別れざるを得なくなるのだと、信じ込ませたのです。

デニースにとって妊娠中絶という決断は、妊娠を尊重する限り選択すべきではない選択肢であった。「私が決めたことです。そうしなければならなかったんです」という。しかし逆に、デニースは妊娠よりも関係性の継続を選択した。というのも、その関係性が自身の人生を包み込むようなものだと思っていたからである。「彼に出会って以来、ずっと彼こそが私の人生でした。彼のためなら何でもしました。私の人生は、彼を中心に回っていたんです」。赤ん坊も産みたかったし、彼との関係性も継続したかったので、デニースにとってはどちらを選択したとしても利己的であるように感じられた。さらに、どちらを選んでも誰かを傷つけることになるので、どちらも道徳的ではあり得ないように思われた。当人の考えでは擁護不可能な意思決定を目の当たりにして、デニースは選択に伴う責任を回避する道を探った。そうして、自分の意思決定は、恋人とその妻のニーズを満たすために自身のニーズを犠牲にすることを意味するのだと捉えた。しかし、責任という名をつけて人に語ったこの犠牲は、デニースの内に密かな憤慨の念を生み出してしまう。それによって怒りの爆発が引き起こされ、維持しようとしていた彼との関係性そのものを壊してしまうのである。

後になって、私たちの関係は悪化しました。理由は、私が彼を責めてしまったからです……認めたくもないし、今では自分が間違っていたと思うけれど。私は彼に折れてしまったんですよね。でもそれも詰まるところ、私自身の意思でした。「私はこの子どもを産むから。あなたがどう思おうがね」とも言えたのに、全然言わなかったんです。

同じ男性の子どもを再度身籠ったデニースは、〈初めて妊娠した〉当時を振り返って、選択は実に自分自身ですべきであったことに気づく。もう一度妊娠したことで、最初の妊娠も、自分が成長するための機会になり得たと思うようになる。今回は意思決定を放棄するのではなく、自分で行おうと考えたデニースは、これを「強さ」の問題として捉える。そして、他者なくして生きられない自身の無力さから解放されたいと願って苦しんでいる。

今は、自分のことを前よりもすごく強くなった人物だと思っています。状況が状況だったので、私はただただ流れに身を任せて過ごしてきました。自分自身のものは何も持ったことがなかったんです。（中略）強くなって、自分で大きな決断をしたいと思っています。その決断が正しいか正しくないかは関係ありません。

前回の妊娠中絶は、自己犠牲という道徳によって正当化された。そのため、デニースは自身の声を自分のものとし、選択に伴う責任を受け入れようとするなら、今回はそのような判断を避けなければならない。このことから、デニースはかつての自分の視座の土台にあった前提を問い直すようになる。すなわち、他者の行為への責任を自分が負い、自分の選択に伴う責任を他者が負う、という考え方を揺るがすのである。コントロールについての前提が逆さのこのような責任観では、自己主張は応答の形に化ける。責任が反対向きになることで、間接的な行為が次々と生まれる。結果、全ての人が騙されて裏切られたと感じるような事態になってしまう。この立場の論理は、理解しがたく支離滅裂である。というのも、相互的なケアという道徳が、依存の心理に内包されると考えられているのだ。自己主張は、人を傷つける力を持つため、潜在的に不道徳的であるとみなされる。この支離滅裂さは、コールバーグの道徳性発達の第三段階についての定義にも表れている。この段階では、承認されるニーズが、他者をケアし、助けたいという願望と結びつく。このように依存という受動性とケアという活動との間で板挟みになると、当の女性は、行為においても思考においても主導権を失い、保留状態に陥る。そのような状態にあるため、デニースは「ただただ流れに身を任せて」きたのだというのだ。

こうした判断に続く移行期の特徴は、善から真実へと問題意識が移るところにある。この移行は、自分と相手との関係性の見直しにはじまる。すなわち、ケアの道徳性のための奉仕という考えに含まれる自己犠牲の論理を女性が見つめ直し始めるのである。妊娠中絶に関するインタビュー調査では、利己的（身勝手）という言葉の反復からこの移行が始まったことが示されている。判断の主導権を取り戻した女性たちは、ケアや気遣いの範疇に自分のニーズを含めることの是非について考え始める。それは利己的なのか、責任あることなのか。あるいは道徳的なのか、不道徳的なのか。こうした問いをきっかけに、責任の概念についての再検討が促される。その際には、他者の考えを気にすることと新たな内なる判断を並置して検討することになる。

自己の声を他者の声から切り分けようとするに当たって、女性は次のようなことを問う。他者への責任を負いながらも、自分自身への責任も負うことは可能なのかどうか。また、そうすることで、傷とケアとの差異を調和させることが可能なのかどうか。そのような責任の取り方は、新たな種類の判断を要する。それは、正直さを第一に要求する判断である。自分自身への責任を負うためには、まず、自分が何をしているのかを認識する必要がある。したがって、判断の基準は善から真実へと変化する。この際、行為の道徳性は、他者の目にどう映るかによってではなく、その実際の意図と帰結によって評価される。

二四歳の既婚のカトリック信者のジャネットは、第一子を出産してから二ヶ月が経った時点でまた妊娠してしまう。このジレンマについてジャネットは、選択のジレンマだと語る。「今決めないといけないんです。妊娠中絶という選択肢が今与えられているので、決断をしなければなりません。もしそのような選択肢がなければ、選択の余地はなかったんですけど。そうだったら、やるしかないですよね」。妊娠中絶が合法ではない場合、他者に依存せざるを得ない子どもを確実に保護し、ケアするためには、自己犠牲という道徳性が必要である。しかし、そのような犠牲を払うかどうかが自由意志に任されると、問題は丸ごと振り出しに戻る。[3]

（3）一八〇三年、イギリスにおいて妊娠中絶の厳罰化が行われた。この時に成立した新法の下では、胎動初感が観察されて以降（一般的に妊娠一六週―二〇週以降）に妊娠中絶をした場合、死刑に処される可能性があった。こうした動きを受けて、アメリカでも一八二〇年代に入ると、妊娠中絶を禁ずる法律が次々と州ごとに誕生した。

しかし、一九六〇年代になるとそれらの法律に反対する運動が芽吹く。この運動に影響を与えた出来事の一つに、当時五人目の子どもを妊娠していたシェリー・チェッセン（Sherri Chessen）についての報道がある。シェリーは、精神安定剤にサリドマイドが含まれていることを知らずに飲んでしまい、胎児が障がい妊娠中絶についての意思決定をする際、ジャネットはまず他者への責任という枠組みで考える。このタイミングで第二子を産むことは医師の忠告に反するし、家族に情緒的にも金銭的にも負担をかけることになるからである。しかし、妊娠中絶をする理由はもう一つあるという。「感情面の理由というか。身勝手かもわからないですが、出産したら私自身がすごく縛られてしまうんですよね。それで、今の段階では私はまだ子ども二人に縛られる準備が整っていないんです」。

妊娠中絶についての、このような利己心と責任感が組み合わさった理由がある一方で、ジャネットにはそれに反対する考えもある。それは、妊娠中絶に関する宗教上の信念である。

命を奪うことなんですよ。まだ形成されきっていないとしても、そのもとではあります。だから私にとって、妊娠中絶も命を奪うことなんです。でも、自分の命、息子の命、夫の命についても考えなければなりません。最初はそれは利己的な理由だな、と思ったんですが、そうではありません。とはいえ、部分的には身勝手だとも思います。今はもう一人ほしくないんです。まだ準備ができていないので。

このジレンマは、生命を奪うことの正当化の問題として沸き起こる。「蓋をすることはできません。だって、私はそう信じているんですから。もし蓋をしようとしたら、私が荒れることは目に見えています。自分が実際に何をしようとしているのかを否定することになります」。ジャネットは「正しいを持って生まれる可能性を危惧して、妊娠中絶を望んだ。しかしアメリカでは認められないため、夫婦でスウェーデンへ渡航し、現地で妊娠中絶の手術を受けた。シェリーの中絶については欧州でも報道され、論争を呼んだ。その後、とりわけ一九六四年にジェリー・サントロ（Gerri Santoro）の事件が報道されると、妊娠中絶禁止法への反対運動は激化する。ジェリーは暴力を振るう夫から逃げ、別の男性と暮らしていたが、当時の州法の下では、夫と離婚することができなかった。そこで、医学書を頼りに、当時違法だった妊娠中絶をホテルの一室で自ら行おうとして命を落とした。この事件は、大量に出血しながら死んでいる様子を映した写真とともに報道されたことで、世論を大きく動かすことになった。

こうした流れの中で、一九七三年に連邦裁判所がロウ対ウェイド裁判およびドー対ボルトン裁判の判決を下し、妊娠三ヶ月（一二週）以前の妊娠中絶を禁ずる州法は無効となった。なお、ロウ対ウェイド裁判の原告であったノーマ・マコービー（Norma McCorvey: 裁判で用いられた「ジェーン・ロウ」は仮名）は一〇代で第一子と第二子を出産し、ともに養子に出しており、二一歳当時妊娠中だった第三子を中絶する理由として、無職であることとうつ病を訴えていた。ただし、ノーマ自身は一度も裁判には出廷せず、後に妊娠中絶反対派として活動するようになる。他方のドー対ボルトン裁判の原告であったサンドラ・カノー（Sandra Cano: 裁判で用いられた「メアリー・ドー」は仮名）に至っては、当時から妊娠中絶反対派であり、弁護士に十分な説明を受けずに裁判に利用されたと主張している。本書で取り上げられているインタビュー調査は、こうした判決が出る前後の時代に実施されている。

なお、アメリカではその後、一九九二年にペンシルベニア州南東部計画出産協会対ケイシー事件の連邦裁判所の判決が下り、改めてロウ対ウェイド判決の基本方針が堅持された一方で、各州が妊娠中絶を禁ずることが認められる時期は必ずしも妊娠三ヶ月以降に限定されないこととなり、いつから人命として認めるのかの判断が州に任されることになった。また、二〇二二年五月二日、アメリカの政治ニュースサイト「ポリことをしているだろうか？　道徳的だろうか？」と自問しながら、自身の妊娠中絶についての信念を、妊娠を継続することの帰結への懸念と対置して考える。結果、「自分の道徳的な信念があるからといって、一つの決断で三人もの人びとを傷つけるほど、道徳的に厳格には」なれないという結論に至る。そして、自身のジレンマの解決策においてはなお、善の問題が重大な役割を果たしていることに気づく。

道徳的なことは考慮にあります。私にとって、妊娠中絶は命を奪うことです。ですから、私はその決断を背負っていきます。思うことはいろいろあります。神父さまにも話しました。でも、神父さまはこう言ったんです。そこにある、と。これから先もずっとそこにある、と。その考えを背負って生き続けて、それでもなお自分のことを善であると信じられるかどうかは、その人次第だ、と。

しかし、妊娠中絶をしてもなお自分のことを善であると考えられるかどうかは、利己心の問題にかかっている。そのため、善の基準は内側へと向かっていく。道徳的に行為することは、自分にとって最善だと思う行為をすることだと考えるか、あるいは自己犠牲が関わる問題だと考えるか、と尋ねられたジャネットは、次のように回答する。

質問の意味をきちんと理解できているか自信がありません。妊娠中絶したかった私の状況で言えば、中絶しなければ自己犠牲をすることを意味しました。私はまさにその二つの道の中間にいる感じです。でも、自分は道徳心が強いと思っています。いろいろな理由――金銭的な理由、身体的な現実、そして影響を受ける家族みんなのこと――がなくて、中絶しなくてよいのなら、中絶することが自己犠牲になるだろうと思います。

ジャネットは、妊娠を打ち切る決断をする上で自分の感情を「おざなりにして」いないかどうかを判断するために、その感情を解明しようと努めた。その努力に、意思決定に自分が参加しているこ

ティコ」は、ミシシッピ州が妊娠一五週以降の人工中絶を禁止したことを争う訴訟に関して、サミュエル・アリート最高裁判事が二月に最高裁判事らの多数意見として記した草稿を入手したと報じ、その草稿を公開した。その草稿には、ロウ対ウェイド判決は「はなはだしく間違っている」などと記されており、この草稿に書かれた方針が修正されない限り、最終的な判断が示される六月末にはロウ対ウェイド判決が覆る可能性があることから、アメリカ全土で抗議運動が広がり、妊娠中絶擁護派と反対派の対立が高まった。また、同年四月一二日にはオクラホマ州において新たな中絶禁止法案が成立し、五月二五日に州知事が署名したことで施行に向けて進められている。この法案のもとでは、受精した時点で人工妊娠中絶が禁じられ、医療上の緊急事態を除き、違反した場合は最高で禁錮一〇年と罰金一〇万ドルが科される。なお、「ポリティコ」が公開した草稿内容の大枠は変更されず、六月二四日にロウ対ウェイド判決は覆された。

とを明示することの重要性が明らかに示されている。利己心から責任へと向かう一つ目の移行では、女性たちは自分以外の人のニーズを配慮できるよう、リストを作成するようになる。しかし、善から真実へと向かう二つ目の移行では、自身のニーズを熟慮しながら明らかにしていかなければならない。妊娠中絶したいと自ら望んでいる現実を見つめ、ジャネットは次のような事柄に向き合う。それは利己心の問題と、自分の意思決定の「善さ」に対して利己心が課してくる制限である。しかし最終的に、利己心への懸念は正直さと真実への気遣いに屈する。

私はある意味で利己的だと思います。それに、とても感情的です。すごく偽りのない人で、理解のある人。そして、人生のいろんな局面を結構しっかり乗り越えることができます。というのは、自分にとっても関係する他の人たちにとっても正しくて最善だと思うことをする能力を根拠にしているからです。私は決断するに当たって、自分に対してもとても公正だったと思います。それに、何も隠さず、抱いた感情を全部さらけ出したから、自分は裏表なく真っ直ぐだったとも、すごく思います。よい決断だったし、正直だったし、真剣勝負の決断だったと思っています。

こうしてジャネットは、自己のニーズと他者のニーズを両方とも包含しようと努めている。他者への責任を負って「善く」あるとともに、それだけでなく、自分への責任も負って「正直」で「偽りのない」人でもあろうとしているのである。

一つの視点から見れば、自分自身のニーズに注目することは利己的であると言える。しかし別の視座で見れば、それは正直なだけでなく、公正でもある。このことが、善についての新しい概念へと向かう移行の核心である。この移行では、自己を認識し、選択に伴う責任を受け入れるために、内へと向かう。「よい理由」を求める外向きの正当化も、ジャネットにとって重大であり続ける。「今でも、妊娠中絶はよくないと思っています。自分がしていることを正当化できる状況でない限り、中絶は一貫してよくありません」。しかし、正当性を探求する中で、ジャネットの思考は「劇的ではないけど、ほんの少し」変化する。ジャネットは、妊娠を継続すると、自分だけでなく夫にも罰を受けさせることになると自覚するようになった。その頃には、夫に対して「惹かれなくて、イライラする」ようになっていた。こうしてジャネットは、自己犠牲をすることの帰結を、自分と他者の両面で検討し始める。最後にジャネットは、「神さまは人を罰することもできるけど、お赦しになることもできる」と語る。他者のニーズを満たすだけでなく、「自分にとっても正しく最善」である意思決定をすることによって、赦しを受けるに値するという自分の主張は損なわれてしまうだろうか――この問いがジャネットの中で疑問符のまま残った。

利己心への懸念と、それを不道徳性と同一視する考えは、サンドラのインタビュー調査からも浮かび上がってきた。サンドラは二九歳のカトリック信者で、看護師をしており、妊娠中絶に至った経緯を次のような言葉で強調する。「私はずっと、妊娠中絶は殺人をおしゃれに言い換えるための言葉だと思ってきました」。そして冒頭で、殺人といっても自分の妊娠中絶はより軽微なものだと説明する。理由は次の通りである。「そうしなければならないから私は中絶をするんです。自分がしたいからするといったことは、微塵もありません」。このことから、サンドラは〔自分の決断を〕「そんなに悪くない」ものだと判断する。「理性的に考えて、他とは全然違うとわかるでしょう」。「子どもを育てることは、たくさんの理由で実行可能ではなかったし、あり得なかった」ため、選択肢は妊娠中絶か養子縁組しかないと考えている。以前子どもを一人養子縁組に出したことがあるサンドラは、「もう一回養子縁組を心理的に乗り越えることなんて、到底できっこありませんでした。しっかり考えられるようになるのに、だいたい四年半かかったんですよ。もう一回あれを経験するなんて、絶対にあり得なかったです」。こうして、サンドラの目に映る選択肢は胎児を殺害するか、自分自身を傷つけるかに絞られた。サンドラは両親と一緒に住んでいたので、妊娠を継続することは自身だけでなく両親をも傷つけることを意味した。その事実によって、この選択はますます複雑なものとなった。多面的な道徳的矛盾を前にしたサンドラは、カウンセリングで心理的率直さを求められたことを受けてようやく、意思決定に至る。

一人で考えていた時は、自分のために妊娠中絶しようとはあまり思っていませんでした。両親のためにやろうと思っていたんです。医者に勧められたからしようとは思っていましたが、自分のために中絶をするのだと自分の頭で理解したことはなかったです。むしろ、じっくり座って認めなければなりませんでした。「いや、私は今母親の道を辿るのは本当に嫌だ。正直に言って、母になりたいという気持ちはない」のだ、と。それって、考えてみれば、そんなに言ってはいけないことではないですよね。でも、［カウンセラーの氏名］と話すまではずっと、そういうふうに感じていました。ただただ嫌な気持ちでしたから、感じないようにしようと思って、ガンッと締め出していたんです。

自分の配慮が「道徳的」なものである限り、妊娠中絶は犠牲の行為という一点においてのみ正当化され得る。すなわち、選択肢が与えられていないのだから責任を負うことは不可能であるという、必然性への服従だと考えられるのだ。こう考えれば、サンドラは自分自身を厳しく非難せずに済む。「道徳的なことをいろいろ考え始めると、自尊心の問題になりますよね。だから、何か道徳的に正しくない気がすることをすると、人としての自尊心を少しずつ失っていきがちなんです」と語る通りである。サンドラは、自尊心を保つためには純粋無垢であり続けなければならず、そのためには責任の回避が重大な役割を果たすと考えている。しかし、この考えは、自身が妊娠中絶に関する意思決定に参加しているという現実と矛盾する。自分は被害者だというサンドラの申し立ては不正直であり、より包括的な理解へのニーズを生み出すような葛藤を引き起こす。ここでサンドラは、正しいと正しくないという言葉を自分が遣う際の二通りの用法にみられる、自身の考えの中に沸き起こっている矛盾を解消しなければならなくなる。たとえば、「私の言いたいことは、中絶は道徳的に正しくないということです。でも、〔私の場合は〕状況が正しいから、私は中絶しよう思います。でも、難しいのは、いずれはうまく調和しなければならないときが来る、ということです。私がどうにか調和させないといけません」と発言している。どうすればそのようなことが可能となるのかを尋ねられ、サンドラは次のように語る。

道徳的に正しくないことが道徳的に正しくなるように、変えないといけません。【どうやって?】全くわかりません。状況を踏まえれば正しいと言えるからといって、自分が道徳的に正しくないと感じていることと擦り合わせるなんて、できないと思います。辻褄が合いませんから。逆なんですから。合いません。正しくないことを自分がしたら、突然それが正しくなるだなんて。

この不一致は、サンドラが安楽死の問題を前にした際に遭遇した類似の葛藤を彷彿とさせる。このときもサンドラは、安楽死は道徳的に正しくないと考えていた。しかし、「脳波が平坦になった患者を二、三名」ケアする仕事をして、「安楽死〔の措置〕がその患者さんのご家族を助けているのを見た」ことで、考えを改めたのである。この経験を通して、次のようなことに気づく。

ものごとに深く関わって、問題を突きつけられる状況に置かれなければ、白黒なんてつけられっこありません。立ち止まって、私が安楽死に関わる前に安楽死の問題について抱いていた気持ちゃ、中絶の問題に直面する前に妊娠中絶の問題について抱いていた気持ちを思い出してみると、両方とも殺人だと思っていたんですよね。正しいこと〔＝白〕と正しくないこと〔＝黒〕があって、真ん中は想定していませんでした。でも、グレーもあるんです。

グレーゾーンを発見して、以前は絶対的だと思っていた自身の道徳的判断を問い直し始めたサンドラは、二つ目の移行に特徴な道徳的危機に直面する。すなわち、道徳の名の下で他者を傷つけることを正当化することの是非だけでなく、自分自身を傷つけることの「正しさ」をも問い直すようになる。こうして、ここにきてサンドラは、かつて道徳的判断を導いてくれていた慣習に、新たな批判的視線を向けるようになるのだ。しかし、善を自己犠牲と同一視する慣習にそのような批判を向け続けるためには、自分には自立的に判断する度量があるということと、自分の視点は正当であるということを実証しなければならない。

再び、移行は自己概念に左右されることになる。女性が、自分自身の真価に関する不安から、平等性を取り戻す主張を抑えると、自己主張は利己心の発露であるとする従来の批判の餌食とされてしまう。そのため、責任あるケアの名の下に自己破壊を容認する道徳性は、不適切なものとして否認されるのではなく、むしろ生存を脅かすものとして放棄されるようになる。応答の失敗を受けて、女性が自分自身を犠牲にしてきたことに気づき、これ以上自己犠牲を払いながら他者を守ることはやめようと思うようになると、道徳的責務は、自己を包含するように拡大されるのではなく、完全に棄却される。道徳性が見失われると、再び生存が最重要事項となる。いかに「利己的」で「不道徳的」であったとしても。

二〇代後半の音楽家エレンは、移行におけるこのような袋小路を例示している。エレンは以前、仕事を中心とした自立した生活を送り、自分は「割と意志が強くて、割としっかりしていて、割と合理的で客観的」な人物だと考えていた。しかしその後、激しい不倫の恋に落ち、自分の中に「まったく新しい次元で」ひとを愛する度量があることを発見した。その頃を振り返り、「とてつもなく世間知らずで理想主義的だった」と認めたうえで、「自分たちの関係性を具体的なものにするために、いつか子どもを産みたいという、漠然とした考え」があったと話す。「私の人生はクリエイティブな部分が多いので、それらをいつも、子育てに結びつけて考えていました」。エレンは、恋人とともに避妊具の使用をやめている。理由は、次の通りである。「私たちの頭の中では、この関係性はある種、理想的な関係性だったんです。だから、異物や人工的なものを使わないという考えがしっくりきました」。このことから、エレンは統制力（コントロール）を手放したように感じるようになる。むしろ自分は「ただただあやふやで、自分に降りかかる出来事に身を任せている」と思うようになるのである。エレンが「状況の現実」——妊娠の可能性、および恋人は既婚者であるという事実——に向き合い始めたとき、妊娠が発覚した。そして、「どんどん自滅に向かっているような」関係性を終わりにしたいという願望と、赤ん坊を産みたいという願望との間で「板挟み」になる。赤ん坊の存在は「長く続くつながりになるでしょうから」。このような両極感情（アンビヴァレンス）によって生み出されるジレンマを前に、それを解決する能力が自分に欠落していることに愕然としている。

妊娠したことで、「一つのいのちが生まれた以上、人工的に絶えさせるべきではない」という「道徳的」信念と、赤ん坊を産むためには思っていたよりも遥かに多くの支援が必要になるという「ものすごい」発見との間に葛藤が生まれる。自分は子どもを産む「べき」だと道徳的に確信しながらも、エレンは「一人で子どもを抱えて、その責任を負っていく」ことが心理的に可能なのか、疑っている。こうして、命を守ることが道徳的責務であるという自らの考えと、この妊娠の状況下においてはそうすることができないこととの間に、葛藤が生じる。「自分の決断ですし、子どもを産むかどうかを決めるのも自分の責任」であると考えつつも、エレンはこのジレンマを解決するための有効な土台となるものを探し出せずにいる。

エレンの言葉を借りると、「哲学的な論理なら」彼女は妊娠中絶の是非を論じることができる。一方でエレンは、人口過剰の世界において、人はケアの観点から見て理想的な条件下でしか子どもを産むべきではないと考える。しかし他方で、命を護ることが不可能である場合にしか、人は命を絶えさせてはならないとも考えている。自分がしたいことと、するべきだと考えることとの間には違いがあるか、と尋ねられると、エレンは度々直面した袋小路について説明する。

はい。それに、今までもずっとそうでした。私は何かしらの選択をしてきたたくさんの場面で、まさにそのような状況に向き合わされてきました。私がしたいと感じていることとは裏腹に、するべきだと信じていることがあります。そのように私に信じさせるものは何なのか、ずっと探り続けてきました。**【今の状況ではどうですか？】**スパッとはいきません。子どもがほしいし、産むべきだとも思っています。一方で、中絶するべきだし、中絶を望むべきだとも思っています。こちらの気持ちの方が強いと言ってよいです。まだ仕事に十分自信が持てていないし、本当にすべてそれ次第だと思うんです。中絶すれば問題解決ですし、私は妊娠には耐えられないともわかっているんです。

エレンは、妊娠中絶は「情緒的で実用主義的な（プラグマティック）」解決策であると述べ、自らの仕事への自信のなさを言い訳にする。そのうえでこの解決策を恋人が提示する解決法に対置する。恋人の解決法は「もっと深く考え抜かれた、もっと論理的で、もっと正しい」ものだという。その人が提示するのは、エレンは子どもを産み、彼の存在も金銭的支援もなしに育てるべきだ、という考えである。ここで、相手の考えに映し出された自分のイメージを目の当たりにする。それはとことん尽くす、善い人というイメージであり、持ち前のクリエイティブな才能で自活できるため、他者に何も要求しなくとも赤ん坊のニーズを満たし得る人、というイメージである。エレンは、このイメージ自体を問うことはしない。そうではなく、そのイメージに自分が応えることができるかどうかを問う。そして、今の自分にはまだ応えることができないという結論に至ったエレンの目に、自身がしていることは「自分の生存のため」の利己的で非常に危うい戦いとしてしか映らなくなる。しかし、エレンは次のように話している。

いずれにしても、私は苦しむことになります。中絶することで、メンタル面でも感情面でも苦しむかもしれないし、もっとひどい悩み方をすることになるかもしれません。ですから、二つの悪のどちらかで考えれば、中絶がましな方なのだろうと思うんです。自分が耐えて生き続けられるとわかる方を選ぶ、ということだと思います。本当に、そうなんです。利己的だなと思うのは、おそらく、そこに関わることが否定できないからだと思います。たった今気づきました。やはり、自分が生き延びられるかどうかにかかっていることは否めないでしょうね。**【どうしてそれが利己的なのですか?】**だって、ほら、そうじゃないですか。私は第一に自分の生存のことを考えているんですから。関係性の存続とか、子どもや他の人間の生存ではなく。優先順序を立てている、ということなんだろうと思います。そして、自分の生存のニーズを第一に設定しているんです。私は多くの点で、このことを否定的に捉えていると思います。でも、その他の肯定的な側面のことも考えています。自分の人生がいくらか残る、かもしれない、とか。わからないけど。

ケアできなかった子どものことに直面し、つながりを求めていたのにそれを放棄してしまったことに由来する失意を抱きながら、エレンは生存できるかどうかは仕事次第だと考えるようになる。仕事を通して、「私は自分は何者かということの意味を見出します。それは自分がよくわかっている、一つの要因です」という。自らの仕事の先行きの不透明さによって、生存は不安定なものとなる。一方で妊娠中絶の選択は、「ひどく内向きである」という点で不安定だといえる。「自分の殻から出て誰かを愛し、子どもを産むことは、一歩前進することになる」のに対して、妊娠中絶をすることは「一歩後退することになる」。つながりを断ち切ることが示す、切り捨ての感覚は、エレンが妊娠中絶すれば払わなければならないと思う代償についての考えに見て取れる。

たぶん、私がやることは、自分の感情を断ち切ることです。いつそれが戻るかも、断ち切った後にどうなるかも、私にはわかりません。何も感じないようにするために、そうします。きっと、ただただすごく冷淡になるだろうと思いますし、断ち切るときも冷徹だろうと思います。そのような経験を自分にさせればさせるほど、また人を愛したり、また人を信じたり、また感情をもったりすることが難しくなります。そうすることから距離を取るようにするたびに、関係性に積極的に関与することは避けやすくなります。難しくなるのではなくて。だから、感情面を丸ごと断ち切ることはすごく不安です。

利己性と責任との間で板挟みになったエレンは、この選択が迫られた状況下で、何かを破滅させながらではなくケアする方法を見出すことができずにいる。そして、道徳と生存との葛藤に還元されるようなジレンマに向き合い始める。これらを統合しようとする試みは失敗に終わり、成人期と女性性は交わらない二つの道となる。というのも、働くという選択は、この特定の関係性と子どもを放棄するだけでなく、愛とケアが生み出す傷つけられやすさ（ヴァルネラビリティ）を消し去ってしまう決断でもあるからである。

しかし、こうした理解に含まれる問題は、三つ目の視座から見た洞察を浮かび上がらせる。ここでは焦点が移り、ケアを構成するものは何か、ということが配慮される。二五歳のサラもまた、失意の中にいる。そして、関係性の理解を変容させていく中で、初めには完全に異なるものだと考えていた、利己心と責任の概念を調和させる道を見出していく。女性の自己抑制と道徳的な自己犠牲という慣習の土台に、どのような前提があるのかを検証しながら、サラは、これらの慣習は人を傷つける力を持つという点で不道徳的であると考え、棄却する。そして、人を傷つけるなという強制命令としての非暴力の重要性を高め、全ての道徳的判断や行為を規定する原理とする。そうすることで、自分と相手との間の道徳的な平等性を主張し、自分と相手の両方をケアの活動範囲に含めることができる。ここで、ケアは普遍的な強制命令となる。そして、人が自ら選んだ倫理となる。慣習的な解釈から自由となっているため、この倫理は、選択に伴う責任を前提とすることを可能とするという点で、それまでのジレンマを一変させる。

サラの人生において、今回の妊娠は、次の点に関する未解決の問題を表面に浮かび上がらせる。一つは以前の妊娠に関する問題であり、もう一つは両方の妊娠を引き起こした関係性に関する問題である。サラが最初の妊娠に気づいたのは、恋人が自分のもとを去ってからであった。サラは、妊娠中絶することで問題を終結させた。それは、捨てられたことへの怒りを表出させ、浄化させる経験であったという。妊娠中絶は安堵をもたらすものとしてしか記憶していないにも関わらず、サラはその時のことを人生の「どん底」に落ちていた頃だったと述べる。「自分の人生の舵取り」をしたいと願いつつも、男性が戻ってくると、サラは逆に関係性を続けてしまう。二年が経って、再び「ペッサリー[4]を棚に置いたままに」してしまったサラは、再度妊娠する。その知らせに最初は「大喜び」したが、子どもを産む選択をするならサラのもとを去ると恋人が告げると、その高揚感は打ち砕かれる。こうした状況下で、サラは二度目の妊娠中絶を検討する。しかし、その選択に伴う責任を受け入れたくないという思いから、自分で何回も予約しながら、〔医療機関へ〕行くことができなかった。最初の妊娠中絶は「うっかりミス」だと考えているが、二度目になると、自分が「歩く屠場であるかのような」気持ちになった。子どもを育てるには金銭的な支援が必要となるため、「福祉の人たち」に相談しようというのがサラの最初の策略であった。その際、必要な費用の給付を断られ、ジレンマが解消されることを期待していた。

> そうすれば、ほら。責任が私の荷から下りるでしょう。「私のせいではありません。州政府が子育てに必要なお金をくれなかったんです」と言えますよね。でも、蓋を開けてみたら、お金をもらうことは可能だったんです。だから私は、完全に振り出しに戻ったんですよ。中絶の予約

は取っていて、何回も電話してキャンセルするんだけど、また予約を入れてもらって、またキャンセルして。本当に心を決められませんでした。

自分自身を傷つける悪と、芽生えたばかりの子どもの命を終わらせる悪という、二つの悪の間で選択を迫られたサラは、このジレンマを再構成する。すなわち、意思決定を許可するような新しい優先順序を生み出すのである。その際サラは、この葛藤が、現実に関するいびつな構成から生じていると捉えるようになる。まず、自身の孤独感や他者によく思われたいという気持ちをもとにした決意のことを考慮するが、その後、それは不適切であるとして棄却する。こうして、サラは一連の発達を繰り返すのである。これらの配慮は最終的に、子どもとその父親への責任とともに、自分自身への責任に関する懸念へと包含されていく。

そうですね。赤ん坊を産むことの利点は、たくさん称賛を受けられる点ですよね。独身女性で、ひとりぼっちで、殉教者で、苦労人で、ガーバー社の製品に描かれているような可愛らしい赤ん坊(5)を愛おしむ愛情を持っているのだから。それに、長いこと私が経験していないような家庭

(4) 避妊具の一種。子宮の入り口に装着する天然ゴム製の器具で、女性が性行為の前後に自己着脱する。
(5) ガーバー社は、一九二七年から続くアメリカのベビーフード製造会社。自社製品のトレードマークとして、

生活ですね。基本的に、それだけです。でも、これはかなり、空想の中の世界なんですよ。あまり現実的ではありません。赤ん坊を産むことの欠点はというと、私が現在付き合っている男性との関係の避けられない終焉に思われるものを、早めてしまう点にあります。それに、福祉に頼らなければならなくなります。両親は、死ぬまで私のことを嫌悪するでしょう。今のすごく良い仕事も失うことになります。自立性の多くも失います。孤独感。そして、多くの時間、多くの人たちに助けを求め続けなければならないような立場に身を置くことになります。中絶することの欠点は、罪に向き合わなければならないところです。中絶することの利点は、「子の父親」との悪化する関係性に対して、より強く度量を示しながら、そして彼への責任と自分への責任をより多く背負いながら、対処することができるようになる点です。これから先の二五年間の人生、また妊娠してしまうほど馬鹿だった自分に罰を与え続けて、そのことだけを理由に子どもを育てるように自分に強要し続けることになるんだ、という認識を現実のものにしなくて済みます。二度目の中絶という罪に向き合わなければならないことは、二つの悪からましな方を選ぶ感じではないけれど……いや、まさにそうだったかな。でも、長い目で見たときに自分個人がより報われる方はどちらか、という視点でも見ていました。どうして私はまた妊娠してしまったのか、そしてその後どうして二度目の中絶を決断したのか、ということを考えるには、自分に関するいくつかのことに向き合わないといけませんからね。

サラは二度目の妊娠中絶をすることについて「よい気持ちは」しないものの、次のように結論づける。

この子どもを産んだところで、まったくもって、私自身のためにも、この子のためにも、世界のためにもなりません。この子どもを通して、世界に負っている架空の負債を返済する必要はないんです。それに、そんな理由で子どもを世界に誕生させ、利用するのは正しいことではないと思います。

自分自身について説明するように求められると、サラは、自身の道徳的理解の変容が、自己概念の変化といかに強く結びついているかを述べる。

最近、このことをしょっちゅう考えています。それに、普段の自分についての無意識的な認識とは違う形で、最近は浮かび上がってくるんですよ。普段は、何かしらの負債みたいなものを返済している感じです。本当は私の配慮に値しないような人たちのところに行って、奉仕しています。人生のどこかのタイミングで、自分のニーズは他者のニーズより優先順序が低いのだ

一九二八年から赤ん坊の絵を各製品に載せている。

と思ったからだと思います。そして、もし私が何かを感じるなら、もし他の人たちに私のニーズを満たしてくれと要求するなら、罪悪感を抱いて、自分自身のことを他の人たちのことの下に埋もれさせてしまうと思います。そうすると、後になって裏目に出るんです。自分が何かをしてあげている相手の人たちに対して、憤慨の念を大いに抱くようになってしまいます。そして結果として関係性に亀裂が入って、いずれ関係性が崩壊することになります。そうしたら、私は最初からやり直さないといけません。自分に対して、自分はどういう人か説明するとしたら、どう表現するかって？　結構苛立っています。それに、自分では認めたくないほどかなり怒っています。そして、自分では認めたくないほどかなり攻撃的です。

サラは、女性的な自己に関する慣習的な定義を構成する複数の徳をめぐって省察する。自分の母親の声に、その定義が明瞭に示されているのを耳にしてきた。サラは次のように話す。「こうした徳は全部、全然私のためにならないんじゃないか、と思い始めています。そう気づきはじめました」。この自覚と結びついているのは、サラが自身の持つ力と真価を認めたことにある。この自覚と承認はともに、自身に以前投影していたイメージからは排除されていた。

自分の好きなことや、興味のあること、信じていること、そして自分がどんな人なのかは、ずっと棚に飾られたまま埃を被っていなければならないほど悪くはないんじゃないか、と突然気づき始めたところです。他の人たちが私の過去の行為から判断して信じているより、私にはずっと真価があるのです。

以前のサラの考える「善い人」は、自身の母親のようによく働き、忍耐強く、自己犠牲をすることに留まっていた。しかし、この考えは、サラ自身が重みを置く率直さと正直さという価値を含めるものに変化する。この新しい自己主張によって「自分のことをずっとよく思える」ようになると信じている一方で、サラは、これによって自分が批判を受けることにもなるのを認識している。

他の人たちは、「わあ、なんて攻撃的なんだ。ああいうのは好きじゃない」と言うかもしれません。でも、少なくとも、その人たちが自分はそういうのが好きではないと気づけますよね。「あの子の、俺に合わせて自分を操ってくれるところが好き」と言う人はいませんから。私がしたいのは、もっと自分自身で決断できる人として、そしてもっと唯一無二の人間として生きることだけです。

以前のサラの枠組みの中では、妊娠中絶は「逃げ」の一種であるように思われた。「自分のした間違いの代償を払って払い続けて、約束すれば必ず守ってそこにいてくれて、むしろ約束していなくてもそこにいるような」責任のある人にならずに済ませるための逃げである。新しい枠組みでは、自分自身についての構想と、「自分に合っている」のは何かについての構想が変化しつつある。サラは、ここにきて出現した自己を「善い人」だと捉えることができる。なぜなら、自身の善の概念が拡張され、「自身に真価がある」という感覚が包含されるようになったからである。その感覚とは、「自分のことを安売りしないし、すごく馬鹿馬鹿しいとわかっていて、やりたくないことを自分にさせない」ことだという。こうした構想の方向性の修正・再定位は、責任に関する新たな認識を中心に展開する。

私自身への責任があるんですよね。それで、私にとってそれが本当に大事なんだって、生まれてはじめて気づきはじめているんです。私がしたいことをして、なんて私は身勝手なんだろうと罪悪感を持つのではなくて、それが人の生き方としてとても普通のことだと気づくんですよ……自分の望みやニーズが重要だと感じているから、自分がしたいことをするという生き方です。他の誰からも重要だと思われなくても、自分にとっては重要なら、自分がしたいことをする理由としては、それだけで十分です。

責務が拡張され、他者だけでなく自己をも含むようになると、利己心と責任との間の齟齬が解消される。自分と相手との間の葛藤は残るが、ジレンマの発生自体が非暴力的な解決を不可能にしているのだと気づいてから見てみると、道徳的問題は再構成される。妊娠中絶に関する意思決定は、自己と他者の両方に影響を及ぼす「深刻な」選択だと捉えられるようになる。「これは、私が奪った命です。終わらせるという意識的な決断です。すごく重い、本当に重いことです」。非常に危うい解決策として妊娠中絶の必要性を受け入れたサラは、ここにきて妊娠自体に焦点を移す。サラにとって自身の妊娠は、責任を取らなかったこと、相手のことも自分のこともケアせず、保護しなかったことを意味する。

最初の移行とは状況が異なるとはいえ、次の点では一つ目の移行と同様だといえる。すなわち、妊娠によって助長された葛藤は、心理的発達にとって重大な問題を孕んでいるという点である。重大な問題というのは、他者との関係における自己の真価、自分には選択する力があるという主張、そして選択に伴う責任の受容に関連する。選択によって対峙が誘発されると、妊娠中絶の危機は「非常に幸先のよい時期」になり得る。「妊娠をある種、学びの機会、スタートラインとして活用することができます。そうすると、妊娠がある意味で役立つものになります」。この種の〔妊娠に伴う〕危機において成長の可能性を見出す同様の感覚は、他の女性たちの言葉にも表れている。そうした女性たちは、選択に遭遇することを通して、関係性についての新たな理解に達し、「新しい始まり」や、「自分の人生の舵取りをする」機会といった感覚について述べている。

二度目の妊娠中絶を目前としているサラにとって、統制力を持つための第一歩となるのは、関係を終わりにすることである。サラはこの相手との関係性の中で、自分が「取るに足りないものに成り下がっていく」ように思っていた。ただし、関係性を断つ際には、責任ある終わり方にしなければならない。相手を拒絶する以上、傷は避けて通れないと自覚したうえで、サラはなんとかその傷を最小化しようと努める。そのためには、恋人のニーズに「できるだけ応えようとしています。ただし、私自身のニーズをおざなりにしない範囲で、です。私にとって、これは大きなポイントです。ここに至るまでの私の人生はずっと妥協ばかりでしたから。これ以上、それを続けたくないんです」。自分のニーズをおざなりにするのではなく、「まともな、人間的な方法。人を少しばかり揺るがすかもしれないけど、完全に破壊してしまうようなことはしないやり方」で行為したいと考えている。こうして、「取るに足りない」存在であったサラは、それまで自己主張することを阻んできた自身の破壊力と向き合い、自分と相手の両方が傷つかないようにする新たな行為の可能性を検討する。

サラが道徳的に懸念するのは、今なお傷に関することに留まっている。というのも、ハインツのジレンマを検討する際、次のような問いで考えている。「誰の方が傷つくでしょうか。お金をいくらか失う薬剤師か、命を失うひとか」。ここでは、所有する権利と生きる権利が比較されるのは、論理的な優先順序で語られる抽象論としてではなく、個別具体的なもの同士としてである。すなわち、それぞれの権利が侵害された場合に登場人物の人生にもたらされることになる、実際の帰結をもって考えているのである。サラの思考はここでもなお、文脈的で、ケアにまつわるさまざまな感情が織り混ざったものとなっている。しかし、傷つけるなという道徳の強制命令には、関係性の心理的力学に関するより複雑な理解が加味され始める。

ここにきてようやく、女性たちは不平等の是正を迫る脅しから解き放たれ、それまで抑えてきたような判断を示せるようになる。このとき女性たちが明瞭に語り始めるのは、新しい道徳性ではない。むしろ、これまで道徳性の認知を混乱させ、それを明確な形にすることを阻んできたような制約のもつれが解きほぐされた、道徳性なのである。判断を伝え、それに伴う責任を担おうとする姿勢の根底には、間接的な行為の心理的代償の認識がある。それは、自己と他者、そしてつまりは関係性が負う代償である。このように認識すると、ケアする責任は自分と相手の両方を含むものとなる。また、傷つけるなという強制命令は、慣習的な制約から自由になっているが、選択に伴う現実問題に焦点を当てながらも、ケアの理想を保ち続けている。

二九歳の既婚女性で、一人の未就学児の母親であるルースの判断は、傷についての現実の問題を中心に据えている。このときルースは、二度目の妊娠によってジレンマを突きつけられている。というのも、この妊娠のタイミングが、自身の大学院の学位取得の時期と重なっていたからである。「私には、故意に悪いことや誰かを傷つけることはできません。だって、そんなことをしたら自分が耐えられないから」と話すものの、ルースが置かれた状況下において傷はもはや不可避である。自身と他者の両方を最善の形で守る事になるような解決法を探求するルースは、道徳性を次のように定義づける。すなわち、自己と他者とがつながり合っているという認識と、自分は道徳的判断と選択の決定者であるという自覚を混ぜ合わせた定義の仕方である。

道徳性とは、自分が置かれた境遇の中で、適切なことと正義に適っていることをすることです。

ただし、理想を言えば……今「理想を言えば、他の人にマイナスの影響をおよぼさないこと」と言おうとしたけれど、そんなの馬鹿みたいですね。意思を決めれば、必ず他の人に影響がおよぶわけですから。でも、私が言いたいのは、何が正しくて何が正しくないかを決めるような意思決定をする際は、決定する当人が中心になる、ということです。

今回の妊娠中絶に関する意思決定において中心にいる当人〔＝ルース〕は、まず否定することから始める。すなわち、自らのニーズと、自身が負うさまざまな責任の両方に含まれる、本質的な葛藤から目を逸らすのである。しかしその後、徐々に認め始める。ルースは妊娠を、自身の二つの願望が相互に内なる葛藤を引き起こしていることの現れだと考えている。一方の願望は「大学の学長になりたい」というものであり、他方は「陶芸をして、花を育てて、子どもを産んで、主婦になりたい」というものである。こうして、ルースは女性性と成人期の間の矛盾に苦しまされる。「終わる頃には……つまり、〔産めば〕来年、〔中絶すれば〕今から二週間後には……私がこのタイミングで妊娠していない方が、私たち一人ひとりにとっても、私たち家族にとっても、人としての試練は小さくなるだろうと思います」。このことを理由に、ルースは妊娠中絶の方を「よりよい」選択だと考える。そうして、次のように結論づける。

決断は、何よりもまず、当の女性が耐えられるものでなければなりません。とにもかくにも、当の女性が耐えられるもの。あるいはせめて、耐えて生きていこうと努められるものでないといけません。そしてその決断は、その女性が〔人生において〕現在どのような位置に立っていて、女性の人生に関わる大切な人たちが〔人生の〕どの位置にいるのか、という点に基づかなければなりません。

インタビュー調査の冒頭では、ルースは妊娠中絶のジレンマを慣習的な女性特有の構成で語っていた。すなわち、赤ん坊を産みたいという自身の望みと、ルースに大学院を修了してほしいと思う他者の望みとの間の葛藤である。この構成を基盤として考えるルースは、妊娠を継続することは「自分がしたい」ことであるため、「利己的」であるとみなしている。しかし、自身の思考を吟味し始めるにつれて、ルースはこの問題の概念化のしかたは誤りだったと考え、退けるようになる。それと連動して、自身の中で生じている内なる葛藤の真実を認め、自らの女性性と、仕事人生としての成人期との間に感じる緊張関係についても詳しく語り始める。自分のことを説明するに当たって「二つの方向に向かって進んでいっている」人間だと語るルースは、自分の「とんでもなく情熱的であり、繊細」な部分に価値を見出しているという。すなわち、他者のニーズを認識し、満たすことができる度量を大切に思っているのである。自分の「思いやり」は「失いたくないもの」だと考えているが、より高度な専門性を追求することで、それを脅かしてしまっているとも考えている。こうして、ルースは冒頭で示したような自己欺瞞、すなわち自分は純粋無垢であるというフィクションを固持しようと努める。この姿勢は、今のタイミングでは二人目の子どもを産みたくないと発言することがどのような意味を持つのかを知ることへの恐怖心に根ざしている。

私は野心的な人間で、他者におよぼす力と責任をもっていたいと思っていること。そして、毎日、九時五時の枠を超えて、夜や週末にまでかかるような〔仕事〕人生を送りたいと思っていること……そうした自分を認めることになります。長く働くことは、力と責任を意味しますからね。それはつまり、家族は必然的に二の次に追いやられることを意味します。そうなると、どちらの方が大切か、という信じられないほど激しい葛藤が起きそうで、私は経験したくありません。

「野心的な人」という概念について尋ねられると、ルースは次のように答える。

野心的というのは、力に飢えていて、無神経であることを意味します。**【無神経というのは、どうしてですか?】**その過程で、ひとを踏み台にするからです。てっぺんを目指す人は、ひとを踏み台にしています。家族なり、同僚なり、取引先なりをね。**【それは必至ですか?】**必ずではないけれど、私はまだそんなに長く働いていないのに、その限られた年数の中でも、怖くなってしまうほど頻繁にそうしたことを目にしてきましたから。なぜ怖くなるかと言えば、私はそんなふうに変わりたくないからです。

大人の力を獲得することは、必然的に女性特有の繊細さと思いやりを喪失することになる、とルースは捉えている。そのため、女性性と成人期との間の葛藤は道徳的な問題であるとみなす。妊娠中絶のジレンマはその後、ルースの焦点を次のようなことに向かわせる。すなわち、この社会において女性であること、そして大人であることは何を意味するのか、という問いにである。また、力とケアとの齟齬を認識したことで、ルースは女性性と成人期の両方を包含するような解決策を探求するようになる。それは、関係性上の解決策、および仕事上の解決策である。

道徳性発達の構想についての女性たちの視座に示される真実を認めることは、自分と相手との間のつながりは、人生を通して、男女ともに重要である、と認めることに他ならない。すなわち、思いやりとケアへのニーズの普遍性を認めることだといえる。現実の制約によって妥協され得ない、分離した自己と道徳的原理という概念は、青年期の理想である。それは、スティーブン・ディーダラスによって精巧に作り上げられた哲学であるが、その飛躍が危ういことは周知の事実である。エリクソン（一九六四年）は、青年期に示されるイデオロギーとしての道徳性と、成人期のケアする倫理とを対照させ、両者の統合の問題に取り組もうと試みる。しかし、エリクソンが発達の道筋を図式化すると、分離自体が成長のモデルとなり、成長を測る尺度となる。というのも、エリクソンの図式では、幼児期に構築された信頼関係こそが、成人期の愛における親密性、および成人期の仕事そして関係面での世代継承性の起因となる唯一のものであるとされた。また、〔各段階の〕間で起こる経験はすべて、自律と自立に向けた歩みだとされた。エリクソンは観察を通して、女性にとっては、アイデンティティが分離と同じ程度に親密性に関連することを捉えてはいる。しかし、この所見は発達の図式には反映されていない。

女性たちが説明する責任の道徳性は、女性の自己概念と同様に、成熟への道筋からは切り離されている。道徳的成熟へ向かう進歩は、慣習的道徳を問い直す青年期を経て、個人の権利の発見へとつながるように描かれる。この発見を原理に基づいた正義の構想へと一般化する様子は、大学生を対象とした調査に協力してくれた四年生のネドが語った、道徳性の定義によく表れている。

道徳性は指令です。従うべきものです。道徳性の概念があると考えることは、人が互いとともに生きる人生を耐え得るものにするためにできることは何かを見出そうと努めることです。みんなが居場所を持てて、物事を平等に割り当てられていると感じることができるような、バランスなり、均衡なり、協和なりを見出そうとすることです。そうすることは、いわば、個人を超えた事態に貢献するようなことです。そうした努力がなければ、個人はいかなる形の自己充足感を得ることもできません。公正性、ないし道徳性は、なんて言うか、僕には必須のもののように思えるんです。個人の目標のほとんどを充足させるのに必要不可欠な環境、ないし人同士のやりとりを生むために必須、という意味で、です。自分が目指しているものが何であれ、それを追求するのを他人に邪魔されたくないと思うなら、ゲームのルールに従わなければなりません。

ネドと対照的なのは、二〇代後半のダイアンである。何をもって問題は道徳的問題となるのか、と尋ねられたダイアンは、道徳性を権利ではなく責任に関わるものと定義する。

> 生きる道として正しいものを明らかにしようと努力するような感覚。常に私の頭にあるのは、世界は実在する、目に見える苦しみ（トラブル）で溢れているということ。ある種の破滅に向かっているということ。人口過剰の問題を現在抱えているにも関わらず、この世に子どもを産み落とすことは果たして正しいのか、ということ。そして、自分はすでに靴を持っていて、他に靴を持っていない人たちもいるのに、お金をかけて新しい靴を買うことは果たして正しいのか、ということです。ある種、自己批判的な見方です。「私はどのように時間を使っていて、私が働いていると言えるのはどのような意味においてだろうか?」と問うような感じです。私には、誰かの世話をしたいという、正真正銘の衝動、母性的な衝動があると思います——自分の母の世話をしたいし、子どもたちの世話をしたいし、よその子どもたちの世話も、自分の子どもたちの世話もしたいし、この世の中を世話したいんです。「自分が大事だと思っているものすべての世話をしているだろうか? また、どういった形で自分を無駄遣いしたり、そうした問題を無駄にし

たりしてしまっているだろうか？」――道徳的な問題に向き合っている時は、絶えず自分にこう言っている感じです。

ダイアンの視座に脱慣習的な性質が含まれることは一見、明確だと思われる。しかし、モラル・ジレンマに関するダイアンの判断は、正義志向の原理に基づいた思考の評価基準を満たしてはいない。だが、この判断は、道徳的判断が責任とケアの問題を志向する、もう一つの道徳の構想を映し出しているのである。脱慣習的な段階において、責任志向の考え方が道徳的意思決定を方向づける様子は、三〇代の女性シャーロンの言葉によく表れている。道徳的意思決定をする正しい方法について尋ねられ、シャーロンは次のように話している。

私が知っている唯一の方法は、できる限り目を覚ましておくことです。自分が感じることの領域を把握しようとして、問題に関わるものごとをすべて考慮しようと努めて、できる限りいま何が起きているのかに気がつけるようにして、自分が歩いている道はどのような道なのかにできる限り自覚的であろうとすることです。**【あなたの思考を導くような原理はありますか？】** そういう原理は、何かしら責任に関わるものでしょう。責任と、自分と他人のことをケアすることに関わります。でも、一方の手で責任ある生き方をしようという選択をして、他方の手で無責任を選択する、というようなことではありません。どちらを選んでも、責任を持つことはできるのです。だからこそ、手に入れたらすべてが解決するような原理が一つだけ存在するというわけではありません。ここで私が持っている原理を実践に応用してみても、まだ葛藤は残るのです。

女性たちを対象としたインタビュー調査の中で繰り返し語られる道徳的命法は、ケアせよという強制命令である。それは、この世界に「実在する、目に見える苦しみ(トラブル)」に目を向け、和らげることへの責任だといえる。男性たちの場合、道徳的命法はむしろ、他者の権利を尊重せよという強制命令の形を取る。そうして、生きる権利と自己充足する権利を干渉されないように守ろうとしているのだ。女性たちのケアへのこだわりは、自己防衛的ではなく、第一に自己批判的である。それに対して、男性たちが他者への責務というものを初めに思いついたのは、あくまでも消極的に、干渉しないという条件を敷いた上でであった。このように考えると、男性にとっても女性にとっても、発達とは、権利と責任の統合を伴うものだといえる。また、その統合は、これらの〔権利と責任という〕齟齬のある見方が、互いに補完し合う関係にあることへの気づきによって可能となる。女性たちにとって、権利と責任の統合は、関係性に関する心理的論理を理解することで生じる。このような理解を獲得することによって、あらゆる人間がケアを受けるニーズを有すると主張できるようになるため、自己批判に特徴づけられる道徳性が潜在的に有する自己破滅性は和らげられる。男性たちは、世話する活動により積極的な責任を担わなければならないという認識を経験から得ることで、不干渉という道徳性に潜在的に含まれる無関心さを正し、選択の論理性から、選択の帰結へと注意を移すようになる（Gilligan and Murphy, 1979; Gilligan, 1981）。脱慣習的な倫理の理解が発達するにしたがって、女性は不平等性が孕む暴力が目につくようになる。他方で男性は、人間の生活のさまざまな差異に盲目である正義の構想には限界があることに気が付くようになる。

仮説的なジレンマは、その提示のされ方が抽象的である。そのため、モラル・ジレンマの当事者たちは個々人としての過去の人生や、人生の中で動く心理を取り払われている。また、道徳的問題は、それが実際に発生し得る場合の社会的偶発性から切り離される。こうしてジレンマは、正義の客観的な原理を抽出し、緻密化していくことと、平等性と互恵性の形式的論理を評価することに貢献するようになる。しかし、文脈的個別具体性をもってジレンマを再構成することで、原因と帰結についての理解が可能となる。そうした理解は、女性たちの道徳的判断の特徴として繰り返し論じられてきた、同情と寛容を伴う。仮説上の人物たちの骸骨のような生活に実体が与えられてはじめて、その人たちが直面している道徳的問題に映し出される社会的不正義を捉えることができる。また、そうしてはじめて、その道徳的問題の発生が示す個々人の苦しみや、その問題の解決が生み出してしまう苦しみを想像できるようになるのである。

仮説的なジレンマを現実に即して再構成しようとする性癖、言い換えれば、登場人物の性格や住んでいる場所といった欠落している情報を求めたり補完したりする性癖が、女性たちには見られる。このことによって女性たちの判断は、原理の階層構造の順序と意思決定における形式的な手順とは縁遠いものとなる。ここに見られる個別具体性へのこだわりは、ジレンマおよび道徳的問題一般に直面した際の向き合い方として、発達段階に関するどの既存の学説にも当てはまらない姿勢を提示する。結果として、妊娠中絶に関する調査研究に協力してくれた女性たちのうち数名は脱慣習的なメタ倫理の立場を明確に示したものの、誰一人として、コールバーグの仮説的ジレンマに対する規範的な道徳的判断として原理立ったものを提示したとは言えなかった。そうではなく、女性たちの判断はむしろジレンマそのものに内在する暴力性を明らかにすることに向けられていた。こうした暴力性は、考え得るあらゆる解決策に含まれる正義をも揺るがすものとみなされるからである。以上のようなジレンマの構成にしたがって、女性たちは、道徳的判断は善を配慮することだという考えを、道徳的判断は二つの悪のうちどちらを選ぶかという選択であるとする考えへと修正する。

　ルースは、大学の学長になりたいけれども、子どももう一人産みたい、という二つの相反する望みを語っていた女性である。そのルースは、ハインツのジレンマは利己心と犠牲の間の選択だと捉えている。〔薬の代金として〕二〇〇〇ドルを支払うことができないことから、ルースはハインツの置かれた暮らしの境遇を推測する。その上で、その境遇を考慮すると、ハインツが薬を盗んだ場合、「自分の最善の利益にならないことをせざるを得なくなる」という。つまり「ハインツは〔刑務所に〕追いやられますが、それは究極の犠牲です。本当に誰かを愛している人なら自ら背負うこともあるのかな、と思うような犠牲です」。しかし、薬を盗まないことは「ハインツが利己的だということになります。妻が生きながらえる可能性を与えなかったことに罪悪感を抱くことになります」。薬を盗むというハインツの意思決定については、生命は所有より重要だという論理的優先順序をもって考えることはしない。そのような優先順序では、ハインツの行為の正しさは正当化される。だがそうではなく、ルースは、手段も社会的な力もわずかしか持たない男にとって窃盗はどのような実際の帰結をもたらすのか、という視点で考えている。

結果として起こり得ることは何か——妻が死ぬか、あるいはハインツが刑務所に入れられ、その経験がもたらす暴力によって非人道的な扱いを受け、さらに重罪の前科が付くことで人生が危うくなるか——ということに光を当てて考えると、ジレンマ自体が変容する。このジレンマの解決策は、抽象的な道徳的構想の中で生命と所有の相対的な重みを比較するのではなく、二つの命の不調和を捉えることで見えてくるようになる。この二つの命(=妻とハインツのこと)は、これまでは結合していたが、今となっては相反する立場にある。というのも、一つの命を継続させるには、他方を代償として差し出すしかない。このようにジレンマを構成すると、なぜ判断は犠牲の問題を中心に回っているのか、そしてなぜいずれの解決策を選択したとしても罪悪感が不可避的に生じるのか、が明らかになる。

女性の道徳的判断によく見られる遠慮を示しながら、ルースは自分の信念をもとに判断したくないという思いを次のように説明する。

すべての人の存在がすごくユニークだと思っているので、「そういうことは私はやらないな」と思ったりなんかしても、その当人にとって正しいか正しくないかなんて私には言えません。私にできるのは、自分が具体的な問題に直面したときに、私がするにふさわしいことは何かを考えることだけです。

傷つけるなという、ルース自身の強制命令を他者にも当てはめるかどうかを尋ねられると、次のように回答する。

正しくないとは言えません。相手がその人のことを傷つけてやろうと思って何かをする前に、その人が何をしたのかを知らないわけですから、私には正しいとも正しくないとも言えません。だから、その人が傷つけられたことは正しくないけれど、解雇されたばかりの人が怒りを燃え上がらせて爆発させたことは正しいと思います。そんなことをしても食べていけるようになるわけではないけど、表明はできたわけです。逃げるわけではないけれど、あなたが聞く質問にどう答えればよいのか、一生懸命考えているんです。

ルースが道徳的な問いに対してなかなか決定的な答えを導き出せず、ハインツの問題を構成することに負担感を抱いているのは、投げかけられる質問とルース自身の思考枠組みとの間にちぐはぐさがあることに由来している。

もうこれ以上、正しいと正しくないという言葉は遣わないだろうと思うほどです。それに、道徳的という言葉に至っては絶対に遣いません。その言葉が意味することがわからないんですから。私たちが話しているのは、正義に反する社会の話だし、正しくない、それどころか全く不正な、とんでもない数の事柄の話ですよね……ちなみに、不正は滅多に私が遣わない言葉です。それで、私にはそうした社会や事柄を変える力が全くありません。もし変えられるのなら、もちろん変えます。でも、私にできるのは一日一日、小さな貢献をすることだけです。そして、私が誰かを意図的に傷つけることをしなければ、それは私なりの、よりよい社会を築くための貢献です。その他、私なりの貢献のけっこうな部分を占めるのは、他人を批判しないということです。とりわけ、相手がなぜそのようなことをしているのか、その人が置かれた境遇を知らないときは、批判しません。

批判や判断を下したくないという思いは、ここでも傷つけたくないという思いに留まっている。しかしその根底には、個人の傷つけられやすさ（ヴァルネラビリティ）の感覚ではなく、むしろ判断そのものの限界の認識がある。こうして、慣習的な女性特有の視座を特徴づける恭順さは、脱慣習的なレベルにも及んでいるものの、それは道徳的相対主義ではなく、再構成された道徳的理解の一部となっている。人間の行動は心理的かつ社会的要因に決定づけられることに気づくと、道徳的判断は退けられるようになる。それと同時に、現実のひとの痛みや苦しみを認識するようになると、道徳的な懸念が再び肯定される。

私は人を傷つけることに対する抵抗感が本当にあって、ずっと昔からそうだったんです。だから、時に少し複雑になるんですよね。たとえば、自分の子どもを傷つけたくないと思ったりするじゃないですか。子どもを傷つけたくないけれど、時には傷つけないと、結果的にもっと娘を傷つけることになってしまうから。ね、だから、それは私にとって深刻なジレンマだったんです。

モラル・ジレンマは傷を必然的に伴うという点で、深刻である。ルースは、ハインツの意思決定は「苦悩の結果だと思います。つまり、自分は誰を傷つけることになるのか？　なぜその人たちのことを傷つけないといけないのか？　という苦悩です」と話す。ハインツの窃盗が道徳性を有することは、そうせざるを得なかった境遇を考えると、疑いの余地がない。ここで問題となるのは、自分が妻の身代わりとなり、妻に代わって社会による搾取の被害者になろうとする意思である。薬剤師の無責任を引き起こし、合法化しているのはこの社会であり、このジレンマの発生そのものに、この社会の不正義が現れている。

投げかけられている質問が間違っているのではないかという同様の感覚は、別の女性の回答にも示されている。この女性は「搾取は権利として認められるべきではないと思います」と語り、ハインツの行為を〔ルースと〕似た根拠で正当化している。女性たちが率直に道徳的な発言をするようになると、繰り返し語られるようになるのは、搾取と傷の問題である。こうした問題を語る際には非暴力の問題が取り上げられるが、女性たちがこの問題を取り上げるのは、まさにエリクソン（一九六九年）がガンディーの人生の真理について考え方を見直したときと同じ心理的文脈に基づいている。エリクソンはガンディーに極めて重要な手紙を送っており、その手紙が転機となってエリクソンの著書に示される判断は変容する。この手紙の中でエリクソンは、ガンディーの英国との関わり方を特徴づけた非暴力の哲学が、ガンディーの家族およびヒンドゥー教の僧院の子どもたちとガンディーが築いた関係性に深く根を下ろした心理的暴力と矛盾していることを指摘した。エリクソンは、次のように打ち明けている。この矛盾によって「私は、もう一歩でこの本を書き続けることはできないと感じるところでした。こう言うのも、あなたが真理を主張しているまさにその時にある種の不実を、言葉全体が非現実的なほどの純潔さを映し出している時に何か不純なものを、そしてなにより、あなたが非暴力を表向きに論じている時に、追い払われたはずの暴力を――かすかに感じとってしまったからです」（pp. 230-231 邦訳下巻五頁）。

サティヤーグラハの精神的真理と、自身の精神分析学的理解に基づく真理との関係性のもつれを解きほぐそうとして、エリクソンは次のようにガンディーに釘を刺す。「あなたはかつて、真理は「暴力の利用を排除する」と言いました。「なぜなら、ひとは絶対の真理を知ることはできないため、罰することもできないからだ」と」（p. 241 邦訳下巻二二頁）。サティヤーグラハと精神分析学の親和性としては、次の二つのことが挙げられる。すなわち、人生は「真理の実験場である」と捉え、それに積極的に関与していこうという姿勢の共通性。そして、「ともに普遍的な「治療法」に関わるものであり、真理（あるいは、病気の状況ではそれを癒す力）を検証するには、危害を避ける行為しか取ってはならない——あるいは、相互性を最大限に発揮させ、一方向的な威圧や脅迫によって引き起こされる暴力性を最小化する行為ならなお善い——というヒポクラテスの原理に肩入れしている」点である（p. 247 邦訳下巻三一頁）。このことから、エリクソンはガンディーに対して、真理の相対性を認識できなかったことを追及する。自分だけが真理を得ているとするガンディーの主張にある抑圧性、そして「「内なる声」によって承認されたもの以外、誰からも何も学ぼうとしない」姿勢から、ガンディーがこのような認識を持てていなかったことは明確である（p. 236 邦訳下巻一三頁）。こうした主張を通してガンディーは、愛を建前に、自分の真理を他者に押し付けた。そうすることで相手の一貫した高潔さをどれほど傷つけることになるか、についての気づきも関心もなかったのである。

モラル・ジレンマは、真理と真理の衝突によって不可避的に発生する。これはまた、あれかこれかという定式化を採用することで、暴力を伴わない結果を導く余地がなくなっているという意味で、まさに「病気の（気が滅入る）状況」である。しかし、このようなジレンマの解決策を、合理化された暴力による自己欺瞞に見出すことはできない。ガンディーは次のように語っている。「私は残酷なまでに親切な夫だった。私は自ら妻の教育者をもって任じ、そうすることによって、妻を盲目的愛情で悩ませた」（p. 233 邦訳下巻一〇頁）。この場合の解決策は、土台にある敵対関係を相互への尊重とケアに置き換えることで見出すことができる。

ガンディーは、道徳的判断の第六段階の一例として、そしてエリクソンが当初、成人の倫理的感受性の模範だと考えた人物として、コールバーグに引用されている。そのうえで、危害を加えることから目をそむけたり容認したりしないという判断に基づいて、批判される。ガンディーは、見知らぬ人を家に入れたくないという妻の思いの正当性を否定し、青年期の性欲と誘惑という別の現実に目をつぶった。そうすることで、原理としても公の場でも自らが確固として忠実性を守ってきた非暴力の倫理を、自身の日常生活においては損なってしまうのである。

しかし、真理のためになら人びとを犠牲にすることも厭わないとする盲目的な姿勢は、生から抽象化された倫理が孕む危険性としてこれまでも常に存在していた。この姿勢は、ガンディーと旧約聖書に登場するアブラハムに共通する。アブラハムは、自身の信仰の一貫した高潔さと優位性を示すために、息子の命を犠牲にしようと準備した。ガンディーとアブラハムの両者は、父親として生きることの限界を抱えている。このことは、ソロモン王の前に立ち、子どもの命を救うために真実を手放すことで、母親として生きることを確かなものにした女性とは、暗に対照的である[6]。エリクソンがガンディーの生き方を評価するに当たって批判するようになったのは、ケアを犠牲にすることで原理化された成人期の倫理である。

ガンディーに向けられたのと同じ批判は、『ヴェニスの商人』にも見てとれる。この作品では、男女を対照化することで、この批判が鮮やかに戯曲化されている。というのも、シェイクスピアは、男性俳優に女性の登場人物の衣装を着せ、その女性の登場人物には逆に男性裁判官のふりをさせることで、性的アイデンティティが並外れた複雑性を有することを示している。その意図は、正義という男性性の砦に女性特有の慈悲への懇願を取り入れることにある。契約論に基づく正義の構想に限界があることは、その構想をそのまま実現すると不合理が生じることから明らかである、と示される一方で、「しょっちゅう例外を設けること」の必要性は、指輪についての話[7]の中で対位法的に論証される。ポーシャは慈悲の心を示すように求めて、誰も傷つかない解決策を取るよう論じた。そして、指輪

(6) この女性は、『旧約聖書』の「列王記」上の第三章に登場する二人の遊女のうちの一人である。同時期に男児を産んだ二人の遊女のうち一方の赤ん坊が、ある日亡くなっていることに気づく。亡くなった男児を抱えた遊女は、もう一人の遊女が寝ていた際に誤って自分の子どもに覆い被さって死なせてしまい、自分の生きている赤ん坊と入れ替えたのだと主張する。しかし、その遊女はそのような事実を認めない。そこで、二人は審判を受けるためにソロモンの前に赴く。そこで、ソロモンが「生きている子を二つに裂き、一人に半分を、もう一人に他の半分を与えよ」と命ずると、入れ替えられたと主張する遊女は「この子をわたしのものにも、この人のものにもしないで、裂いて分けてください」と言う一方で、生きている子どもを抱えた遊女は子どもを可哀想に思い、「王様、お願いです。この子を生かしたままこの人にあげてください。この子を絶対に殺さないでください」と訴える。この二人の言葉を聞いて、ソロモンは「この子を生かしたまま、さきの女に与えよ。この子を殺してはならない。その女がこの子の母である」と審判を下したのである。

(7) ポーシャは、恋人バッサーニオがヴェニスを離れる際、指輪を贈った。その後、バッサーニオと親友アントーニオの旅を後から密かに追いかけた。道中、アントーニオが窮地に陥り、バッサーニオも救えずにいると、男性を装ったポーシャが二人を助ける。助けてくれたのがポーシャだと気づいていないバッサーニオか

も約束も守ることができなかった男性たちが〔ポーシャに〕許されると、今度は〔ポーシャの恋人バッサーニオの親友〕アントーニオが、〔自身が全財産を失うきっかけとなった高利貸しの〕シャイロックの人生を台無しにする「権利」を手放す。

妊娠中絶に関するこの調査研究の成果は、女性たちがモラル・ジレンマを責任と責任の葛藤として捉え、道徳的問題に独特の構成を当てはめていることを示唆している。この〔女性たちの〕構成は、三つの視座の順に辿られ、それぞれの視座が自分と相手の関係性についてのより複雑な理解を表象している。そして、それぞれの〔視座から視座への〕移行には、利己心と責任との間の葛藤を批判的に解釈し直す過程が含まれている。女性たちの一連の道徳的判断は生存への関心から始まり、続いて善に焦点を当てるようになり、そしてついには、ケアこそが人間関係に関する葛藤の解決策を導くのに最適であるとする自他の相互性に即した省察的理解へ行き着く。妊娠中絶に関する調査研究によって、次の三つのことが実証された。すなわち、道徳の定義域についての女性たちの構成においては責任とケアの概念が中核にあることと、女性たちの思考においては自己の構想と道徳性の構想が強く結びついていること。そして突き詰めれば、女性特有の声が発する差異を、考慮の枠から排除することなく、むしろ包摂するような、拡張された発達理論が必要であるということである。女性たちの発達を説明するためだけでなく、男女両方の成人期の道徳的構想のさまざまな特徴と先駆形態を理解するためにも、このような包摂は必須であると思われる。

らお礼がしたいと言われると、ポーシャは困らせようとしてわざと、その指輪をください、と言う。バッサーニオは悩むが、アントーニオから自分のためにも指輪をあげてくれと言われると、簡単に指輪を渡してしまう。

第四章
危機と移行

映画『野いちご』で、イーサク・ボルイの義理の娘で妊娠中のマリアンは、イーサクとともにルンド市へと向かう。[1] イーサクは、そこで医師として最高の名誉である賞を授与される予定である。マリアンは、夫のエーヴァルドから、夫である自分を選ぶか子どもを生むことを選ぶかという選択を迫られており、〈身を寄せていたイーサクの家から夫の待つルンド市の自宅に〉帰宅したら結婚に終止符を打とうと考えている。この強いられた決断を回避したいと願い、マリアンはエーヴァルドの父に助けを求めてやってきていたのだ。しかし〈いざイーサクと話すと〉、自身を突き動かした、年老いた医師がこの分断を癒してくれるだろうという発想が「なんとも愚かな考え」であったことに気づいた。〈癒すような優しさではなく〉むしろ、「古風な魅力や気さくさの仮面の裏に巧みに隠された」かたちで、息子の〈相手の意見を遮断して〉完全に封じてしまう姿勢を取り囲む「頑固な意見」の壁と同じものが、〈イーサクの周りにも〉そびえ立っていることを知った。それは、他者への配慮の欠如と、「〔自分以外の〕ひとに耳を傾ける」ことへの拒否〈という壁〉である。エーヴァルドが「自分が望むよりも一日でも長く生き続けることを強いるような責任を負うニーズ」は一欠片もないと語り、子どもを持

（1）映画『野いちご（Smultronstället）』は一九五七年に公開された、スウェーデンの監督イングマール・ベルイマンの作品。医師で大学教授も務めたイーサクが、義理の娘とともに一日かけて車で名誉医学博士号の授賞式に向かう物語。その道中でさまざまな人に出会い、思い出の場所に寄りながら、自らの老いと亡き妻との関係性を見つめる。

ちたくないという自身の望みを完全なまでに明確に表明したのと全く同様に、父親の方はマリアンの夫婦間の問題に全く関わりたくないことを明らかにした。イーサクは「そんなことはどうでもよい」し、〔医師として身体的な痛みは治療するが〕「魂の苦しみには何の敬意も持っていない」と語ったのである。それでも、車の中でボルイ〔＝イーサク〕は自分とエーヴァルドが「とてもよく似ているんだ。自分の原理原則を持っているからね。（中略）エーヴァルドが私のことを理解し、尊敬してくれていることはわかっている」という意見を述べた際に、マリアンが「それは真実かもしれませんが、彼はあなたのことを大嫌いでもあるんですよ」と返すと、驚愕する。

年老いた男性が示す、自身の原理原則に則った撤退と、若い女性が示す、つながりを維持しようとする努力との対位をもって、この映画の物語は動き始める。[2] ボルイの「邪悪で恐ろしい夢」と、マリアンの「どのような形にしろ、あなたに頼らなければならないなら悲惨」であるという気づきとが相俟って、イーサクの老齢による絶望を、失敗へと向かう家族関係へと結びつける。エリクソン（一九七六年）は、ライフサイクルを説明する際にベルイマンのこの映画をテキストとして用いて、変化へと向かわせる危機を引き起こす触媒であるマリアンの言葉を引用している。エリクソンはマリアンを〔シェイクスピアの『リア王』に登場する〕コーディーリア[3]と比較する。二人はともに、関係性についての不快ながらも解放をもたらすような真実を暴くことで、年老いた男性を自身の不安感の源に対峙させ、その老人の絶望を浮き彫りにしているからである。エリクソンはまた、真実に対峙することでボルイの一連の思い出や夢が引き出され、それらを通してボルイが自身のさまざまなライフステージで辿ってきた歩みを回顧する様子を描写している。その過程でボルイは〔「孤立」ではなく、従妹のサーラとの〕親密さにたどり着きながらも、〔愛という力の獲得には〕挫折する決定的時点についても振り返る。[4] ボルイは、ある試験を受けさせられる夢をみる。そこでボルイは、「医師の第一の義務

（2）車中でマリアンは、自身が夫のエーヴァルドと喧嘩をしてイーサクの家を訪ねた際、イーサクに「夫婦の問題に巻き込まないでくれ」「二人で勝手に話し合え」「私に同情など求めないでくれ」と言われたことを振り返り、イーサクは「エゴイスト」だと批判する。だが一方で、イーサクがマリアンに「私を嫌っているのは知っている」と言うと「夫の父親ですもの」とはぐらかし、「君は立派な女性だ。嫌われて残念だよ」と言うと「嫌っていない。哀れなだけ」と訂正する。イーサクが関係性から撤退しようとするのに対して、マリアンは義父のイーサクとも夫のエーヴァルドとも関係性を維持しようとしている。

（3）コーディーリアは、リア王の三女。老いたリア王は退位する際、孝心の厚さに応じる形で領土を三人の娘に分配することを決意した。二人の姉は父を喜ばせる言葉を並べたが、末娘のコーディーリアはお世辞を言わずに率直に話したため、リア王は激怒し、コーディーリアを勘当する。この時のコーディーリアの言葉を機に、リア王の流浪の悲劇が始まり、そこに危機からの移行を読み取ることができる。

（4）イーサクは従妹のサーラと交際していたが、サーラはイーサクの弟シーグフリドと恋に落ちてしまう。イーサクは「あんまり立派すぎて、私はみじめになる。自分がつまらなく思える」と語るサーラは、「乱暴なシーグフリドにひかれそうな自分が怖い」と言いながらも惹かれていき、最終的にシーグフリドと結婚して六人の子どもたちを生み育てる。年老いたイーサクと義娘マリアンは、道中でこの従妹と同じサーラという名前の若い女性に出会う。この女性も、二人の男性から愛されている。

は赦しを乞うことである」〔という、夢の中に登場する医師の原則〕を忘れ、そこにいる女性が死んでいるのか生きているのかも判別できない。試験官は、ボルイが「有罪の罪」に当たると宣告する。[5]処罰は、「無論、孤独です」という。こうして、現在を過去に結びつけながら、ボルイは自分自身の敗北（「私は生きながらにして、死んでいる」）を認めるようになる。だが〔それだけでなく〕、そうすることを通して、彼は未来を切り拓き、マリアンの方へと手を差し伸べようとする。

マリアンの役割を、「死そのものよりも恐ろしい」冷ややかな孤独を何世代にも渡って展開してきた反復のサイクルを断ち切ったものとしてエリクソンは定義づけようとする。その際、「何物にも覆われない、鋭い目を持つ、物静かで自立した女子」のうちに「〔自身の行動を〕決定づける、ケアしようとする決意」を見出す。しかし、エリクソンが成人期の強みだと考えるケアという力（virtue of care）の発達を分析するに当たっては、繰り返し男性たちの人生に目を向け続ける。マリアンの物語は、ライフサイクル論においても映画と同じく、語られずじまいなのである。マリアンがどのようにして自身のものの見方や知見を身につけたのかは全く明らかにされていない。

妊娠中絶の意思決定に関する研究で、女性たちはマリアンが直面したものに似たジレンマを語っている。そのため、この女性たちの説明を分析することで、責任と関係性の理解に含まれる順序性が明らかになる。中絶の選択についての異なる視座を比較することで浮かび上がったこの順序性は、女性たちの思考の中で顕著に表された視座と視座との衝突について考察しながら、論理的に組み立てたものである。しかし、比較分析によって区別化が可能となり、論理的思考によって進行度合いを図式化することが可能となるにしても、発達は時間に沿ってしか辿り得ない。したがって、女性の人生を長期に渡って直接的に見ていくことで初めて、理論によって予測されるような変化が実際に起こる現実と合致するかどうかを、予備的な形で、確認することができるのである。私は、妊娠中絶についての意思決定をしたばかりのときに行ったインタビューと、その翌年末に行ったインタビュー調査〔の回答〕を比較し、危機に焦点を絞って見ることで、発達的移行の過程を明らかにし、変化のパターンを描き出した。この研究の基盤には、葛藤は成長の前兆であると捉えるピアジェ（一九六八年）の研究や、エリクソン（一九六四年）がある。エリクソンは危機を通した成長のあり方を図式化し、傷つけられやすさ（ヴァルネラビリティ）の高まりが成長の「良くも悪くも、転回点」となってしまうような危うい機会を生み出しつつ、潜在的な強さを発揮する合図となることを示した（p. 139 邦訳一三八頁）。

追跡調査は二三名の女性に依頼し、うち二一名が協力に同意してくれた。このインタビュー調査も、〔妊娠中絶の〕選択の頃に行ったものと似た形式で実施された。中絶に関する意思決定の話をする際には〔被験者は〕過去を振り返りながら話すかたちとなったが、尋ねられる質問は本質的に前回と同じで、〔中絶の〕選択について、そして女性たちが持つ人生観と自分自身についての見方を聞いた。

（5）イーサクはこの夢の中で、試験の結果、医師として「不適格」であると判定される。また、「有罪の罪」の他に、「冷淡で自己中心的、無慈悲」といった「重罪」もあると告げられたうえ、訴えを起こしたのはイーサクの亡くなった妻であることを伝えられる。

この一年間に起きた変化とその方向性を測定するに当たっては、人生の成果尺度を構築した。この尺度と、関係性、仕事、そして自身の人生に関してどのように感じているかについての女性たちの説明をもとに分析すると、八名の女性の人生は改善され、九名が現状を維持しており、四名の人生がより厳しい方向に転じていた（Belenky, 1978; Gilligan and Belenky, 1980）。

分析対象となった女性たちは、妊娠が危機を引き起こし、結果として敗北に直面することになった人びとである。敗北の悲しみと、変化の過程で経験した喪失は、危機自体の重要性に光を当て、人間関係の厳しさを露わにする。妊娠は、責任という点において最大規模のつながりの表れである。そのため妊娠中絶は、どう振舞っても自他に重大な帰結を及ぼさざるを得ない状況というジレンマを突きつける。妊娠中絶のジレンマは、相互依存という現実と、選択の取り返しのつかなさに光を当て、関係性についての事実から発生する責任とケアの問題を浮き彫りにする。フロイト（一九三三年）は、危機の発露を通した成長について探る中で、ストレス下の精神を結晶体に例える。すなわち、地面に投げられた結晶体が割れるとき、「無秩序なかたちで粉々になるわけではなく、亀裂に沿って割れる。目には見えないながらも存在している、その結晶体の構造によって定められた割れ目の線に沿って、破片になる」という（p. 59 邦訳七六―七七頁）。ここで、この比喩をストレス下に置かれた関係性についての考察に当てはめてみることで、関係性の亀裂というものがその結び目が作る線を顕在化させる様子に注目してほしい。つまり関係性の亀裂は、道徳性と自己の概念においてつながりが有する、精神の構造化を露出するのだ。

女性たちの人生に関する長期的な研究は、移行における危機の役割を描写し、敗北を認めることが持つ成長と絶望の可能性に光を当てる。ベティとサラに行った調査からは、ケアの倫理が発達する過程における移行が明らかとなる。これらの二人の女性たちの人生において、生存から善へ、そして善から真実へと関心が移り変わる様子は時とともに詳細に語られるようになる。二人の調査はともに、危機が反復のサイクルを破る力を潜在的に有することを示し、危機自体が過去に達成できなかった成長を取り戻す合図になり得ることを示唆している。移行についてのこれらの描写の後には、絶望の叙述が続く。すなわち、「そもそもなぜ気（ケア）にする必要があるのか?」という問いへの答えを見つけられなかった女性たちが抱く道徳的ニヒリズムの語りである。

六ヶ月の間に中絶のためのクリニックを二度訪れたベティは、二度目の来院当時、一六歳だった。〔ベティが妊娠と中絶を〕繰り返していることを心配したカウンセラーは、来院したその日に中絶を行うことを拒み、この調査にベティを推薦した。調査がベティにとって、自身の意思決定を省察し、自分が何をしているのかを考える機会になることを期待したのである。ベティは養子として育てられた青年期の若者で、複数回の妊娠中絶、治安紊乱（びんらん）行為、感化院への入所歴などがあった。こうしたベティの物語は、極限状況で暮らす生活をまざまざと映し出すものであるが、〔それと同時に〕見るからに幸薄い生活にもそれを変化させる可能性があることに光を当てる。また、「利己性」から責任への移行を特徴づける、関心事が生存から善へと移る様子も描写している。

一回目のインタビュー調査の冒頭でベティは、二度目の妊娠が、一度目と同様に、自分のせいではなかったと語る。自ら避妊具を入手することができないほど、ベティは自分がどうしようもなく、無力だと感じていた。というのも、お金を全く持っておらず、〔購入するには〕両親の許可を得る必要があると信じていたからである。ベティはまた、自分には彼氏からの継続的なハラスメントに抗う力がないと感じていた。結局ベティは、自分に任せれば大丈夫だ、妊娠はさせない、という彼氏の言葉に屈した。その背景には、もし断れば、彼氏は自分と別れるだろうという考えがあった。ベティは彼氏にも自身の母親にも避妊具がほしいと伝えたが、叶わなかった。そのため、自分が妊娠したのは誰も手を差し伸べようとしてくれなかったからだと説明する。今となっては避妊具を使用しておけばよかったと思うものの、自分がそうしなかった責任を他者に転嫁しているため、ベティは〔二度目の〕妊娠を知った際、どうすればよいのかわからなかったと語る。

自分のことを殺してやりたかった……だって、事実に向き合うことが、本当に無理だったんです。中絶したいということは、はっきりしていました。この子を産めないということも、わかっていました。でも、もう一度あれを経験しなければならないという事実に、向き合うことが本当にできなかったんです。

ここでベティが語っているのは、前回〔の妊娠中絶の際に〕経験した身体的な痛みのことである。
ベティが彼氏と別れるのに後ろ向きだったことの背景には、その彼氏が、ベティがそれまで付き合った誰よりも自分を特別に扱ってくれたという事実がある。「なんでも私のためにしてくれたんです。【例えばどのようなこと？】電話してくれたり、迎えに来てくれたり、私が行きたいところならどこへでも連れて行ってくれたり、タバコを買ってくれたり、私がほしいと言えばビールを買ってくれたり」。彼氏と寝れば、自分のニーズを満たし続けてくれるだろうという期待があったため、そうではないことを知った時、ベティは激しく落胆した。「彼と寝たら、ただただ彼が望むことを私がするように求め始めたんです。彼女（ガールフレンド）というより妻のような感じで、嫌でした」。この関係性を取引の一種だと述べながら、ベティは彼氏が「本当に一方的」で、自分のニーズを満たすことだけを求めて「私はもっと自由がほしかったという事実」を蔑ろにしていたと結論づける。妊娠中絶をしたいという自身の望みを妨害したカウンセラーに対しても怒りつつ、そうは言ってもカウンセラーは「クリニックを出る時に、私の心が安定しているようにしてくれたんだと思います。それはよいことだと思います。少なくとも、あそこの人たちはケアしてくれますから」と語る。

こうして〔カウンセラーに〕ケアを示された経験が部分的に影響したのか、ベティはどのように自分自身の世話をしてきたのかを省察し始める。妊娠は自分のせいだったのかもしれないと話し、自身〔の声〕に耳を傾けなかったことに起因すると考えるようになる。ベティが他者に耳を傾けてきたのは、「何か得るものがあると思っていたから。あるいは、そうすれば状況がよくなって、私に面倒なことをしてこなくなると思ったから」だと話す。しかし、自らの経験を通してこれらの理由が偽りであることがわかったため、ベティはかつて自身の行動や思考を方向づけていたさまざまな前提を省察するようになる。妊娠中絶について考える際に身体的な傷みのみを考慮していたこと、「不道徳な評判」が広まるのを避けたくて妊娠を隠したいと願っていたことや、他者のために何かをするよりも自身の自由の維持に関心を持っていたことは、いずれもベティが自身のニーズと自身の苦労で手一杯だったことを示している。なぜ手一杯だったかといえば、搾取と危険に溢れているように見える世界の中で、自分自身の生存を守らなければならなかったからである。それはすなわち、誰からもケアされない、ひとりぼっちな存在としてベティが生きていた世界である。現実社会のこのような構成は、ハインツが薬を盗むことを正当化するベティの説明の中に鮮やかに描き出される。

薬剤師はハインツをぼったくろうとしているし、相手の妻は死にそうなんだから薬剤師の方がぼったくられて当然ですよ。**【それが、なすべき正しいことですか?】** たぶんね。私が思うに、生存というのは人生の中でひとが勝ち取ろうと戦う最初のものの一つです。もっとも大事なものので、盗み〔をしないこと〕よりも大事なものだと思います。盗みは正しくないかもしれないけど、自分自身が生き延びるために盗まなければならないなら、あるいはそのために人を殺さなければならないとしても、そうするべきです。**【なぜですか?】** 自分を護ることは、思うに、もっとも大事なことだからです。人生で何よりも優先されるものです。セックスが一番大事だと思う人もたくさんいると言うけれど、私は自分を護ることが人にとっていちばんだと思います。

ベティが人間関係について説明する際に浮かび上がる、生存への圧倒的な関心の強さは、養子としての経験を反映している。養子であるがゆえに、ベティは自身の生存が特に脅かされているように感じてきたのだ。ベティが自身の脆い生存について抱いている感情は、妊娠中絶に関する意思決定について考える際に、焦点を自分自身のニーズから子どものニーズへと移すのにしたがって明らかになる。この変化は、次のようにベティが語る際に道徳的言語が現れる様子に示されている。「私のような状況なら、妊娠中絶はなすべき正しいことです。つまり、まだ学校に通っていたり、私みたいに復学しなければならない場合は」。復学することで両親への義務を果たさなければならないという考えとは何かしら異なる形で自身のニーズを配慮できるようになると、ベティの道徳的関心は自分自身から子どもへと拡がる。「私が子どもを産んだら、不公正になります。私よりも、子どもにとってもっと不公正だと思います」。

一度目の妊娠は、ベティがヒッチハイクをしていた際にレイプされたことで起きた。その頃のベティは「赤ん坊の存在を考えるだけで耐えられなかった」が、今回は「赤ん坊のことをたくさん考えた」という。ベティの語る公正性の概念は、ベティ自身の問題意識が持つ道徳的な性質を表している。こうした性質は、赤ん坊と自身とのつながりをベティが自覚したことで生じる。

赤ん坊のことを考えると不思議な感じがするんです。私は養子だからね。だから、考えちゃうんですよ。母親は私を望んでいなかったんだな、とか、そうでなければ私のことを養子に出すことなんてなかっただろうな、とか。でも、私も中絶されていたかもしれない、あるいは中絶されようとしていたかもしれないといったことを考えてしまって、そうすると不思議な気持ちになるんです。

赤ん坊に対する自身の感情を、自分自身がある意味で望まれない子どもだったことに関する感情と結びつけることで、ベティは現在を過去につなげる。そうする中で、ベティは生みの母親が自分に対して抱いていた感情に想いを馳せるようになる。そして、もしかしたら母親は「本当に相手の男性のことを愛していたけれども、私のことを世話することができなかった」のであって、自分は望まれてはいたのかもしれないという希望を抱く。

しかし、世代を超えて視座を移していく中で、ベティは未来についても考え、自分は子どもの世話ができる母親になる度量がある人間だと思い描くようになる。公正性について考えることを通してベティは、かつての自分がほしかったものを自分の子どもに与えたいという望みを言葉にし始める。「母親の私と一緒にいられないとわかっているのに、子どもに命を授けることは、公正ではないと思います」という。赤ん坊のことを考えるうちに、ベティは自分自身についても新たな形で考えられるようになる。というのも、妊娠というつながりの中で、赤ん坊をケアすることは自分自身を世話することだと気づいたのである。

いろんな意味で、この妊娠に救われました。麻薬もやめたし、お酒も飲まなくなったし。三年間ずっと続けちゃっていたのに。でもこうしてやめられたから、自分にもやめられるんだとわかったんです。だから、このまま完全にやめようと思っています。**【妊娠がどのような形でそうした変化を起こしてくれたのですか?】**だって、最初の妊娠の時はどうすればよいのかわからなかったから、〔でも今回また〕妊娠しているってわかったら「今回は自分のせい。赤ちゃんを産まなきゃ」って思えて。でもそこで、お酒も麻薬もやめられたんですよ。赤ちゃんを傷つけたくないから。それで、そのあと二、三週間くらいして、またお酒や麻薬のことを考えちゃったんですけど、「だめ。やっちゃだめ。学校に戻らないといけないんだから」って自分に言ったんです。

赤ん坊を傷つけたくないという望みをもとに自身の世話を始めたのと全く同様に、ベティは復学しなければならないという意識を抱き始める。それは「子どもを育てるのに、まともに教育も受けていなくて何のスキルもないのを想像」したことをもとにしていた。自分には何かしらの支援がないと子どもの世話をすることができないと自覚し、また、妊娠が判明する前に摂取してしまった麻薬によってすでに赤ん坊が傷ついている可能性を想定したうえでベティは、子どもをケアできるようになるにはまず自分自身を世話する必要があると気づく。「私は、自分のことをもっとちゃんと世話していかないといけないのでしょうね。遅かれ早かれ、自分の世話をすると心を決めないといけない。自分を持つってことですよね。他のみんなに何をするか指示されてばかりいるんじゃなく」。

一年後の追跡調査では自己中心的な関心事が消え去り、〔一度目のインタビュー調査で〕ベティが自身と子どもの話をする際に現れていた関係性とケアの言語が、ベティの人生を説明する際にも使われるようになっていた。生存から善へと関心事が移ったことは、ベティの思考が利己性から責任へと移行したことを示している。また、こうした関心事の変化は、二つのインタビュー調査を挟む一年に起きたベティの人生における変化と並行して起きている。

妊娠中絶した後の時期を思い出しながら、ベティはうつ病を患った時期のことを説明する。子犬を手放し、一日中家でテレビを見て過ごし、母親と喧嘩をして、太った話をしながら、当時の悲しさと喪失の感情について語る。「自分史上最大の体重になってしまって、ものすごく抑うつ状態でした。冬の間中、ずっと家にいました。一歩も家の外に出ないでいて、自分のことを恥ずかしいと思っていました」。しかし、六月になると変化が生じたという。

もういい加減痩せなきゃって自分に言ったんです。もう何年もデブだったから、私にとってはすごく大きな変化でした。そして痩せて初めて、素敵な服を着たときの気持ちを知りました。本当に無敵な気持ちになれたんです。たくさんの人、たくさんの男の人たちが私とデートしたがったんですから。私が初めて水着を着れたのが、その夏です。

このような劇的な変化は、もし妊娠を継続していたなら赤ん坊が生まれていたはずの時期に起こり始めた。他の女性たちの人生を見ても、この日〔＝出産予定日だった日付〕は顕著に重要であることが示されている。すなわち、危機の終焉と、良くも悪くも転機が見られる時期なのである。妊娠中絶に関する意思決定は、責任に関する新たな前提と、真実への対峙を引き出し、発達上の前進を始動させる場合がある。そうした様子が現れた女性たちにとってその日付は、うつ状態が終わる時期と重なる傾向にある。〔出産予定日までの〕妊娠〔しているはずだった〕期間は自然とまるで服喪期間のようになり、喪が明けると女性の人生が相当に改善されるような活動が始まる。〔逆に、妊娠中絶の〕選択が、語る本人にとって撤退を表すものであった場合には、〔出産予定日だった〕この頃に物事は崩れ始めてしまう。

ベティの場合は、〔この時期に〕改善が見られた。家でも学校やコミュニティでも、長年問題を抱え続けてきたが、二度目のインタビュー調査を行った時にはオルタナティブ・スクール[6]に通い、学業

（6）オルタナティブ・スクールは、一般的な教育方法やカリキュラム、教育理念とは異なる教育を提供する学校の総称。子ども中心主義などの進歩主義的な教育を行う学校、何かしらの分野で特に秀でた才能を持つ、いわゆる「ギフテッド」の子どもたちへの教育に特化した学校、障がいを持つ子どもたちの教育に特化した学校、高校をドロップアウトした若者を対象とした学校や、未成年ながらにしてホームレスや親となるなど

に邁進し、学校コミュニティにおける活動にも積極的に参加していた。〔新しい〕彼氏（ボーイフレンド）とも安定した関係性を築いていた。この関係性において、これまでの強制的で搾取的な取引は双方向のケアと愛情に取って代わられており、以前のベティが語ったいくつかの関係性とは全く異なるものとなっていた。また、学校からの後押しもあって、ベティは翌秋にコミュニティ・カレッジに進学しようとしていた。(7)

ベティの道徳的理解がいかに変化したかは、ハインツのジレンマに関する回答に明確に表れている。〔二度目のインタビュー調査では〕「ハインツの妻は死にそうで、死ぬ間近で、ハインツは妻のことを愛しているんだから」薬を盗むべきだと発言するようになる。ベティ自身は、選択自体が同じであるという意味で「前と同じ答えですけど」と語るが、その選択を正当化する構造が根本的に変化している。以前は生存の優位性を指摘したが、この時は関係性の重要さを強調している。権原について語っていた箇所は、罪責についての語りに変わっている。ハインツが盗むべきだとする理由として、ベティは次のように話す。「妻を愛しているんだから。もし死んでしまったら、ハインツは自分にできることがあったのに、しなかったという思いを抱えることになります」と話す。こうして、誰もが略奪される搾取的な世界において自己を護ることとしてかつてのベティが語った安寧は、ここにきて他者との関係性を頼りにするようになる。すなわち、愛とケアの表現に頼るのである。

ベティの道徳的判断の変容は、自分自身をどう見るのかに関する変化と連動している。最初のインタビュー調査では、自分は「仲良くしづらい感じ」で、頑固かつ衝動的だが、「言いくるめられがち」だと述べていた。それに対して、二度目の調査では、「私は困難を乗り越えようとすることが好きな人間です。学ぶのが好き。興味を引くものが好き。人と話すのも好き。かなり繊細です」と話す。自分についての見方に何かしらの変化があったかと尋ねられると、次のように答える。「確実にあります。今は、自分のことを本当にケアしています。前は全然ケアしていなかったのに。前はすべてのものに嫌気が差していました。今は、もっとよい姿勢でいられるようになってきていて、前は絶対に変えられないと思っていたことも、色々と変えていけるような気がしています」。無力で、搾取されていて、孤独で、危険に晒されているという感覚をかつてほど抱かなくなったベティは、以前よりも統制力を持てるようになったと感じている。一年で「劇的に変わった」ことで、「人生、やっていける」と思えるようになったのである。

誰もが略奪される世界が道徳性の世界に取って代わられたのとまったく同様に、嘆かわしいほど「一方向的」だった関係性は相互性の世界へと引き継がれた。ベティにとって、妊娠していた期間は辛いものとして記憶され続けているが、次のようにも考えている。「苦労を経験してよかったかもし

して著しく困難な状況に置かれた子どもたちのための教育を行う学校などがある。

（7）コミュニティ・カレッジとは、アメリカにおいて地域ごとに設置されている二年制大学。準学士号を取得することができる。高校を卒業しているか、GED（高校中退者が受験する一般教育修了検定）に合格していれば、原則として志願者全員の入学が認められる。職業訓練に主眼を置いたカリキュラムを有することが特徴で、移民を対象とした英語教育プログラムや、四年制大学への編入を支援するプログラムもある。

れません。だからこそ、学んだことが定着しますからね。本当に学ぶんですよ。忘れられなくなりますから。いつまでも自分の中に残るんです」。

こうして、ベティの人生において二度目の妊娠は過去に抱えていた葛藤を浮き彫りにし、現在抱えている矛盾を露わにした。妊娠中絶に関する相談に乗ったカウンセラーは、ベティのことをケアしていたがゆえに、妊娠中絶を繰り返すパターンを〔ベティが〕築きつつあるのを阻止し、思考と省察の機会を提供した。このカウンセラーによる介入によって臨床的危機が引き起こされ、続いて発達的移行が生じた。一度目と二度目のインタビュー調査の間の一年はほぼ成長の過程に充てられたが、その過程は、服喪と混乱と絶望の期間として特徴づけられる。

年末になり、二度目のインタビュー調査を実施したとき、ベティは過去の出来事への新しい理解と、未来への新しい展望について詳しく語った。そこでは、現在起きている青年期の発達の問題に向き合い、自分は責任感のある人間だと明確に捉えるかたちで過去の葛藤を見つめ直した。その葛藤とは、家族や彼氏との関係性、そして学校コミュニティにおける関係性をめぐるものである。二度目の妊娠は過去を再現するもので、逸脱を繰り返す現象を物語っている一方で、未来を展望するものでもある。というのも、ベティの発達において重大である、責任とケアの問題に本人を対峙させたからである。

ロバート・コールズ（一九六四年）は、さらなる発達の障害となっている物事に対峙する機会を提示するとき、危機は成長を引き起こし得ると分析した。この点を詳しく説明するにあたって、コールズはジョン・ワシントンという人物を例に挙げる。[8] ジョンは貧困家庭で暮らす黒人の青年で、両親には「深刻な精神疾患」の症状がみられた。それでもなお、ジョンはアトランタ市の学校における人種隔離政策の廃止運動に自ら参加し、並外れたストレス下において、成長の歩みを始めた。何があなたを突き動かすのか、とコールズが尋ねると、ジョンは次のように答えた。「あの学校が、僕を一つにつなぎとめてくれたんです。自分がこんなに強くなれるとは思っていなかったほど強くなれました。だからこそ、ここで起きたことを一生忘れることはできないと思います。たぶん、残りの人生、もとの自分には戻れないままだと思います」(p. 122)。

(8) コールズは、児童精神医学を専門とする医師。アメリカ南部のルイジアナ州ニューオーリンズ市に引っ越したのと同じ一九六〇年に、当時六歳だったアフリカ系アメリカ人の少女ルビー・ブリッジスが、白人と有色人種がともに通えるようになった公立小学校に通学する様子を目撃する。ブリッジスが人種による学校の分離の廃止に反対する白人たちの激しい抗議活動に晒されながらも、警官に守られ、堂々と登校する姿は、ノーマン・ロックウェルの絵画 The Problem We All Live With(私たち全員に関わる問題)にも描かれている。コールズはこうした状況下で学校に通うニューオーリンズ市の子どもたちへの調査研究を行い、ピューリツァー賞などを授与されている。
　また、コールズはハーバード大学医学大学院にてエリクソンの同僚として働き、エリクソンが編者を務めた『青年の挑戦』(北望社、一九七一年)に寄せた論稿「ヘビとハト——非暴力運動に携わる南部の青年たち」においてもジョンの言動を記述している。

コールズの分析の中心には、発達はストレスに遭遇した際に起きるという考え、あるいは葛藤は成長の機会となるという考えがある。〔ジョンとは〕異なるストレス下の状況に身を置いたベティは、現在を過去と比較しながら次のように語り、似たような指摘を提示している。

私は今、自分の人生が向かっていこうとしている方向にとても満足しています。去年に比べてものすごく変わったし、ずっとよくなりました。私がしていることを、ずっとよく思えるようになりました。朝起きて、学校に行っているんです。前は一年間半、何もしないでずっと座っていたんですよ。〔その頃は〕人生、どこにも向かっていませんでした。自分が何をしているのかわからなかったのに、今はある種、進むべき方向性が見えていた気がしているんです。自分が何に興味があるのか、わかるから。

危機の終焉を後にして、ベティは人生にしっかりと錨を下ろすことができている。進むべき方向性を持っている人間、自他をケアする責任を負える人間として、自分を見つめているのである。

一七歳のジョージーは、その思考〔の変化〕が利己性から責任への移行をはっきりと描き出していた被験者である。このジョージーもまた、妊娠中絶を選択した後の人生における〔ベティと〕似た変化を報告している。二度目のインタビュー調査までの間に「変化はものすごくありました」と話す。「だって、私はたくさん麻薬やら何やらやっていたし、両親ともぶつかっていたし、裁判とかにもなっていましたから。なんていうか、通り抜けるしかない辛い時期みたいな感じで。振り返ってみても、どうやって乗り越えられたのかわかりません。ただ大人になって卒業したみたいで。いまでも時々問題は起きるけど、昔ほどではないし、もう麻薬もやっていません」という。ジョージーも復学しており、教師とともに青年期についての本を書いている。しかし、過去の妊娠中絶の意思決定に関するジョージーの説明は、二つ目の視座に到達した際に起こる問題の発生を予言している。一度目のインタビュー調査でジョージーは、妊娠中絶の意思決定は自分の権利だと主張し、「身勝手」ではなく「責任のある」選択であると説明した。「現実的な決断をして、自分自身の世話ができるよう成熟する」ための一歩だと捉えていたのである。〔しかし〕二度目の調査では、ジョージーは〔中絶は〕「そうするべきだというプレッシャーに押されてやった」ことだと話し、「他に選択肢がなかった」と述べた。ベティと同様にジョージーもまた、妊娠中絶の後にしばらくうつ病を患ったことを報告している。また、人生が劇的に改善されるまでは、中絶は責任ある意思決定であるとする自身の考えと、中絶は利己的な選択であるという慣習的な解釈との間で板挟みになっていたという。

ジョージーは妊娠中絶には反対だと語りながらも、そのような発言は「偽善的」だといってその発言自体を批判する。また、「助けてくれる人もお金もないような状況で妊娠したことがないのに、中絶は殺人だと言う」人びとのことも批判する。もし妊娠していた子どもを産んでいたとしたら「そのあと六年間は福祉手当を受けることになって、子どもには父親もいないという有り様だったわけ」と説明し、「それが筋の通った理由なのかわからないけど」とつけ加える。似たように、ジョージーは誰がその意思決定を行なったのかについてもわからずにいる。「一年前は、自分自身の決断だとかなんとか言っていたかもしれないし、ある意味では私自身の決断だったと思いますけど、でもよくわからない」という。今では自分は善良で責任感のある人間だと思っているジョージーは、利己的で悪い人間にはなりたくないと考えている。二度目のインタビュー調査で「中絶のことを考えても、何を考えたらよいのかわからないんですよね。それが一体何なのかも」と語ったベティと同じように、ジョージーもまた、妊娠中絶したことが利己的な選択だったのか責任ある選択だったのか、わからなくなっている。移行を洞察する視点が、後者の立場が提示する〔責任ある選択だったのか、あるいはそうではなかったのかという〕二項対立に囚われてしまうことで、ジョージーは妊娠中絶が「道徳的に不正」なのか「筋の通った」ものなのか決められなくなっている。

二五歳のサラは、一回目のインタビュー調査の頃には生き生きとしていて魅力的な女性だった。知的でユーモアに溢れているが、自分の挫折の経験を語る段になると悲しそうにした。同じ男性との間で再度妊娠してしまい、二度目の妊娠中絶を前にする中で、サラはその関係性にもう希望がないことに気づく。初めての妊娠は、その男性と別れた直後に発覚したので、その中絶については、「あの人を、私の人生から追い出すようなもので、爽快な経験だったって言ってもいいくらい」だと語った。しかし今回は、「ここにいるのは赤ん坊なんだという現実に、ただただ頭の中が真っ白になってしまった」という。そして、中絶しなければ別れると恋人の男性が宣言したことにより、サラは危機に直面することになる。

情動的にも経済的にも、援助のあてがない以上、一人で子どもを育てることはできないと考えたサラは、自身が置かれた現実に対峙し、人生を省察し始める。自分のことを責任感のある善良な人間だと思う一方で、そんな自分が二度目の中絶という「無責任」で「身勝手」としか思えない行動をとろうとしていることの矛盾に悩んでいる。しかし〔それだけでなく〕、子どもを持つことで自分の過ちを償うという「責任ある行為」に見えることも、突如として、「自分の罪責を軽くするために」子どもをこの世に送り出しているという意味で「身勝手」なのではないか、と思えてくる。こうして、サラの思考は複雑化していく。これらの明らかな矛盾を前に、善い、あるいは自己犠牲的な解決策を見つけることができない。どっちみち自分の行為は、他人のためだけでなく、自分のためになっているように思えるからである。

しかし、恋人が子どもを排除しようとしたことで選択を迫られたサラは、ここにきて他ならぬ自分が自分を排除しようとしていることに気づく。自身の自己犠牲のもとにようやく成り立ってきた関係性では、子どもを生かすことはできないことを悟り、サラは自分の置かれた状況を新たな視点から捉え直すようになる。すなわち、妊娠を挫折としてだけでなく、真実に対峙する機会でもあると捉え始めたのである。

ストレス下の状況にあったからこそ、「子どもの父親」との関係性の中でずっと耐えてきたもろもろのことが明るみに出たのだと思います。そうでなければ、きっといつまでも身をすり減らして付き合っていたはずです。でもいまは、すごいんですよ。パノラマのように視野がぐんと広くなって、誤魔化せないんです。すごく幸先がよいとでもいうべきか。申し訳ないですけど。

妊娠を機に関係性の行き詰まりが露わになったため、サラにとって妊娠とは、幸先のよい、変化の前兆であった。その一方で、生存能力を備えた子どもの存在を突きつけられたため、妊娠は後悔を生むきっかけともなる。サラにとって、赤ん坊の生命を断つことへの責任を負うことは、自分への責任を負うことをも意味する。そのため、道徳的関心事の範疇に自分自身を含め、関係性の真実を直視し始める。そうする中でサラは、自分は状況によってつくり出された善良な被害者だという〈かつての〉見方を疑うようになる。すなわち、自分は他者の無責任な行動の帰結によって苦しめられながらも責任のある行為をとってきた、という見方を揺るがすのである。こうした見方を覆したのは、自分は思っていたより大きな力を有しており、実は「何が自分の身に起きているか、はっきりわかっていた」という自覚の芽生えである。

サラにしてみれば、期待外れの関係性〈の構築〉を繰り返すような〈行動〉パターンを続けるには限界があると認めることは、過去の残滓に向き合うことだけでなく、現在の判断の問題に対峙することをも意味する。過去の残滓とはすなわち、両親の離婚と、限りなく自己犠牲を払い、それゆえに〈自己犠牲を払えないサラに〉罪責感を植え付ける母親のイメージを指す。判断の問題とは、誰の基準に則って自身の人生を方向づけ、〈良し悪しを〉測ればよいのか、という問題に他ならない。「いつも折れて他人の基準に合わせてばかりいるのに疲れてしまった」と語るサラは、クエーカー派に加わり、その伝統に頼るようになる。「誰もあなたにあれこれ押し付けることはできない。あなたの第一の義務は、何が正しいかを語ってくれる自分自身の内なる声に従うことである」と断言していたからである。とはいえ、道徳性と真実を決定するものを外部の〔他者の〕声から内なる〔自分の〕声に置き換えることで、サラは他者の強制から自由になったものの、判断と選択の責任を一手に担う事になる。

その究極的な選択として、妊娠中絶が選ばれた。すなわち、「命を奪う責任を負うことなどできるのか」と疑いながらも、「自分の罪責を軽くするために」子どもをこの世に送り出してよいのか？と問うた末の選択だからである。サラにとっての転機は、自他を傷つけずに行為することなど、この状況では不可能だと自覚したことで訪れる。つまり、「正しい」選択などないという自覚だといえる。葛藤を残さない解決策も一切の排除を含まない行為の仕方も存在しないと悟ったサラは、自身の以前の思考様式には限界があり、それゆえにこのジレンマに囚われてしまっていたことを知る。こうして利己性と責任との対位を見直すようになると、この対位法で考えていたのでは子どもとサラ自身とのつながりの真実を表象しきれないことに気づく。そして、誰を排除すべきかを決めるための公式などないのだと結論づけ、自分自身を含めて考える必要性を見出した。だからこそ、もし状況が違えば異なる選択をする可能性もあるだろうが、現状では、妊娠中絶を選ぶ方がましだと意を決したのである。

こうした危機の最中にあっても、サラは自分と自分自身の人生の新たな未来を思い描くことができている。だが、その将来像を実現するまでには、多くの困難を経ねばならなかった。結婚して子どもを持つことを望んでいたサラは、今回の妊娠に愛着を抱いていた。そのため、その結末は結果として大きな喪失感をもたらした。〔最初のインタビュー調査から〕六カ月が経った頃に、サラから電話を受けた。これから引っ越す予定なのでその前にもし調査をしたかったらどうぞ、と提案してくれたのである。そこでサラは、哀しみの過程を詳細に語ってくれた。こうして、サラの二回目のインタビュー調査は、妊娠を継続していたら臨月近くにあたる時期に行なわれることになった。それはすなわち、他の女性たちが混乱と苦悩の時期だったと報告した頃合いである。

二回目のインタビュー調査に現れたサラは、前回の調査時と一変しており、見分けがつかないほどであった。すっかりやつれてしまい、何かに怯えているようで、沈みこんでおり、以前の快活さは影をひそめていた。大変な喪失感に満ちた、辛い時期を過ごしてきた、とサラは語る。妊娠中絶後、次々と病気を患ったが、サラは「ものすごい激変」による疲労のせいだと話す。彼氏との関係性に終止符を打ち、仕事を辞め、自宅も複数回引っ越していた。しかし、苦悩の中でもサラは常に真実の問題に焦点を当て、危機を招いた出来事を一つひとつ解きほぐそうとしていた。そして最終的に、自分自身と対峙することになったのである。

私の場合、意識的に妊娠したと言っても全然過言ではなかったんだと思います。子ども〔を生みたいということ〕について、しょっちゅう考えていたんですよ。ときどき夢にまで見ちゃうほど。一、二回は見ました。本当に子どもを生みたかったんです。あの最中にだって、頭を過るんですよ。「ああ、身ごもったら素敵だろうなあ」とかなんとか。だからあれは完全に、事故に見せかけた意図的な妊娠でした。大して事故のふりもしなかったですしね。ほぼ完全に意図的でした。

その〔彼氏との〕関係性の結末はわかりきっているにも関わらず、サラ自身がそこに積極的関与の問題を押し付けようとしていたことに気づくと、サラは、自分が自ら真実を覆い隠し、自分のことを「欺いていた」ことをも自覚するようになる。

妊娠したことで、すべてが一気に明るみに引っ張り出されました。もし妊娠していなければ、また別の手立てをとることができたかもしれませんけどね。だって、私たちの関係性がおかしいところは全部はっきりしていましたから。さすがの私だって、もうこれ以上は自分のことを誤魔化せない状態でした。それまでの二年ほどは、なかなかうまく誤魔化してきたんですけど。だから妊娠は、それなりの目的を果たしたってわけ。だけど一方で、妊娠は私の心からの望みだったんです。彼氏との関係性を深めるためとか、〔逆に〕断ち切るためといった目的ではなくて、ただ本当に、子どもがほしかった。今だってほしいと思っています。

こうして、サラは「今はただ、すごい喪失感に苛まれているだけ」だと言う。
一回目のインタビュー調査では、サラは自分のことを「疲れて」いて、「いらいらしている」と表現していた。他者に自分のニーズに応えてほしいと願い、「一所懸命」で「忍耐強く」、立派に振舞ってみせる遠回りの努力をしていたが、結局は心破られるだけだった。「もう、おしまいにしなくちゃ。こんなことをいつまでも続けるわけにはいかない。もう何回も同じ間違いを繰り返してきたんだから、もうたくさん」と話す。サラがここで説明していた自己は、二回目のインタビュー調査の時点ではついに崩壊していた。

【自分のことを自分自身に説明するとしたら、どのように表現しますか？】——わかりません。最後の力を振り絞っているってところでしょうか。何もかもが根こそぎ吹っとばされてしまって、最後の突風の後はもう立ち上がれなくなって、絶望的にあがいているような感じです。だけど、これまでに比べたら今の方がずっといい気持ちです。長らくこんな気持ちになったことはありませんでした。少なくとも身体的にはね。〔変わり始めたのは〕〔町を出るって〕決めてからですよ。荷造りし始めた時にふと、皮肉だなと思ったんです。だって、どこかに引っ越すときに重要なのは、まず、身体をそこへ持っていくことで、そのうえでもちろん、荷物も持っていくわけじゃないですか。だけど私の場合はなんだか、私より荷物の方が優先されている感じがするんですよね。私に残されたものは荷物だけだから。本当に打ちのめされて、どうしようもなくなって、ヘトヘトなんです。トランクに詰めている物質的な所持品の方が、私よりも中身があるみたい。それで、思ったんです。「あなた自身より、あなたの生活に溢れかえっているゴミクズのほうが、中身があるんじゃない」って。

以前のサラの残滓ともいうべきは身体と、所持品でいっぱいのトランク一つである。それらはバラバラに割れた破片のように、つながりがない。こうした残滓を置いて、自分が消滅してしまったような感覚がする、とサラは語る。妊娠中絶を振り返り、それはもはや自身の理解の範囲を超えているのを感じ、中絶によって引き起こされた思考や感情を受けとめる術を見出せずにいる。

女性で、しかも妊娠していると、見過ごすことができない問題があります。言い逃れできない問題がね。世の中、大義名分というものはいくらでもありますよ。私は正しいことをしたって確信していますしね。中絶しなかったら、かわいそうな子どもにとっても私にとっても、地獄だったでしょうから。だけど、私の言っていることをわかってもらえるかどうか、わかりません。私自身、何を言おうとしているのかよくわからないんですから。要は、理由をかき集めたところで、それがすべてじゃないってことです。全体をバラバラにしてからパーツを全部つなぎ合わせてみても、どういうわけか、もとの全体のほうがパーツの合計より大きいんですよ。全部がくっついているからこそ生じるものがあるんです。バラバラにしてパーツを合わせてみたところで足りない何かが。私には、それが何なのかわかりませんけど。

バラバラに分解してしまった事象の全体性を見定めようとするうちに、サラは、古いやり方を新しいものへと移行させる瞬間を浮き彫りにする。自身の経験を、自分の理解の枠組みに当てはめることができなくなったサラは、これほどの惨めさを感じるようになった要因が「何なのかわからない」と話す。そして、危機の中でも、ただ喪失感のみを感じる局面を迎える。二度目のインタビュー調査は、悲嘆と喪失感に溢れていた。その様子は、この町を出ることを考えると「赤ん坊をここに置いていこうとしている気がしてならない」という発言に表れている。すると、次のような気持ちが湧き上がってくる。「何かを置き間違えた気がして、ふと気付いたんです。「向こうの町に赤ん坊を置き去りにしてきた」んだって」。また、サラは次のように信じていることを語る。「いつの日かもし三児の母になっても、その三人の他にもう二人子どもがいるように感じると思います。今はもう傍にいなくてもね。私は五人の子どもの母親で、ここにいるのはそのうちの三人なんだって」。

サラにとって記憶し続けることが重要なのは、過去を繰り返さないことにつながるからである。それは、最初の妊娠中絶にまともに向き合わなかったせいで二度目の中絶をするに至ったと考えていることに由来する。「本当に悲しく」て、「自分の手に負えなくなってしまった」サラは、「ボールを転がしてみて、私はその上に乗っている感じです。この夏はもう大変なんてものじゃありませんでした」という。〔その夏は〕「個人的なものすごい激変」が起きた時期であり、混乱と服喪、危機、そして悲嘆のときであった。しかしその一方で、サラの目には、変化のときにも映っていた。
妊娠中絶後一年ほどして町に戻ったサラは、インタビュー調査に協力しにきてくれた。三度目だった。そこで、自分の身に起きた変化について話す中で、その変化は「目に見えるものでした。ちょうど、ぐるりと一巡して、この旅全体の出発点に戻ってきた感じ」だと説明する。この旅の始まりは、サラが約一二歳の頃に遡る。その頃、サラは自分が家族のなかで浮いていると思うようになった。

子ども時代は、それでしかありませんでした。ただの子ども時代。その後、自分で意識的にある決断をしたのを覚えています。一二歳くらいの時です。突然、私はうちの家族という固まりには馴染まない存在なんだと思ったんです。すると、これもまた突然に、自分の好きなこととか、私はよいんじゃないかと思うけど家族は誰もよく思わないこととかが、はっきり見えるようになったんです。それに、私は母が思い描いているような人にはならない、ということもね。そんな人になったところで、私の人生の成果は、私の代わりに母が言葉にしてきた期待でしかありませんからね。だから、家を出るまでは、波風を立てないようにしないといけないと悟りました。ギリギリのラインを超えないように従う感じ。そして実際、私はそうしてきたんですよ。

サラの両親が離婚したのを機に家庭内に激変が起こったことで、当時のサラの発達は複雑化した。

このことで生じた一連の問題は、青年期特有のテーマと連なって、アイデンティティや道徳性についての問いをわき起こさせた。サラはそれらを一人で解決しようと試みる。人生において価値のあるものは何かを見出したいという思いで、「いっぱい、いろんな生き方を試してみた」と言う。

とにかく、これまで教えられてきた道徳的価値なんて、本気で全部捨て去ってしまいたいと思っていました。私にとってはどれが大切なのか、自分自身で決めたかったんです。それで、何が大切かはそれをなくした時にわかるんじゃないかな、と思ったんですよね。たとえば「とっとと消えてなくなれ」って言いながら窓から放り出したりなんかして、二、三カ月後とかに、それがなくなったせいでピンチになったと心底思う時がくるとかね。そうなったら、大切なのはあれだったか、とわかるんですよ。だから、すべてを捨て去って、あとで欲しいものをいくつか選んで拾い上げるんです。すると、自分でもちょっと驚いたんですけど、結局、戻ってきちゃったんですよね。母が私にさせたであろう生き方ではないにしても、思っていたよりもずっと、それに近い生活を送っているんですよ。振り返ってみるととても面白いんです。「へえ、こんな風になるなんて全然思わなかったな」って思って。

サラは以前にも増して、内なる声を強く確信した様子で、その発見を明白に語り直す。以前は、自身の意思決定の「拠り所はよそにありました。どこかははっきりわからないけど、どこか他所からきていたことは確かです」と語っていた。しかし、今回は対照的に、「私の内面と本当につながっている気がして、よい気持ちなんです。もう、当てもなく漂流しているんじゃなくて、自分の人生の舵をしっかりとっている感じ。今まで味わったことのない感覚で、強くなった気がする」と言う。統制力を持つ感覚について説明する中で、サラは、それまで用いていた代名詞をそれから私に変えた。この変化は、漂流の時期の終焉を示しているといえる。サラは、一回目のインタビュー調査の時には、利己性と責任を対位させることに批判的だった。挫折のもととなった出来事に、自分も実際に関わっていたという真実、そして応答をお門違いなところに求めていたことに気づいたサラは、妊娠中絶に関する意思決定は自分自身を考慮に含めるという選択なのだと捉えるようになる。つまり、何が最善策かを考える際に、自分を除外して考えるのではなく、他者のニーズと同様に自分自身のニーズをも配慮する選択なのである。

こうした考え方がサラの人生に組み入れられ、危機によって引き起こされた移行が完遂するまでには、ほぼ一年間の長く痛みの伴う過程が必要だった。この経験を通して、サラはより省察的になった。「私は、自分が何者なのかをわかっているし、自分の選択のしかたや、自分のしていることをしっかり見ています」と言う。そして今では、仕事や周りの人たちとの関係性において、「びっくりするほど在り来りの知恵」を「強力な土台」としながら、自身の人生を築き上げようとしている。「ひとは、自分にちゃんと向き合わせるために、危機を自分でつくり出す」のだと話し、サラは、以前は円に例えて説明していた自身の発達のイメージを、螺旋で説明し直す。円を描くことは「成長して、同じ場所に戻る」ことを意味するのに対して、螺旋については次のように説明する。「同じ場所に戻るのではなく、同じ位置でも、前よりすこし上方に行くでしょう。前進したということです。私にも、そういう変化が起きた気がするんです」。

サラの人生および自己感覚の変化は、道徳的判断が変わるのにつれて起こる。サラの道徳的判断は、「誰が最も喪失が少なく済むか、誰が最も傷つかずに済むかを決める」消極的な様式から、より積極的な様式へと移り変わる。つまり、自他のニーズへのケアと尊重へと導く「同情」が重視されるようになる。サラは以前、道徳性とは「法を遵守すること」と同義だと考えていた。その一方で、法を「くだらない」と拒んでもいた。だが、ここにきてサラは、法〔の正当性〕を判断する基準を明確に挙げる。それは、社会を害するかどうか、そして同情や尊重の「障害になるかどうか」、である。「正しさ」は他者により規定されるため責任は他者にある、とする慣習的な判断様式から、責任は自分で負うことを当然とする省察的な様式へとサラの道徳的判断が変化するにつれて、サラの行為にも変化が生じる。無関心であったり反抗的であったりすることがなくなり、仕事にも関係性にも積極的に関与するようになるのである。

ベティと同様に、サラのケースも、危機が発達的移行を引き起こす可能性を持つことを鮮明に示している。また、挫折を認識することが新たな道の発見につながることをも示している。しかし、危機による転機は一方で、ひとをニヒリズムと絶望へと陥らせる可能性を孕んでいる。サラが抱く発達の心像は、変化を表す螺旋が上方に伸びており、その螺旋の上を前進するというものである。螺旋を進むにつれ、同じものに異なる光を当てて見られるようになるという。この心像は、アンの挫折の心像と対照的である。アンは、「同じ円を堂々めぐり」しており、「かつての自信をすっかり」失くしたように感じていた。アンのこのような心像が出現したのは、二回目のインタビュー調査のときである。アンは、第一の移行で袋小路になってしまったと話した女性であり、自己感覚について尋ねられると「何か新しいことを考えるというより、以前の自分に逆戻りした」ように感じていると語った。一回目のインタビュー調査から一年の間に、人生が崩壊するのを経験していた。関係性に終止符が打たれるのを目の当たりにし、学校も中途退学したアンは、「ものごとをやってのける」能力をすっかり失ってしまったように感じていた。

こうした絶望感は、リサのケースにも表れている。リサは一五歳のとき、彼氏からの愛を信じて「俺の子どもを殺さないで」という彼の望みに応じた。それにも関わらず、リサがいざ妊娠中絶をしないと決めると、その彼氏は離れていった。「人生、めちゃくちゃにされた」とリサは話す。子どもの世話のために家の中で孤立した生活を送り、福祉手当に頼り、父親には勘当され、彼氏にも捨てられたリサは、次第に自分を見失っていく。

私は、一年半前とはもう別人です。あの頃の私は、すごく幸せな人間でした。今では、もう自分じゃないみたい。別人になっちゃったから、友だちも皆、いなくなっちゃう気がします。私は私じゃない。自分が嫌いだし、他の人も私を好きでいてくれるかわからない。今の自分の姿が嫌い。だから、とっても悲しいんです。赤ちゃんを生むまでは、自由でした。友だちもいっぱいいたし。人気もありました。幸せでした。いろんなことが楽しかったのに、今の私は大違い。寂しいです。静かに暮らしています。もう、前の私じゃないんです。完全に変わっちゃった。

以前は自身のことを「親しみやすい」と表現していたリサがここでは「混乱している」と話すのには、次のような理由がある。「彼氏がいなくなってしまったいま、どうすればよいかわからないんです。今でも彼を愛しています。彼がどんなことをしたとしてもね。だから、訳がわからなくなっちゃうんですよ。どうして未だに愛しているのかわからないから」。絶望のサイクルに嵌ってしまい、学校に戻れる見込みもない。学校に戻らなければ、自分自身と子どもを養う術も得られない。リサは、「頭の中から彼の存在を消すことができなくて、すべてのことにすごく混乱している」と言う。そして、愛に掻き立てられてとった行為が、なぜこれほどの惨めさと喪失感に行き着くのか、理解できずにいる。

ソフィア・トルストイ（1985/1928）[9]は、つながりを築く中で、論理的に見える結論に到達している。

私は常に、妻は夫を愛さなければならないと、そして妻は高貴さを保ち、良妻賢母でなければならないと教えられてきました。〔子どもが〕はじめて文字を勉強する本にもそんなことが書いてあるのですよ。こんなことはすべてデタラメです。妻がすべきことは、愛さないこと。ずる賢く狡猾であること。そして、欠点をすべてひた隠しにすることです。まるで、この世の中になんの欠点もない人間がいるかのようにね！　肝心なのは、愛さないことです。夫のことをひどく深く愛した私の成れの果てをご覧なさい！　辛くて、屈辱的ですよ。でも彼は、くだらないとしか思っていないのです。（中略）〔彼の目に映る〕私はただの（中略）使い物にならない生き物なのです。つわりがあって、お腹が大きくて、虫歯が二本あって、短気で、自尊心がぼろぼろのね。そして、私が差し出す愛は誰にも求められていないのです。頭がおかしくなりそうです。

〔ソフィアの日記に描写される〕道徳的ニヒリズムは、妊娠中絶をするに当たって、自身の感情を打ち消してケアしないように努める女性たちの出す結論にも見られる。こうした女性たちは、道徳的イデオロギーの〔公式の〕言語を人間関係特有の〔非公式の〕おしゃべりへと翻訳しながら、強き者が関係性を断ち切る世の中で「そもそもなぜ気(ケア)にする必要があるのか？」と自問する。妊娠し、家族の

(9) レフ・トルストイの妻。日記作家として活動し、夫のトルストイとは別の視点から見た自身らの家族関係を描き出した。トルストイの最期の日々を描いたジェイ・パリーニの小説『終着駅』には、瀕死の状態のトルストイのもとへ駆けつけ、夫が息を引き取る瞬間まで世話をしようとしたソフィアの様子が描かれている。

つながりの輪を広げながら生きたいと願いながらも、女性たちは夫や恋人から強固な拒否と拒絶を受ける。ケアすることは自分たちの弱さであると考え、男性の立場を強さと結びつけて捉えるようになり、しまいには強き者は道徳的である必要がなく、関係性をケアするのは弱き者だけだと結論づける。この構成で考えると、妊娠中絶は女性にとって、自身の強さを検証する試練となる。

こうした結論に到達した女性たちの人生を見ると、物語は多種多様である。〔ただし〕他者による放棄が共通のテーマとなっており、それへの応答として自分自身を放棄するという点は共通している。一人の女性の話からは、〔『罪と罰』の主人公〕ラスコーリニコフのイメージ[10]が想起される。この女性も〔ラスコーリニコフと同じく〕学生であり、〔妊娠中絶していなければ〕子どもが生まれるはずだった時期に体調を崩し、小さな部屋で一人暮らしをしていた。妊娠中絶に殺人行為というラベルを貼る一方で、自身は中絶したことになんの後悔の念も抱いていないと話す。二回目のインタビュー調査の中でこの女性は次のように語った。「殺人の方法なんていくらでもありますよね。実際、死ぬことよりも無慈悲なものも、この目で見てきましたし」。妊娠時、この女性は恋人から「俺を頼る」ことはしないでくれ、と言われていた。自身は、妊娠中絶は「身勝手な選択」だったと考えている。〔だが〕誰が〔中絶する〕意思決定をしたのかは、最後まで不明のままであった。というのも、一回目のインタビュー調査時に妊娠中絶をすると話した際、この女性は次のように語ったからである。「私の心が変わることがあるとすれば、それは、何かが起きて彼氏と一緒にいられるようになる場合だけです」。

つまり、起きたことは「自分のせいではない」と考えている。妊娠中絶は「自分に必要だと感じて、すごく強く欲していたものから切り離される」ような感覚だと説明するこの女性は、〔妊娠中絶をするという選択の〕帰結への責任は認めるものの、選択自体への責任は転嫁する。すなわち、自身が責任を負うのは、「私がそのような〔妊娠中絶の〕決断をしなければならなかったことで、命を犠牲にすることになった人に対して」であると語る。自分こそが「そのような責任を背負って生きていかなければならない」のだと自覚し、自分の世界が「うんと小さくなってしまった」と実感しながらも、だからと言って「代償を払うものなのか、よくわからない」と言う。むしろ、「私がしたことは認めるけれど、殺人の方法なんていくらでもありますよね、と言いたい」と話す。「私がそれを認めなかったら、なんの意味もなくなってしまいますよね。全部が宙ぶらりんになって、本当のことなんて何もなくなって、責任感も全部失ってしまいます」。自分は相手に委任されるかたちで行為をなしてきたのだという説明からも、女性が選択をした理由は曖昧化されたままであることがわかる。「乗る船を間違えちゃったんですよ。〔乗ったままだったら〕何もかも完全におかしなことになっていたはずです。こんなひどい世の中に、子どもを産み落とすことなんてできますか?」とも話した。自身が負う「他者への責任」に焦点を当てるばかりで、自分自身に応答することを忘れているのである。

また別のニヒリズムの形態を表す事例がある。第二子を妊娠していた既婚の女性は、夫に妊娠中

(10) 苦学生のラスコーリニコフは高利貸しの老婆を殺害する。その背景には、名門大学に通う将来有望な自分の方が老婆よりも生きる価値があるとする、傲慢な考えがある。

絶しなければ離婚すると言われて中絶を行った。この女性は夫にこそ責任があり、夫の意思決定に従うために自分を「完全に麻痺」させたと話した。だがその後、全く同じ状況を再び作り出してしまう。というのも、再度妊娠し、二度目の妊娠中絶をすることになったからである。しかし二度目〔の中絶に至る頃〕は当初、この女性は子どもを産む決断を下していた。それにも関わらず、〔その決断を聞いた〕夫がそれでも家に残ると言ったため、この女性は、前回〔の妊娠時に〕自分自身を裏切ってまで中絶したのは全くの無駄であったことを悟った。このことを認識した女性は、結婚に終止符を打つために二度目の妊娠中絶を行う。そうして、自分自身と四歳の子どもの世話をしようとするのである。

これらの女性たちにとって、道徳性の中心にはケアがある。しかし、他者から本人たちが受けるケアが欠如しているため、子どもや自分たち自身をケアすることができなくなってしまっている。ここで問題となるのは関係性であり、生は関係性に依存するものとみなされる。ある女性は、「関係性の問題」よりも「個人の権利」の方を強調する人を批判して、妊娠中絶のジレンマを次のように定義づける。すなわち妊娠中絶のジレンマとは、中絶に伴ってさまざまな感情が沸き起こされ、それによって「さまざまな信念を序列化する既定の階層構造」の押し付けに抵抗することである、と。

時には、そうした階層構造があった方がよいこともありますよ。それだけに目を向けるならね。でも、そうした階層構造を自分の意思決定に押し付けようとすると、崩壊します。どういうわけか、実生活上の意思決定に適用するようには作られていないんですよ。それに、責任について考える余地をなくしてしまうんです。

このニヒリズムの立場は、ケアから一歩引き下がって生存という関心事へと道を譲る、究極的な自己防衛の構えを表している。しかし、ケアなしに生存しようと努める中で、これらの女性たちは最終的に関係性についての真理に立ち戻ることになる。「自分の望みと能力、そして感情について、自分にもっと正直になろう」と努力したことを語る学生は、その後「他者に対する愛着」へのニーズを自身が有していることに気づいたと述べる。「思っていたよりずっと、そして以前の私には受け入れられなかったほどに、自分は感情的な人間なんだ」と自覚したこの学生は、他者に接する際にはより「気をつける（ケアフル）」ようにして、自分自身にはよりケアを向けるようにしようと努めるようになる。このようにして、他者を排除し感情やケアを放棄するのではなく、むしろ、自分と他者との関係性に対してより正直になり、自身に対する応答性をよりよく持つようになる。

妊娠中絶のジレンマに対する女性たちの応答に関する研究の成果は、ケアの倫理の発達には連続性があることを示唆する。その発達において、責任の構想は、関係性についての経験と理解の変化を反映する。こうした研究成果をまとめたのは、歴史の中でも一つの特定の時点においてであり、サンプル数は小さく、〔被験者の〕女性たちも幅広い母集団を代表するように抽出されてはいなかった。これらの制限があるため、〔この研究によって得られた知見を〕一般化することはできない。文化、時代、状況やジェンダーといった異なる変数によって整理し直す仕事は、今後の研究に委ねざるを得ない。上述の連続性〔に関する分析〕の精度を高め、実証するためには、女性たちの道徳的判断に関する長期的な研究をさらに進めていく必要がある。また、妊娠中絶の選択の特異性を明確化するためには、別の実生活上のジレンマについての思考を研究する必要もある。

自分自身の中にある問題について探る中で、ある女性は次のように語った。「危機は、人格(キャラクター)を露わにします」。一方で、危機は人格を形成しもする、というのが発達論のアプローチの本質である。責任と関係性に関する女性たちの思考の中に描き出された変化に目を向けると、責任とケアを担う度量は、一貫した感情と思考の連続性を通して発達する可能性が示唆される。女性たちの生活の中で起きた〔個人的な〕出来事と歴史上の〔公共的な〕出来事の影響を受けて、女性たちの感情と思考は交差する。それにつれて、個人としての生存への関心事には「利己的」だというラベルが貼られ、関係性の中で生きる生活における「責任」と対置されるようになる。さらに、その慣習的な解釈において、責任は他者への応答性と混同されるようになり、自己の認識を妨げる。しかしながら、関係性の真実が、つながりを再発見する中で再び浮かび上がる。すなわち、自己も相手も相互依存的であり、命それ自体にどんなに価値があろうとも、関係性におけるケアなくしては持続され得ないことへの気づきが、関係性の真実に目を向けさせるのである。

第五章

女性の権利と女性の判断

一八四八年夏、エリザベス・キャディ・スタントンとルクレティア・モットは、ニューヨーク州セネカ・フォールズ市で会議を開催した。その会議の議題は、「女性が、社会で、公民として、信者として置かれている状態と権利」である。独立宣言に倣って、感情宣言の採択が提案された。議案はわかりやすく、〔独立宣言との〕アナロジーのため論点が明確なものとなっている。つまり、女性は生まれながらにして男性によって奪われることのないとみなされる権利を与えられているのだ、と。セネカ・フォールズ会議開催のきっかけは、一八四〇年にロンドンで開催された世界反奴隷制会議から、スタントンとモットが他の女性代表者たちとともに締めだされたことにある。一八四〇年、他の人々のためながら〔議事に〕参加するつもりで来たのに、傍聴せよとバルコニーへ追いやられた。そのことに憤慨した彼女たちは、八年後の一八四八年に、デモクラシーの看板を掲げる国で自らのために〔女性の〕参政権を権利主張したというわけである。この権利主張を、平等という前提につなぎとめ、社会契約と自然権の概念を織り込みつつ、セネカ・フォールズ宣言が主張したのは、女性に対する特別な配慮ではない。それは「自明の真理、すなわち、すべて両性は平等に創られ、造物主より一定の不可侵の権利を与えられており、そのなかには生命、自由、そして幸福の追求が含まれること」であった。

しかし、女性の側に立つこの権利要求は〔そもそも〕最初から、美徳を装った反対に会った。そうした反対〔勢力〕に対してすでに一七九二年に挑んでいたのが、メアリ・ウルストンクラフトであった。『女性の権利の擁護』において、彼女は次のように論じる。隷従が惨めさや絶望をもたらすだけでなく悪知恵や詐欺の元凶となるので、自由が放縦に通じるどころか、〔自由こそが〕「美徳の母」なのである。「自分自身の理性を行使して」、「女性を隷属させようとする誤った考え方」に敢えて挑戦するというウルストンクラフトの「傲慢さ」は、その後、次のように記者に言い放ったスタントンの大胆さに匹敵する。「「**自己発達は、自己犠牲より崇高な義務である**」って大文字で書いてね。女性の自己発達を最も停滞させ、妨げるのは、自己犠牲です」。〔当時は〕神に対してだけでなく男性に対しても、完璧な献身と自己犠牲の理想へ向かって伸びる女性特有の美徳〔婦徳〕の梯子において、利己的であることは大罪であった。その利己的という批判に逆らって、こうした初期の女権論者たちは、自己犠牲を奴隷制と同等視し、女性の発達は男性の発達と同様に公益の増進に資すると考えたのである。

女性たちは、権利を主張しながら自分自身に対する責任を主張したのと同様に、理性を行使しながら社会的関係における責任という問題を発信し始めた。このように理性を行使し、自分たちの人生に影響を及ぼす諸条件を管理しようと試みることは、一九世紀後半には、禁酒や公衆衛生のための社会浄化活動から、恋愛や産児制限といったよりラディカルな運動に至るまで、さまざまな社会改良運動へ広がっていった。こうした運動はすべて、女性の参政権を支持した。女性たちは、知性と、程度は違えども人間本性の一部としての女性のセクシュアリティを主張した。そうすることで自分たちの声を、投票〔行動〕を通して歴史の形成に組み入れ、現行世代と将来世代を傷つけるような巷の慣行を改めることを求めた。〔実際には〕多くの女性たちがまともに投票できなかったり、残りの〔投票した〕女性たちも夫の言いなりに投票するにとどまりがちであったりしたので、〔初期の〕参政権運動は残念な結果を残した。そうはいっても二〇世紀には、初期の女権論者たちが模索した権利の多くが法制化されるのを、事実上見届けることになった。

女性の権利〔の状態〕が実際に変化すると、その効果について疑問が生じる。それは今なお女性の権利を求めて蒸し返される闘いによって、そして、女権論者たちが女性の教育を求めて設立した女子大学の多くで一〇〇周年記念式典の席上、指摘される疑問である。初期の女権論者たちは、女性の自己発達の目標を自身の理性の行使に求め、女性が自分の思うように生きてゆくためには教育が重要だと考えた。しかし、現代の男女平等憲法修正条項をめぐる議論が過去によく見られた議論の焼き直しであるように[1]、いまだに、女性の自己発達という問題は、利己的な女になるのではないかという妄想を膨らませ、女性に自由を与えれば人間関係における責任を放棄するのではないかという怖れを招くのである。このように権利と責任との対話は、公の議論であれ心理的表象であれ、必ず、責任と人間関係についての検討に女性が巻き込まれることによって生じる葛藤を焦点としてしまう。この対話

(1) 一九二〇年修正第一九条第一項として投票権に関する性差別が禁じられたが、投票権以外の男女平等は不問に付された。一九二三年に初めて議会で男女平等憲法修正条項が論じられ、一九七二年に憲法修正第二七条案としてついに議会で承認されたものの、一九八二年六月の期限までに規定数の州が批准しなかったため、結局制定には至らなかった。この法案の成り行きを見守りながら本書が執筆されていたとも考えられる。

は、女性の権利に対して女性が異議を唱えるという、いっそうまぎらわしい面を明らかにする一方、女性が道徳的な葛藤や選択について考える上で権利という概念がどのようにかかわってくるのかをも明るみに出す。

女性の権利を求める運動に特徴づけられる世紀の、大雑把に言えば始まりと終わりに、二つの小説が出版された。どちらも女性によって書かれ、従姉ルーシーの恋人と恋仲になってしまう女性という同じ道徳的葛藤を扱っている。相似した三角関係を設定することで、この二つの小説は、ある歴史的枠組みを用意する。それは、女性の道徳的判断に及ぼす女性の権利の効果を考察するものだ。そうして、一〇〇年越しで何が変わり、何が依然として変わらないかを問う一つの方法を提起している。

ジョージ・エリオットの『フロス河の水車場』（一八六〇年）[2]においては、マギー・タリヴァーは「権利にこだわる」。従姉ルーシーに対する愛情と、ルーシーの婚約者であるスティーヴンに対する「より強い感情」とのはざまにありながらも、「私は、他の人たちを犠牲にして自分の幸福を求めてはいけないし、求めることはできない」という判断は、揺るがない。スティーヴンが、自分たちは企らまずして自然に愛するようになってしまったのだから、「僕にとってもあなたにとっても結婚するのが正しいのです」と言う。そのとき、マギーは、「愛することは自然ですけれど、憐れみも貞節も想い出もまた確かに自然なのです」と答える。「惨めな思いをしないで済むには、もはや手遅れ」であっても、マギーは、「ほかの人たちを不幸にして、そこからもぎ取った幸せを自分のものにすること」を拒絶する。そして、その代わりにスティーヴンと別れて、ひとりで聖オッグの町へ戻ることを

選んだ。(3)

〔教区〕牧師のケン師は、「彼女の行為の根本原理は、諸々の結果を秤にかけるより安全な指針である」と考える。(4) しかし、語り手〔＝作者〕の判断はそれほど明快なものではない。ジョージ・エリオットは、主人公マギーを解決不能なジレンマにさらしたあげく、溺死させて小説を締めくくる。が、読者の注意をまず喚起したのは、「情熱と義務の間の〔小舟が漂うように〕ふわふわした関係は理解できるとしても、一刀両断に解決できるものではない」ことである。「人生の不可思議な複雑性」は「公式でくくる」ことができないので、道徳的判断は、「公理」で縛られるものではない。その代

(2) Eliot, George. *The Mill on the Floss* (1860). New York: New American Library. 1965. 工藤好美・淀川郁子訳「フロス河の水車場」『世界文学大系 85 ジョージ・エリオット』所収、筑摩書房、一九六五年。『ジョージ・エリオット著作集』(全五巻)(文泉堂、一九九四年)に再録。ちなみにジョージ・エリオットは男性名を用いた筆名であり、本名はメアリー・アン・エヴァンスである。

(3) ルーシー、スティーヴン、マギーと求婚者フィリップの四人が参加する見込みでフロス河の舟遊びをルーシーが企画したものの、ルーシーは父親と隣町へ買い物に行くことになり、フィリップも気分が悪くて来られなかった。スティーヴンがマギーを強引に連れ出したが、漕ぎ出したボートが予定地をはるか過ぎてしまい、汽船に助けられる。翌朝、下ろされた波止場で、マギーは必死でスティーヴンを振り切る。

(4) ケン師は、小さな町で噂を立てられ孤立したマギーから、船上でスティーヴンの求愛を受け入れなかった真相や真情を聞き、キリスト教徒として正しい良心であると認め、教区牧師の責任としてできる限りの支援を約束する。続く作者の考察については訳注(9)参照。

わりに「卑しくも人間的なもののすべてに広く仲間意識を抱かせるに十分な、生気ある熱烈な生活」をふまえたものでなければならない。

この小説では、「疲れ果て、打ちのめされた顔」をした死に際のマギーのまなざしを「熱烈な生命を宿した双眸」と記している。そうだとしても、マーガレット・ドラブルが、一九世紀小説の伝統にどっぷり浸りつつ二〇世紀フェミニズムの問題意識をもってエリオットのストーリーを再び取り上げ、別の解釈の可能性を試みたのは驚くべきことではない。ドラブルは、『滝』（一九六九年）[5]において『フロス河の水車場』のマギーのジレンマを再現するものの、題名が示唆するとおり、社会的な障害を外すことで違いを見せている。つまり、ドラブルの主人公ジェーン・グレイは、正義ではなくルーシーの夫に固執して自制を放棄し、「最初の章で溺れてしまった[6]」。自己発見という大海につかり、「自分が岸にたどりつける限り、誰が溺れてもかまわない」ジェーンは、自分が生き残った奇蹟を理解し、物語を語る方法を見出そうとして、判断という問題にとらわれる。ルーシーの夫ジェイムズに対する彼女の愛は、一人称の私と三人称の彼女の二つの声で語られる。その私と彼女は、判断や真実の問題をめぐって、絶えず責任と選択の道徳的な問いにかかわったり離れたりする。

一八六〇年と一九六九年との間に情熱と義務との均衡が移り変わったにもかかわらず、二つの小説には道徳的問題がまったく変わらずに残っている。二つの小説の間に一世紀をはさんでも、利己的という審判が両方の主人公を刺し貫く。マギーに自制を強いたのと同じ批判を受けて、ジェーンは、孤立無援という言い訳を苦心して画策する。つまり、「私は身勝手だという非難から自分を守ろうとしていただけ、寛大な裁きを、と私は言ったわ。私は他の人たちとは違う。悲しくて、どうかしていて、欲しいものは手に入れなければ気がすまなかったのよ」（一五七頁）、と。しかし、利己的という非難が示唆する、行動と欲望にまつわる問題は、ジェーンを言い逃れとごまかしといったよくある手口へ向かわせるだけではなく、こうした非難の土台となっている前提に直面させる。「ある意味、両親に教えられた生き方よりも自分自身を放棄するほうがよさそう」[7]に思わせる昔の道徳的判断を脇において、ジェーンは、「自分を承認し、包含してくれる」ように土台を作り直そうとする。このよう

（5）Drabble, Margaret. *The Waterfall.* Hammondsworth, Eng.: Penguin Books, 1969. 鈴木建三訳『滝』晶文社、一九七四年。

（6）『滝』の書き出しは、「たとえおぼれかけていたとしても、助かるために手一つ伸ばす気にもなれないだろう、私はそれほど運命にさからうのがいやになっていた」。そして一人称で述懐する作品後半部の場面の一つで、マギー・タリヴァーと自分を比較する。「マギー・タリバーは従姉の夫と寝はしなかった（中略）さすがは19世紀初頭の女性らしく、身を慎むというわけなのだ。だが、現代だったらどうすべきだろう？　私たちはもう最初の章で溺れ死んでしまった」（一七五頁）。

（7）「わたしの家庭はもっとずっと普通の神を信ずるようにわたしを育てた。彼らは、あるいは彼らの言うところでは、英国国教会の神と、あのばかばかしい矛盾したその他一切の命題、一夫一婦制、愛による結婚、自由意志、情熱の抑制の可能性、理性の美徳、文明といったものを信じていたのだった……わたしの生活はこういった両親の生活のまがいもの、そのパロディのようなものであった……ある意味ではこういった生活を断ち切るよりは自分を断念する方がいいような気がしたのだ」（五五頁）。

に彼女は悪戦苦闘して、「新しい梯子、新しい美徳」を作り出す。それは、責任とケアの古い美徳を捨てることなく、活動やセクシュアリティや生存を含みうるのだ。「もし私が自分のしていることを理解しなければならないのであれば、もし私が必ず納得して行動するのなら——そして私は行動しなければならないし、変わってしまったのだし、もはや何もしないでいることはできない——そうしたら、私はきっと自分のことを大目に見るような道徳を作り出す。そうすることによって、自分のしたことを全部水に流す危険を冒すことになるとしても」。

この二つの小説は、このように、利己的だとする判断と、その判断が含意する自己犠牲という美徳の圧力が女性に対してかかり続けていることを例示している。これこそ、うら若き女性を主人公とする小説の軸となるところ、すなわち、無傷の純心そのものの子ども時代と、〔決定に〕責任を持って参加し選択する青年期とを分かつ教養小説の転機に必ず登場するおきまりの判断なのだ。婦徳は自己犠牲にあるとする道徳観は、責任と選択という成年期の課題に道徳的な善の問題をぶつけることによって、女性の発達過程を複雑にしてきた。加えて、自己犠牲の倫理は、この一世紀もの間、社会正義の正当な分け前を求める女性の要求を支持してきた権利概念と正面衝突する。

しかし、さらなる問題が生じるのは、個人の〔権利〕主張を支持して「自然の絆」を解消する権利の道徳性と、責任の道徳性——この道徳性は、相互依存〔関係〕をあらわにすることで自他の区別を曖昧にしつつ、個々の〔権利〕主張を一枚の織物のような関係図に編み上げる——との間の緊張からである。この問題は、ウルストンクラフトやスタントン、エリオットやドラブルが懸念したことであった。この懸念は、一九七〇年代の女子の大学生に対するインタビュー調査でも明らかになった。これらの女性たち全員が同じ葛藤を語り、女性の思考において利己的かどうかの判断がもつ巨大な力を明らかにした。しかし、現代の女性たちが描いた道徳的葛藤におけるこの判断の現われは、女性の道徳性の発達において権利概念が果たす役割を焦点化する。こうした葛藤は、女性の道徳的関心の中心として責任の倫理が連綿と続いていることを示している。すなわち関係性の世界に自己を定着させ、ケアの活動を開始するのだ。けれども同時に、権利を軸として正義を認識することによって、この〔責任の〕倫理がどのように変形させられるのかをも示している。

大学生に関する研究に参加してくれた女性たちの一人である、ナンが四年生の時のインタビュー調査は、一九七三年当時の女性の道徳的関心の次元をいくらか例証している。その年には、中絶が合法であり妊娠を継続するか否かを選択する権利は女性にあると、連邦最高裁判所が認めたのであった。二年前、ナンは道徳的・政治的選択についての〔コールバーグの〕授業を受講した。なぜなら〔当時の〕彼女は、「いろいろなことについて異なる考え方を捜し求め」、「個人の自由を守る議論」に惹かれていたからである。「低調な自己イメージに悩む」と主張しつつも、四年生になったナンが報告しているのは、道徳的に進歩し成長した実感である。それは、妊娠して中絶を決定した結果、「自分自身についての考えをさんざん見直して」きたからである。妊娠については、「自制や意思決定が足りず、もう本当に馬鹿だった」からだと言う。そう言いながら、ナンは中絶については、絶望的ながら〔自分の〕人命救助の解決法だとみなしていたが（「自分自身の命がすごく惜しくて思いつめていた」）、

「自分がどう思うかはともかく、少なくとも社会的には道徳的な罪に見える」とも考えている。

「わたし的にはすごい罪悪感」に陥っていたが、「ともかくも〔周りの〕人びとがわたしを助けようとしてくれた」という気づきは、「〔周りの〕人々や自分自身に対する感情にとても効いた」。中絶のときを待ち、考えながら過ごしていた時期、ナンは、「意思決定についてすごく考えたし、生まれてはじめて自分で決断して責任を取りたい」と考えていた。その結果、彼女の自己イメージは、次のように変わった。

自分の人生を自分で支配しようと思えるようになったから、他人の掌中の人質みたいな気持ちにはならなくなったわ。自分が何か間違えたという事実は受け入れるべきだし、そうすればもう少しまともになれる。だって四六時中、自分のなかでこうしたいろいろなことを克服しなくて済むわ。相当な葛藤が解消すれば、新しい始まりを感じられるの。置かれた立場でもちゃんとやれる自信みたいなものがつくのよ。

このようにして、ナンは、「善人か悪人かとしてではなく、単にいずれの場合でもまだまだ学ばなければいけないことがある一人の人間として、基本的に自立できるようになった」。彼女は、現在では選択ができることを自覚し、新しいやり方なら自分で責任を負えると感じている。しかし、選択をした経験により、人間としての統合・高潔さがとても磨かれたと自覚するものの、こうした選択の判断はまったく変わらないままである。自分自身に対してより包摂的で寛容な理解を持てるようになり、関係性の構想を新たに見直すことによって「自分自身がぶれず、より自立的になれる」と信じていても、道徳的な問題は依然として責任の問題なのである。

この点において、責任を取りそこねた過去〔の経験〕を解明する際、妊娠したことが「助けになった」と、ナンは考えている。

〔妊娠は〕すごく重大なことで、自分自身や世界についての感情みたいな、自分の中のいろいろなものがはっきり見えるようになったわ。自分のしでかしたことは間違いで、責任を取れたところで取っていなかったり、責任を取らないままでいってしまったりしたことを気づかせてくれたように感じたの、状況の深刻さが、目の前に問題を突きつけたのね。それがはっきりわかったし、答えもそこにあるのよ。

自分の無責任さゆえに、〔誰も〕傷つけないであろう振舞い方など想像してみることもできない状況を導いてしまったことがわかったとき、ナンは道徳性に関する「諸々の古めかしい考え方を脱ぎ捨て」はじめる。そうした古めかしい考え方はもはや、自分の目標の前に立ちはだかる障壁であると思われた。その目標とは、「人間としての苦痛を生じさせ」ないように生きていくということだ。そうするうちに彼女は、「利己的という単語は曲者だ」と気づき、利己性 対 道徳性という二項対立に疑問を抱く。「個人の自由」は「必ずしも道徳性と両立しがたいもの」ではないことを認めることで、ナンは自分の道徳の構想を拡張する。つまり、道徳を「相手を気遣う感覚〔である道徳性〕および自分自身を気遣う感覚〔である利己心〕」と定義する。「どれだけの苦痛を生じさせようとするのか」や「なぜ、人間としての苦痛を生じさせる権利があなたにあるのか」という道徳的な問いが続く限り、こうした問いは他者に対してだけではなく、自分自身にも向けられる。責任は、自己犠牲から切り離される。その代わり、苦痛の原因に対する理解や、人を傷つける結果を招きそうな行動を予測する能力に結びつけられる。

責任という道徳性の射程内に自分自身を含める権利は、一九七〇年代の女子大学生にとっては、切実な問いであった。この問いは、さまざまな文脈において生じたのだが、正義の論理、自他の公平を図る公正を通して解決されえた包摂の問題を提起した。しかしこの問いは関係性の問題をも提起したのであり、その解決には、責任とケアについての新しい理解を必要とした。ヒラリーは、道徳観がどのように変わってきたのかを二七歳の時点で説明する際、大学入学当時の自分の道徳理解を次のように述べている。

私はあの頃、もっとずっと単純でした。人生における善悪の問題に対して、まあまあ簡単な答えがあると思っていたの。今から見たらあまりに単純で衝撃的なぐらいの時代さえあったわ。誰も傷つけない限り、何の問題もないと考えていた。それからじきにわかった、というか、結局わかっちゃったんだけど、物事ってそんなに簡単なものではなくて、あなただってどうしても他の人たちを傷つけるし、他の人たちもどうしてもあなたを傷つけるし、人生は緊張と紛争だらけなの。みんな、わざとであろうとなかろうと、お互いの感情を逆なでしてしまうし、でも世の中って本当にそういう定めなのよ。だから、単純な考えは捨てたわ。

この放棄は、ヒラリーが大学二年生の時の出来事であった。

私、腰を落ち着けて結婚したがっている男性とひそかに愛し合うようになって、〈不純な関係なので〉より悪い運命なんて想像できなかったけれど、彼のことは本当に大好きだったわ。それで別れて、彼はすっかり動転して一年間休学してしまったから、私、彼のこともものすごく傷つけてしまったなってよくわかったし、しかも自分ではそんなつもりなかったし、自分なりの道徳的な振る舞いの第一原理を破ってしまったのに、でも自分としては正しい決定だったわ。

「絶対、彼と結婚なんてできなかった」ことを説明しつつ、ヒラリーは、この意味では自分が直面した葛藤に対する「簡単な答え」があったと感じていた。しかし、別の意味では、ひとを傷つけるなという自分なりの道徳的な強制命令を考えてみると、その状況が与えたのは解決不能な問題であった。このことを理解すると、それまで絶対視していた道徳的な強制命令を疑い、「この〈人を傷つけるな」原理は万能ではないと考える」ようになった。彼女が見た限界は、人間としての統合・高潔さの問題に直接かかわるものだった。「その原理がまったく達成しようともしなかったことは、「自分自身に対して誠実であれ」なの」。自分なりの人間としての統合・高潔さを維持することについてもっと考えるようになったことを説明しつつ、この経験からヒラリーが導いた結論は、「どんなに心配してもひとを傷つけずに済むことはない。だから、自分が正しいと思うことをするのみ」。

しかしヒラリーは依然として、道徳性を、他の人たちをケアすることと同等視し、「自己犠牲や、他人や人類のためにすることが善い行いだ」と信じている。ゆえに、人を傷つけるなという原理の放棄は道徳的気遣いの放棄に等しかった。自分の決定の正しいことを確信し、しかしその苦しい結末もよく理解しているので、彼女は、関係性におけるケアの倫理に執着する限り、誠実であり続ける方法がわからない。「自分にとって正しいことをするだけ」で選択における葛藤や妥協を避けようとして、実際には、自分は妥協したのだという気持ちをぬぐえずにいる。

この気持ちが明らかになったのは、彼女が弁護士として仕事をしていて、審理中に、依頼人の「有利になる主張」を決定的に支持する証拠資料を相手側の弁護士が見逃したときに直面したジレンマを振り返るときである。ヒラリーは、依頼人の助けとなるその証拠資料のことを相手側の弁護士に言おうか言うまいか熟慮する。そのとき、彼女がはっきり理解したのは、裁判という敵対システムが、「真理の探究と思われること」だけでなく、相手側の人間に対する気配りの表明をも妨げることである。いくらかは自分自身の職業的立場の脆弱さもあって、結局はこのシステムに従うことを選択するのだが、自己犠牲という自分の道徳的理想と同様、人間としての統合・高潔さという自分なりの基準に則して生きることに自分は失敗したと思っている。したがってヒラリーの自己描写は、「自分が正しいと思わないことは絶対しない、完璧に誠実な人物」という夫像や、〔何でも〕人に与える「無私」で「とても気配りの行き届いたひと」という母親像と対照的である。

ヒラリーが少し言い訳がましく自己弁護するところでは、大学を出てからは物分りがよくなり、以前なら糾弾したような相手を責めることもあまりせず、さまざまな視座の一貫性〔統合〕を見られるようになった。いまや弁護士として権利の言語を使い、自己決定や〔相互に〕尊重することの重要性を明確に理解しているが、〔彼女にとって〕権利概念は依然としてケアの倫理と緊張関係にある。しかしながら、利己性と責任が引き続き対立していると、自己に誠実であれという強制命令を関係性における責任の理想と両立させる方法がない。

〔他方、〕権利の道徳と責任の倫理の衝突は、大学生に関する研究に参加した別の学生ジェニーの描いた道徳的危機に一気にあらわれている。彼女は無私性の道徳や自己犠牲の行動もはっきり示しており、それは彼女の理想を体現する母親が好例となっている。

こんなおとなになれるといいなという人がこの世にいるとしたら、それは母でしょうね。なぜなら、あれほど無私の人に私は会ったことがありません。母はひとに何でも与えて見返りをまったく求めないので、自分自身がぼろぼろになるまで、誰が相手でも何でもしてあげていました。

ですから、理想を言えば、なりたいのは、無私で〔何でも〕ひとに与えられる人間です。

対照的に、ジェニーは自分自身を「多くの点で、はるかに利己的」と描写する。しかし、自分に近しい他人を傷つけるおそれがあることに自己犠牲の限界を見、彼女は利己性とケアとの間の緊張を解決しようとする。そこで、「他の人びとのために最善を尽くす」という基本的な構成要素に「自分自身の可能性を全うしながら」という条件をつけ加えて、「人がなりうる最善の人」の定義を書き換えた。

二年前に履修した道徳的・政治的選択に関する授業〔の課題として〕、ジェニーは「自分にどれだけ責務を負っているか?」と「他者にどれだけ責務を負っているか?」という二つの問いのかたちで、道徳性を検証することにとりかかった。道徳性を責務の問題であると定義し、自他の釣り合いを図りながら、彼女は、自己犠牲を支える前提に異議を唱え、自分の責任概念と権利理解を調和させることを企てた。しかし彼女の家庭に当時生じたある危機が、この企ての論理を疑問に付すこととなった。権利の用語法は、人間関係における責任の問題を扱うには不適切であることが証明されたのである。その危機は一人の身内が自殺したために生じたのであるが、当時、二四時間看護を要する祖父の病気のためにすでに家計が逼迫していた。その授業においては、自殺の道徳性について個人の権利という観点から議論が行われていたが、ジェニーにしてみれば、この自殺は〔権利どころか〕周りの者にケアの負担を増やし、余計な苦痛や傷を負わせる無責任の極みに思われた。

彼女は自分の激怒の感情を理性の論理で説明しようとしたが、それまでの考え方ではまったく通用しないことを発見して、行き詰まってしまった。すなわち

その学期の間中、何が正しく何が正しくないか、何が善なのか、そしてどれだけ自分に責務を負うか、他者に責務を負うのかを議論していたところへ、まさにそこのところへ、この〔身内の〕自殺ですもの。これって道徳的危機ですよね？　そして私はどうしたらよいかわからなくて、だってそんなことをしてしまうなんてね、最後は彼を恨んだわ、そして、もう本当に耐えられない。どうして家族に対して、そんなことができたの？　それで私は、あの授業はもうぜんぜん役に立たなくなったから、〔履修者として〕マジで授業の内容全体を評定し直さなければならなくなりました。ずっと議論していた〔正義とか善とかの〕見事にどうでもいいことは、話している分には結構よ。〔授業では〕ちょっとしたストーリーを使うんですけど、たとえば、もしあなたがある任務で偵察隊を率いていて、誰かが手榴弾か何かを投げてこなければならないとします。ええ、いい話でしょ。でも身近でそんなことが起きたら、まったく役に立たないの。そして私は、その授業で自分が発言したことをマジで何もかも見直さなければならなくなったの。もし自分の発言を全部本気で信じていたとしたら、なぜこんなひどい憎悪をかかえて終わらなければいけないのか？

畏怖の念を起こさせるこの問題〔＝身内の自殺〕の複数の次元を考えると、自他に対して負う責務の程度を方程式を使って片づけようとする論理は、崩壊し始め、ついには破綻する。

まったく突然、どんな定義も用語法も、ただただ崩壊したわ。「そう、これが道徳的」「いや、これは違う」ということのできないものになったの。ただよくある、筋が通らなくて定義しがたいことなんです。

ジェニーは、その判断はどうあれ、〔自殺〕行為自体は取り返しがつかず、他者の人生にも影響を及ぼす結果になることを理解した。権利と責任、利己性と自己犠牲は、この状況ではとても密にこんがらがっているので、それについて考えると必ず、ある意味では道徳的危機に見える一方、別の意味においては、「ただ筋が通らなくて定義しがたい」ことになってしまう。

五年後に再びインタビュー調査をすると、ジェニーは、このときの一連の事件がきっかけで「責任に関するすべて」に焦点を合わせるようになり、人生が変わったと言う。利己性と道徳性の対置に支配されているときは、彼女は他人にも自分自身にも応答しなかった。「祖父に対して責任を負うことを望まず、自分自身に対して責任を取ることも望まなかった。この意味では、利己性とも無私性ともいえるが、こうした対置自体の限界を彼女は見ていた。「誰かに自分の人生の方向を決めさせるような、自分が今までしていた生き方は安易過ぎた」ことがわかり、彼女は自分で舵取りをすることに挑み、「自分の人生の方向を変えた」。

責任の問題としての道徳性の基底構造と、女性たちが自分の人生に責任を持とうとする苦闘は、権利と責任に関する研究に参加した他の大学生たちが描写するジレンマにおいて明らかである。女性たちのなかの三名が描写するジレンマを比較すると、広範で明確な記述の全般にわたって、利己性と責任の対置がいかに女性の問題を複雑にし、無私の理想と本人たちの力やニーズの実情とのはざまに女性たちを置き去りにするかが、よくわかる。道徳性と事実との対立によって引き起こされる発達の問題は、これを乗り越えようとする三名の試みにそろってあらわれている。他人に対する責任と自己発達との間の緊張を解く方法を求めながら、三名とも次のようなジレンマを語っている。すなわち家族関係において〔自分の〕人間としての統合・高潔さと〔家族に対する〕忠誠とがしのぎを削る中心に位置するジレンマがそれである。〔そして〕三名とも選択に苦労し、〔その選択の〕難しさは、相手を傷つけたくないという願いにつながっている。この問題に対する三者三様の解決がそれぞれ明らかにするのは、利己性 対 責任の自縛的性質、無私性の美徳に対する権利概念の挑戦、そして権利についての理解が、ケアや関係性についての理解をどのように歪めるかである。

大学二年生のアリスンは、道徳性を、力を意識することと定義する。

ある種の意識、人間性に対するある感受性――誰かの人生に影響を与えたり、自分で自分の人生に影響を与えたり、それに他の人の生命を危険にさらさない、あるいは、傷つけない責任がある。だから道徳性はとても複雑だわ。〔でも〕私は、すごく単純に生きるの。道徳性には、自分と他人との間の交流があるとか、両方に対して責任を取らなくてはいけないとかをきちんと理解することが含まれているわ。私は、責任という言葉を使い続けているけれど、まさに、起こっていることに及ぼしている自分の影響力を意識する、まさにそんな感じなの。

道徳性を力の意識と結びつけつつ責任を他の人びとを傷つけないことと同一視して、アリスンは責任の意味について、「相手のことを気にかけるか、相手のニーズを感じ取って自分のニーズの一部とみなすこと。なぜなら、自分は他者に依存しているのだから」と考える。道徳性を、他者をケアすることと同じに考えることで、彼女は、責任の反対語を「利己性」と命名している。〔これは〕個人的な満足を経験すると、本来ならば責任感があって善いこととみなされる行為の道徳性が損なわれてしまうという判断にあらわれている。〔たとえば〕「チューターの仕事は利己的といってもよかったわ。だって、人のために役立っているといい気分だし、私は楽しんでいたわ」。

このように、道徳性が〔原理として行為の前提に置かれるのではなく〕自他の相互作用から生じることとは理解されている。しかし結局、他人への依存に結びつけられたり、他人をケアする責任と同じにされたりして、自他の対置にまとめられてしまう。〔いわば〕道徳的な理想は協働や相互依存ではなく、自分の手元に残さず相手に与えることで責務を遂行したり、負債を返済したりする〔ことになる〕。しかしながらアリスンが、「私は自分に対してそれほど正直ではないの」と自分を語るとき、こうした構造のまぎらわしさが明るみに引き出される。自分に正直ではないというのは、元をたどれば、自分を欺く必要を感じていたからで、〔それもなぜかといえば〕自己理解に明らかに矛盾があったからだ。

私は、ものごとはこうあってほしいとあれこれ考えるし、とにかく、愛でものごとをよい方向へもって行きたいけれど、身勝手で、たいていの時間は人を愛するようには振舞えないわ。

利己性の問題を解決しようと努力して、アリスンは、「色々な選択をすることに難儀する」とともに、「自分の〔選択した〕行為を正当化するために」絶えざる苦労を経験する。自分が全く望まなくてもひとを傷つける力があることがわかるので、彼女は一年間休学したいと両親に告げることがなかなかできない。というのも、自分が大学で勉強するのが両親にとって重要なことだと知っているからである。自分以外の人びとを傷つけたくない気持ちと、自分に忠実でありたい気持ちとの板ばさみになって、彼女は、非難を浴びないように行動したいという自分自身の動機を見きわめようとする。「自分はなぜここにいて幸せではないのか、何が起こっているのか、自分は何をしたいのかといったことについて、自分に正直になろう」と頑張ってみる。そしてアリスンは、「なぜ本当に一年間休学しなければならないのか、なぜそれが自分にとって本当に重要なのか」を両親に対しても自分自身に対しても説明しがたいことに気づく。「勉強するのは自分のため、何か行動するのは自分のため、〔自分が不利になるから〕他人を助けるな」という具合に、大学は競争が協力を凌駕する「利己的な」制度なのだと考えると、彼女は、競争的な人間関係ではなく協力的な人間関係に携わり、「〔ひとを〕ケアし、〔ひとのニーズを〕感受して、〔ひとに〕与える側」になりたくて、居ても立ってもいられなくなる。しかし、この紛糾した状況では、人間としてかつ道徳的な統合・高潔さの理想と、責任とケアの倫理を調和させる方法が、アリスンにはわからない。というのも、休学すれば、両親を傷つけることになり、大学に留まれば自分自身を傷つけることになるからである。彼女が〔自分に〕正直であるとともに、〔ほかのひとに〕心配りもできるひとでありたいと述べるとき、この緊張があらわになる。「それなりにしっかり考えているけれども他人とかかわりを持ち、ほかのひとの考えを尊重しつつも〔安易に〕妥協せず、相手の言いなりにはならないけれども対応できる人〔に、私はなりたいのだけれど〕」。

二人目の女性〔被験者〕であるエミリーが、この〔アリスンの〕苦闘がどのように権利構想と結びつくのかを明らかにしている。大学四年生として、道徳的原理がはっきりしない場面で決断する経験がそれまでにあったかどうかという質問を受け、彼女は、翌年どこのメディカルスクールに進学するべきかをめぐって両親と揉めていると話す。娘は自宅から遠く離れたところへ進学するべきではないとする両親の立場を説明しながらも、彼女は道徳的正当化と利己的正当化を対比してみせた。

両親は、良くも悪くも道徳的原理の正当化と、娘を手元に置くことの正当化を主張していたわ。よい点は道徳に分類できるし、まずい点は利己性に分類できるわね。

このジレンマを権利言語に当てはめようとして、エミリーは次のように説明する。

両親には確かに、望むかたちでいつでも私に会いたいと思う権利があるわ。私が思うに、まずいのはその権利を濫用したことよ。〔それは〕利己性の問題を助長するし、私が道徳的だったところが浮かび上がりました。道徳的側面といえるのは、〔私には〕家を出ても家庭を壊すつもりはまったくなかったからなの。

権利と欲求、道徳性と人間関係における責任を同一視することによって、エミリーは「家庭を壊すことが目的」ではなかったと述べる。むしろ、「〔自宅とは〕異なる環境で〔家族とは〕異なる人たちと生活したら、自分がもっと成長すると考えていたし、今もある意味そうだわ」。自分自身の成長の責任を自分で取ろうとする「家を出ること〔分離〕のよい面」と、両親が傷つく事実という「自分に不利な面」とを対比して、彼女は解釈の問題にたどりつく。古い道徳言語が再来しても、エミリーが自分の立場を説明するとき、たちまち相対化される。

私の動機は利己的な面があったというか、それほど強くありませんでした。うちの家族は単なる所与の存在ではなく、一生続くもので、私の道徳的責務のようなもの。万事が相対的なもので、出て行かずに自宅に留まることのそういう面を受け入れるのは、私の道徳的責務のようなものでした。私は、いくばくかの非利己性でもって、状況を処理しようとしていました。

利己性と非利己性は、背反する絶対の判断というよりむしろ相対的なもの、つまり、真理というよりは解釈や視座の問題かもしれないとするエミリーの新たな感覚は、〈彼女が考えていくうちに〉一つは権利に、もう一つは責任に集中する二つの道徳的概念になる。この二つの概念の間を行ったり来たりしたことは、彼女が直面した道徳的葛藤を定義するときに明らかになる。

その葛藤は、自分が家を出ることが両親を傷つけるわけではなく、ただいなくなるだけだと考えるときに、自立した当事者として行動する権利があるか否かというものでした。両親の側からすれば、〈私が家を出ることは〉好ましくないと思われたけれど、私はそのようには考えていませんでした。そしてその葛藤は、解釈〈問題〉ではなく事実〈問題〉であって、私と両親が〈現に〉その道徳について違う解釈をしているという事実でした。それに、どちらの解釈も〈論理が〉相対的に同じ具合に積み上げられていると見えるほど競り合っていて、私が家に留まることで両親に同意したことになるのかなと思うし、まさに、それが葛藤だったのだと思います。

以前、エミリーは、「必ず道徳的な立場がある、他よりも高いの、それが〇・二五パーセントだとしても、より高度な立場がある。物事をきっちりすり合わせることだってできるはず」と考えていた。しかしながら、この状況で彼女が見出したのは、「道徳的な意思決定を下すのは不可能だ」ということであった。自分がそういうことをしても誰も傷つけないと信じ、自立したおとなとして行動する権利を正当化したにもかかわらず、娘が家を出て行くことは自分たちを傷つけるから身勝手だという両親の解釈に、エミリーは結局、同意した。家に留まることに決めた「切実な理由」を説明しながら、彼女は、どちらがより利己的かをはかろうとして葛藤を深め、結局、自分の考えのほうが「ずっと身勝手」だという結論に至った過程を次のように語る。

両親は、もう本当に何から何まで傷ついていたけれど、私は家を出ないとしてもそんなに喪失感があったわけではありませんでした。ですから両親より自分のほうが、身勝手に思えてきたのではないかしら。どちらも同じ程度の利己性から始まっているのに。なんだか両親の方が私より苦しんでいるように見えました。

このように、権利の構造は、それ自体は利己性と釣り合わせるものとして責任の言語で鋳造され、最終的には責任を考慮すること、誰がより多く苦しむかを問うことに屈してしまう。権利同士の紛争として葛藤を設定する試みは、利己性の競り合いになり、道徳的意思決定の可能性を妨げる。というのも、どちらの解決策をとっても、見方次第で利己的に構築されるからだ。結局、権利への関心は責任への関心に百歩譲ることになり、エミリーは「自分の非利己性が少し幅を利かせるようにして」葛藤を解決した、というのも、両親が自分よりも傷つきやすいのを見て取ったからである。

エミリーは、自分が受ける痛手を、〔予定を〕ひとつ取りやめにしたに過ぎないとあきらめ（「新しい経験をひとつしないからといって、厳密には痛手とは言わないわ」）、罪の遂行、つまり、両親に「とてもひどい喪失」を味わわせる場合の責任と対照させる。彼女は、責任を「道徳性に付与されているもの」と考えているので、彼女から見ると、責任を果たすことは「期待の鎖」をつなぐことであり、「もし途中で〔つなぐのを〕やめると、自分自身だけでなく周りにいるすべての人にとって、すべての行程に支障をきたすことになる」。その結果、〔個の〕自立の想定にもとづいた権利論は人間関係の鎖を断ち切る恐れがあるため、責任論によって相殺され、凌駕されることになる。結局、選択は「より重い責任がどこに所在するのか」の決断にかかっている。それは、傷つきやすさの見積もりにもとづく決断であり、誰がより傷つくのかを見比べることである。

しかしながら、自分の「ひとりの自立した当事者として行動する権利」を放棄し、代わりに「非利己性が幅を利かせるようにする」ことで、エミリーは責任の道徳に対する自分の解釈を中途半端なものにする。そして解釈を中途半端にすることで、自分自身が宙ぶらりんになってしまう。この半端な感覚は、エミリーの自己描写に捉えられている。それは、「ころころ転がって、あちこちに雪がついても、決して雪の重みでくぼむことのない小さな丸いゼリービーンズ」である。面接調査の終盤で彼女は、自分の人間関係についてより「思慮深く」なり、ただ「成り行きに任せる」のではなく、「どのように人とかかわりあっているのか」を知ることにもっと関心を持つことによって、もっとしっかり足を地につけたいという希望を述べた。以前のエミリーは、人間関係において自分が何をしているかを考えることに「二の足を踏み、怖れていた」が、今では、「それについて考えれば、怖くなくなるわ、なぜなら、自分が何をしているのかを考えるときは、それが何であるか、〔すでに〕知っているのよ。もし知らなくても、成り行きに任せるだけだわ。次に何が起こるかはわからないもの」。〔小舟が〕漂流する、あるいは〔嵐を〕乗り切るイメージはインタビュー調査の間中、くりかえし現れ、利己性と責任の板ばさみになった女性たちの経験を示している。他者のニーズを感じ取り、応答していく人生について語る場合、女性たちが統制権を行使しようとするならきっと、利己的に見え、したがって道徳的に危険な主張をするリスクを犯すことになる。『滝』の主人公は冒頭、「たとえ溺れかけても助かるために手を伸ばすなんてできない、それぐらい運命に逆らおうという気持ちがなかった」と言うが、「それは真実かもしれない」と考えることとさえしない。〔これまでのインタビュー調査に参加した〕女性たちは同様に、無抵抗のイメージ、つまりジェーンが沈んでいくことで責任を回避したような表現によって、何も考えることなく「あらゆる活動の氷河期」へ引きずりこまれて、「本人が何もしなくても神様の思し召しで、事がかたづいてしまう」。

しかし、漂泊のイメージは、責任の重圧から解放すると見せかけて、〔実は〕より苦しい選択に直面させる危険をもたらす。それはちょうど中絶を決定する厳しい選択をするのと同じ、あるいは自分がひどく怖れていたことを心ならずもしてしまったとマギー・タリヴァーが悟ったのと同じである。その結果〔の重大さ〕を認識するとき、選択や真理の関連した問いをともなって、責任の問題が復活する。

マギーは、スティーヴンに抵抗することを一瞬やめ、彼に対する思いに負けたとき、感じたのは、導かれるままバラが咲き乱れる庭を通り抜け、力強くも丁寧にボートに乗せられ、足元にクッションや上着が置かれ、（彼女自身がすっかり忘れていた）日傘を差しかけられた――すべて彼女自身の意志を働かせることなく、彼女を抱きかかえんばかりのこのより強い存在によって、なされるままであった。

しかし、いかに遠くまで来てしまったかに気づいたとき、マギーは「恐ろしい予感にとらわれ」、「すべては潮の流れの仕業だと、切に信じたい気持ち」は、すぐさま、まず「スティーヴンに対する怒りのこもった反抗心」に代わった。マギーは、スティーヴンが彼女に選択を許さず、軽率さにつけ込んだと非難したが、自分自身も一枚加わっていたことに気づいた。もはや「麻痺状態」ではなく、「ほんの二、三週間の感情に駆り立てられて自分の性質上、何よりも怖れていた罪――背信と残虐な利己的行為――を犯してしまった」ことをかみしめる。そしてマギーは、「完全な善に憧れ」、「より穏やかな愛情に忠実になり、恋愛の歓喜なしに生きてゆく道を選ぶ」。

しかしながら、マギーが善に憧れるのに対し、彼女の反転像ともいえるジェーンは真実を探求する。ジェイムズに対する自分の欲望のなかに、「マギー・タリヴァーのように失い、放棄したものを求めて」溺れてしまうかもしれない「利己性の極み」を見出したジェーンはその代わりに、放棄したものを疑い、ついには、「愛に生きる」ことを選ぶ。「マギー・タリヴァーが決して恋人と寝なかったものの、ルーシーにも自分自身にも、そして彼女を愛した二人の男性にもありったけのダメージを与えてから、前世紀の女性らしく欲望を抑える」のを目撃したわけだが、ジェーンは「かつては、事が起これば、それに耐える方法が一つしかなかったという角度から見るべき出来事」に直面している。結局、ジェーンは「現代では、どうすべきなのか」疑問に思う。

利己的な振る舞いと無私の振る舞いとの道徳的区別は、マギーにとっては、どんどん明確になったのだが、ジェーンの場合は、どんどん曖昧になっていく。「徳を求めた」ものの、「他人なら昇れる階段を〔自分は〕昇ることができない」〔五七頁〕とわかっただけであった。そこで彼女は、無垢を「禁欲・拒否・放棄」のなかに求め、

自分の本性が悪夢のように断続的に頭をもたげるにもかかわらず、もし自分をまったく否定できれば、ある種の無垢を達成できるだろう、〔つまり、そんな風に〕自分自身を否定し抹消できると思っていた。

しかし、物語を一人称で語ろうが三人称で語ろうが関係なく、(8) 最後は真実に直面することを知る。それは、あらゆる禁欲にもかかわらず、自分が「〔自ら求めて〕欲望の波が押し寄せてくる海に溺れて

しまっている」ということだ。

このような放棄、つまり自己否定によって身にまとわされる無垢という幻想の引力に逆らうとき、女性たちは自分自身の経験の真実を探求し、人任せにしないことを語り始める。

【この一年間を振り返って、特別なことがありますか?】

自分の思い通りに生きるようになったこと。

〔インタビュー調査に参加した〕三人目の女性で、大学を卒業したばかりのケイトは、利己性と責任の対置を乗り越え、自分の人生を全うしようと苦闘していることを語り始める。その苦闘は、四年生のときに、突如始まった。「自分にとってもっと大切なこと」をするために〔大学の〕代表チームを退部したいという願いをかなえるべく行動することができなかったのである。ケイトは、自分の人生で「それまで文句なしに最優先」だったスポーツをやめるという極端なことをしようと考えたものの、「〔思考が〕少し麻痺」して決断を下せなくなってしまった自分に気づいた。

ただただ辛かったわ。決心するのはとても難しかった。とてもできなさそうで、私は行き詰まりました。そして、私は、考えようとして、それが壁に突き当たった感じでどうしてそんなに難しいのか、なぜ苦しんでいるのか、理解しようとさえしたわ。それで結局、コーチから、「おいおい、どっちにするか、決めなきゃ」って言われるちょっとした危機的状況になっちゃって、私は全然、自分で決められる気がしなかった。感情的にも何も、本当に厄介なことになったわ。大きな問題を抱え込んだことを自分で認めたのは、考えられる限り、初めてでした。

ノーという答えを出すことで、ケイトの問題は、それまでまったく不問に付していた一つの「倫理そのもの」に異議を唱えることになる事実に端を発していた。父親に象徴される世界観――「何事もスポーツ倫理でも、きっとうまくやり抜く」――を「唯一の金科玉条の倫理」と信奉して育ってきて、今では「それが自分のよりどころとして、いかに根底にあったか」を痛感していた。「自分にとってもっと大切なものがある」ことがわかり、「長い間、自分がよりどころとして生きてきた基本構想の一つに対して本物の脅威、または、本気の挑戦を（自身で）提起」したのであり、その構想はずっとケイトのアイデンティティの支えであり、父娘の絆でもあった。

以前は、「何をやりたいという実感がなく、あたりさわりのない道を行く感じ」で、「のらりくら

（8）最初に一人称で語りだすときに、「いろいろの角度から見られるいくつかの事件が。それはかつては一つの事件であり、それに耐える方法もたった一つしかなかったのに」（五〇頁）とある。そして作者が視点＝人称を変えるだけでなく、ジェーンも「わたしはまたもっと違った見方でこういったことを見ることができる。わたしはこれをルーシィの見方で見ることもできるのだ」と語る（一三〇頁）。

りした」学校生活だった。そんな自分を語りながら、ケイトは「私がしたいことをどんどんするようにし、なすべきと自分で考える或いは期待されることをせいぜいしないようにすることで」〔自分の人生を〕制御してきた。こうした過程を経て、ケイトは、「今の地点にしっかりはまる」ようになった。彼女は、〔自分と〕異なる世界観にもそれなりの正しさがあることはわかっているが、自分自身の解釈に、より重きを置く。このように〔自分の人生を〕制御する過程が、「つまり自分が何をやりたいか、どんな選択肢が可能なのか、どんな進路が理にかなっているのかをもっとはっきり感じさせる過程が」新しい意味を帯びる。

自分の内面に少し立ち入ることで、自分の判断に少しずつ自信を持つようになったということかしら。だって、判断の根拠になるものがあるから。〔つまり〕少しずつ心強くなって、いろいろなことを決めた状況を判断したりするのに自分を信じられるようになったわ。そして、両親や大学〔当局〕の言いなりにはならないの。自分や他の人の立ち位置があって、どちらもそれなりの言い分があって、誰が絶対に正しいというわけでもない、そんな状況にいる自分を理解して、その状況をどう受け入れるかを学んだわ。そして、どうしてそうなるのかを明らかにしようとしたけど、誰かが他の人より正しいとかうまくやっているとかいう考え方そのものを疑うようになったわ。

生きてゆくための正しい道は一本しかなく、違いは、より良いかより悪いかの問題なのだという考えを疑い始めると、ケイトの葛藤観が変わる。〔彼女にとって葛藤は〕関係性に対する脅威というより、むしろ人間関係の一部となった。彼女は現在の自分の道徳観を、「正解はある」という以前の信念と対照し、二年生の時に履修していた〔コールバーグ式の〕道徳性発達についての授業に言及する。

道徳的推論の最高レベルでは、ある問題に一緒にかかわる人たちがいるとして、その人たちの意見が全員一致するという考え方は、〔論理モデルとしては〕理解できるわ。それは、とても紛らわしいけど、びっくりだわ。あまりにも単純だわ。正解があって、誰もが正解にたどりつくはずだなんて考えは、きれいごとすぎる。

〔全員が〕同意するという考えは権利概念を前提としているので、当時のケイトのフェミニズム理解と結びついている。女性の権利を承認することは、「自分が女性の選択だと感じていたものに対して抱いていたたくさんの不平不満を正当化する」ものであった。同様に、道徳性を権利に対する尊重と同等視することは、義務を相互不干渉に限定することによって責任の限界を設置し、ケイトの探求する選択の自由を正当化した。しかしながら、こうなると、関係性の現実、つまり、「人間としての経験に対するそのほかすべての次元」を考慮に入れるこのアプローチが不十分であれば、権利や主張の釣り合いをとる「個人単位」アプローチの限界が見えるのだ。個人の生活を、関係性の社会的文脈に連なり、埋め込まれているものとしてみることで、ケイトは自らの道徳的視座をひろげ、「集団としての生」という考えを取り入れている。孤立して対置されるものというよりはむしろ、〔それぞれが〕異なるけれども繋がっているものとして見ると、責任は、ここで自他を包含する。相互利益に注目するよりむしろ、このように相互依存を認識することで、「私たちは皆、ある程度、互いに見守る責任を負っている」というケイトの信念を説明できる。

　道徳的な問題は、「自分がどちらへ進んでも、何か、または誰かが、ないがしろになる」という葛藤の状況から生じるので、その決断は、「単純な成否の決定ではすまない、さらに悪いことになる」。関係性のこまやかなネットワークに広がってゆく世界では、誰かが傷つくという事実は、かかわる誰もがその影響を受ける。いかなる決定の道徳性もややこしくなり、すっきりした、あるいは単純な解釈の可能性が取り除かれてしまう。このように道徳は、人間としての統合・高潔さと対比される、あるいは同意という理想に結びつけられるのではない。むしろ、「その状況に含まれている重要なことすべてをきちんと処理して決定を下し」たり、選択に責任を負ったりすることからくる「一貫した高潔さのようなもの」に適合させられている。結局、道徳性は、ケアの問題なのである。

> あらゆることを検討するなんて、時間も労力も取られるわ。〔意思決定によって〕影響を受ける重要なことがほかにあるとわかっていながら、不注意にとか、さっさととか、ひとつか二つの要因を根拠にして決定してしまうことは、それは不道徳よ。道徳的な意思決定をする方法は、可

能な限り、知っている限り、熟考することね。

ケイトは、必ずしも常に自分を強いと感じるわけではないことを認めつつも、自分自身を「強い人間」と描写する。彼女は、以前のように「ストイックな態度」をとるよりもむしろ、自分は「思慮に富み、注意深く」、「いかに自己を表現し、より率直であるかを苦しみながら学び始めた」ところだと考えている。スポーツに参加することで、「自分の身体についてまじめに考えるようになった」。けれども、フェミニズムに傾倒し、思考や感情についても同様にまじめに検討するようになった。今では自分自身に敏感に応答し、他の人びとに対しても率直に応答するようになって、ケイトの描く道徳は、責任についての新たな理解の中に権利の論理を含む。人生を「一本道」ではなく、「網の目だから、そこではどんな時でも、さまざまな道を選べる。一本の道しかないというふうではない」と考え、紛争は常にあり、「絶対の要因はない」ことを彼女は理解している。唯一の「真の定数は、この過程である」。それは、自分の知っていることにもとづき、他のもっともな解決もありうることを理解した上で、ケアしながら決定する過程である。

ひとを傷つけないというよりはむしろ、ケアすることを責任と同等視して、ケイトは、限界という問題を認める。「どこまでやればいいのかわからないけれど――他の人を助けるという点で、私たちは、お互いに責任を負うのよ」。包摂は、道徳的意識のゴールであるが、排除は人生につきものであるかもしれない。彼女が憧れる人びとは、「生きていくうえで、個々の具体的な状況に真につながりあっている人たち」であり、われ関せずではなく互いにつながりあって生きていて、人生の〔いろいろな〕状況にしっくりはまるところから、その人たちの知識が得られている。

そうなると、ある意味では、大きく変化してきたわけではない。ジョージ・エリオットは、道徳的決定の「すべての事例に通用する親鍵（マスターキー）はない」と述べ、決疑論者〔邦訳では詭弁家〕に注目する。(9) 彼女の看取するところ、決疑論者の「ものごとを微細に弁別する歪んだ精神」には、「目や心があまりにもしばしば致命的にふさがれている真理――道徳的判断は、絶えず、個人の運命をマークする特殊な環境に照らして検分したり明らかにしたりしなければ、偽りで空虚なままにならざるを得ないというひとつの真理」がある。つまり道徳的判断を下すときは、「より深い洞察と共感」を盛り込まなければならず、また、「一般原則」が人びとを「正義に」導くわけではないことを経験的に知ることで、調整されなければならない。〔どのような一般原則かというと〕「わざわざ辛抱したり、差別を見分けたり、公平をつとめたりすることなしに、つまり、苦労して誘惑の価値を知るとか、新鮮で張り合いが十分あっておよそ人間的なことすべてに対して広い友情を作り出すような生から生じる洞察を得るかどうかを確認するようなケアもなしに、出来合いの明白な方法で判断する」というものである〔邦訳三二九―三三〇頁〕。

それでもエリオットにとっては、少なくともこの小説においては、道徳的な問題は依然として一種の自制であり、「その瞬間が訪れるか否か」の問題である。〔その時は〕「その人物は、何らかの効能ある自制の可能性のもとに落とされ、〔宗教・道徳上の〕罪として苦闘する情熱の支配に甘んじなけ

（9）小説では、マギーが従姉の恋人と駆け落ちしたが結婚もせずに戻ってきたという噂で、町の人々の態度が変化したことに耐えられず、彼女は牧師館に相談に行く。マギーを帰した後に思案するケン師の描写から、作者の見解に続く場面をギリガンが取り上げている。その場面の全文（工藤・淀川訳、三二九頁）は以下の通りである。

彼が読んだスティーヴンの手紙の調子や、この問題にかかわりあるすべての人びとの実際上の関係を考えると、結局スティーヴンとマギーが結婚することがもっとも無難なこととして考えないわけにはいかなかった…一方…やはり、彼女の良心にいらざる干渉をしてはならないのだ。彼女の行為の根本原理は、結果を秤にかけて云々すること以上に、いっそう安全な道しるべである…情熱と義務とのあいだの浮動的な関係という、大きな問題は、それを理解し得る人にとっても明瞭ではない。いくらかでもききめのありそうな自制ということもすでに手遅れになってしまい、これまで罪悪として反抗してきた情熱の赴くままに従わねばならぬときが、果たして来てしまったかどうか、という問題は、すべての場合にまにあう合鍵ではあけられぬ問題である。詭弁家というものは、非難されるのが通り相場である、しかし、彼らがものごとを微に入り細を穿って弁別しようとするかたよった精神は、一つの真理をほのめかしている、が、われわれの眼や耳はあまりにしばしば閉じ塞がれているので、これを見聞きすることができない――つまり、道徳的判断というものは、個人の運命を形づくる特殊な条件をたえず考慮に入れて抑制され啓発されるのでないかぎり、依然として誤りを犯し、無意味なものとなるのほかはない、という真理である。

心のひろく、感覚の鋭いひとはみな、ものごとを公理的に見ようとする人を、本能的に嫌う、なぜなら、こういうひとびとは人生の玄妙な複雑性は公理によって包括されるものではなく、また、そうした類の公式でわれわれ自身を締めくくるならば、洞察と同情が増すにつれて生じてくる神聖な刺激や霊感のすべてを抑圧するという事実を、はやくも見抜くからである。一方、格率を重んじる人は、道徳的判断をればならない」。情熱と義務の対置はこのように、無私すなわち、マギー・タリヴァーが憧れた「完全な善行」の理想へ、道徳を束縛する。

こういう対立と理想の両方が、権利概念、つまり自他を平等とする正義論の基底概念によって、疑問に付されたのである。一九七〇年代の大学生たちの間では、自己犠牲や克己の道徳に物申す思考に権利概念が入り込んでいた。自己否定の禁欲主義に疑義を唱え、無垢という幻想を選択の自覚に置き換えるなどして、大学生たちは、自己の利益が正当とみなされるような権利の基本概念を掴み取ろうともがいたのである。この意味において、権利概念は、女性の自己像の変革をもたらし、女性たちが自らをより強力と見、自分のニーズを直接考察するようになった。権利主張がもはや危険と思われなくなったとき、関係性の概念は、持続する依存の絆から、相互依存の力学へと変化した。そして、ケアという観念は、他者を傷つけるなという〔自分を〕無力化する強制命令から拡張して、自他に対して責任を持って行動し、関係性を維持すべしという強制命令になった。そこで、思考の活動をケアの活動に結びつける倫理に心と眼が加わって、関係性を力学的に捉える意識が、道徳的理解の中心となる。

このように、女性たちが他の人びとだけでなく自分自身をもケアすることを道徳的とみなせるようにすることによって、慈悲の心に正義〔論〕のバランスを加えて[10]、女性の権利における変化が、女性の道徳判断を変える。最初に、フェミニストたちによって公的分野において提起された包摂の問題は、女性が自分自身を排除していることに気づくにつれて、女性心理を通して波紋を広げる。ケアへなす場合に、もっぱら一般的な規範を道案内にたてる人々の人気ある代表者である。こういうひとは、この道しるべに従ってゆくならば、忍耐、識別、公平などという厄介な努力をすることなしに、言いかえれば、誘惑の価値を刻苦して知りえたことから生じる、もしくは、いやしくも人間的なもののすべてにひとしく共感し得るだけの生気ある熱烈な生活をなすことから生じる、洞察力の有無をわれとわが身に確かめるほどの心づかいをしないで、できあいの、どこにも通用する方法で、正義にまで到達するものと考えるのである。（引用終わり）

エリオットの筆致自体が皮肉を感じさせるものであるが、過去の研究には、「このフロス河に幸福はよくないもの、諦めはそれ自体よいもの、という乙女らしい信念をもったマギーを葬ることによって、ジョージ・エリオットが誕生したのだといえるのではなかろうか」という指摘もある（丹波千年「ジョージ・エリオットの心の鏡とその映像――「フロス河の水車場」の場合」『人文研究』第一三巻第四号、大阪市立大学、一九六二年、四一三―四三一頁）。少なくとも一九六二年に日本でもそういう読まれ方をした作品が、ギリガン（一九三七―）の学生時代のアメリカの大学で実際にはどのように読まれていたのか、そもそも、心理学のインタビュー調査の結果を考察するベースがいわゆる英文学（史）という人文教育であることは、カレッジで English Class、大学院で心理学を専攻したという個人的経歴にとどまらず学問的連関が成立した点で興味深い。

(10) シェイクスピアの『ヴェニスの商人』四幕一場、法廷で裁判官に扮したポーシャが、法と慈悲について、原告のユダヤ商人シャイロックに語りかける科白のパロディである。

The quality of mercy is not strained.
It droppeth as the gentle rain from heaven
Upon the place beneath. It is twice blessed:

の関心が、他者を傷つけるなという命令から、社会的な人間関係における責任の理想へ拡大すると、女性は自分たちの関係性理解を、道徳的な強みの源泉として見始める。しかし、権利概念も、道徳的問題を考察する上での第二の視座を加えることで、女性の道徳的判断を変え、その結果、判断は、より寛容で、それほど絶対のものではなくなる。

利己性と自己犠牲が解釈の問題となり、責任と権利の間に緊張が走るようになるにつれて、道徳的真実は心理的真実によって複雑になり、判断〔が求められる〕問題は、より込み入ったものになる。ドラブルの主人公〔ジェーン〕は、「〔波に洗われた〕石のように丸くて固い詩」を書こうとしても、単語や思考が〔波の力に負けないほど〕強硬なものだと思い知り、「まろやかですべすべした詩なんて、何も言っていないに等しい」という結論を下す。そしていろいろな角度から見た出来事の多様なエッジを描き始めるが、結局、統一された真実を見つけられずに終わる。その代わり最後に視座を変えて、「横に押しやった第三人称」へ不信を追いやると、〔ジェーンは〕もはや利己性という非難をかわしもせず、一人称の声に自分を重ねるのである。[11]

It blesseth him that gives and him that takes.
'Tis mightiest in the mightiest. It becomes
The thronèd monarch better than his crown.
His scepter shows the force of temporal power,
The attribute to awe and majesty
Wherein doth sit the dread and fear of kings,
But mercy is above this sceptered sway.
It is enthronèd in the hearts of kings.
It is an attribute to God himself.
And earthly power doth then show likest God's
When mercy seasons justice.（下線、訳者）

(11) 本書の六二頁でも唐突に、二〇世紀文学の視点論に言及している。文学史的にも、視点という技法の元祖ヘンリー・ジェイムズ登場以前のオースティン、エリオットといったイギリス風俗小説の伝統を、ヘンリー・ジェイムズの技法で回復したものと評価される作品が、『滝』である。さらに、主人公ジェーンに、ルーシーと自分との比較を語らせたり、自分の恋の喜劇的結末を強調させたりして、ドラブル独自の境地を開拓している。したがって、エリオットの主人公とドラブルの主人公との対照という文学史上「お馴染みの」構図を採用したのは、心理学や精神医学の文献においてしばしば個々の文学作品が参照される慣行に従っただけにとどまらず、シェイクスピアからウルフらにいたる（英米）文学史をカレッジで学んできた同時代の女性読者層の共感をギリガンが強く期待していたことを、示唆しているように思われる。

第六章

成熟の姿

愛着と分離は人間のライフサイクルの大切な節目となり、ヒトの生殖という生物学〔的事象〕と、人間の発達という心理学〔的事象〕の記述を構成する。愛着と分離の構想は、幼児期の発達の性質と順序を描く。そして青年期にはアイデンティティと親密性として、成人期には愛と仕事として、登場する。しかしながら、人間の経験に反復的にあらわれるこの対位法は、発達の順序という型にはめて発達と分離を一直線上に重ねてしまうと、見失われがちである。この消失のもとをたどると、幼児期と青年期の発達の焦点に突き当たる部分がある。〔各時期の〕母子間距離を測ることによって、発達を容易に記録できる〔がゆえの、焦点化である〕。こうした捉え方の限界は、成人の発達研究から女性を欠落させているところに最も如実に見て取れる。

ウェルギリウスのように「戦いと英雄を賛美する」ことを選んだ心理学者たちは、成人期を語るに際して、自我の発達と仕事〔の内容〕に焦点を合わせた。思春期に分離が頂点に達するのに続いて、成人期に愛着とケアが復活すると考えられている。しかるに、男性研究からたえまなく現れる近年の成人発達の研究は、親密な、世代を継承する関係で過ごす生についてほとんどふれていない。女性を排除することで必然的にダニエル・レヴィンソンのサンプルが貧弱になる弱点は、明らかである。にもかかわらず、彼は、男性のみを対象とした研究にもとづいて、「青年期に生じる多様な、生物学、心理学、そして社会的諸変化を一望する網羅的な発達概念を創造すること」を提示している（p. 8 上巻二八頁）[1]。

レヴィンソンの構想は、「**夢**」という着想に特徴づけられている。それは、ジュピターの栄光ある運命の予言がアエネアスの旅路を方向づけたのと同じ流儀で、男性の人生の四季を順序づけている。レヴィンソンが記す「**夢**」は、実現ないし修正によって男性の性格や人生をかたちづくるような、輝かしい業績のイメージである。レヴィンソンの分析において目を引く人間関係はというと、「助言者」が〔男性の〕「**夢**」の実現を容易にし、一方で「特別な女性」が、男性が「**夢**」を描いて実現するのを励ます協力者であることだ。「未熟な若者が、家族とそれまでの世界から離れて大人の世界へ足を踏み入れるとき、「**夢**」の実現を助ける大人たちと重要な関係を結ばなければならない。このドラマで最も重要な二人は、「助言者」と「特別な女性」である」(p. 93 邦訳上巻一六九―一七〇頁)[2]。

成人前期の重要な人間関係は、個人的業績という目的に至る手段としてこのように解釈される。そしてこれらの「過渡的な人物」(邦訳上巻一七九頁)は、成功の実現に従って、放棄されるか再構成されるかしなければならない[3]。しかしながらその過程で、もしもディドー[4]のように「**夢**」の実現に対する障壁になってしまうと、「発達過程を進めるために」その関係を終わりにしなければならない。この過程は、レヴィンソンによって明確に、個体化の過程と定義されている。「ライフサイクルを通して、特に要となる過渡期において……個体化という発達過程が進行する」。その過程は、「本人および外界に対する関係における変化」、すなわち、「**生活構造**」(p. 195 邦訳上巻二六七頁以下)を構成する諸々の関係性に及ぶ。

もしも「**一本立ちする**」過程において、この構造に欠陥が見つかって「**夢**」の大いなる期待を脅かすならば、「**深刻な失敗や破滅**」を避けるために、主人公は〔その人間関係から〕「脱出」して「**夢**」

を死守しなければならない。この逃亡行為は、「離婚、離職、転居」といった、分離の「指標となる出来事」（p. 206 邦訳上巻二七四頁）をもって完了する。このように、中年の〈危機に対する〉救済へ至

（1）調査対象を男性に限定したことについて、彼は、両性について成人期の発達を研究することが不可欠とし、性による差異を予想しつつ、自分の研究が女性についての研究の基盤にはなるだろうと言い訳している。しかし、その第一歩を踏み出したものとして Wendy A. Stuart の名を挙げ、「サンプルの数は少ないが、三〇歳代半ばの女性について調査した結果、女性独特の問題点のいくつかを除けば、全員が男性と同じ発達段階を経験していることが明らかになった」（南訳）と報告していることも、ギリガンを刺激したと推測される。

（2）およそ一七歳から二二歳までの約一五年間を「新米時代」とし、さらに「成人への過渡期」「おとなの世界に入る時期」「三〇歳の過渡期」に区分して検討するが、新米時代の重要な発達課題として、〈夢〉をもち、その夢を生活構造の中に位置づける／良き相談相手をもつ／職業をもつ／恋人をつくり、結婚し、家庭をつくるの四点を挙げている（南訳にもとづく。以下同様）

（3）良き相談相手の最重要条件として、過渡的な関係にある人物であることとしている。成人前期の青年は、親とのおとな対子どもの関係から、親以外のおとなと対等におとな対おとなの関係に移らなければならず、八から一五歳年長で、親と、親と対等のおとなの両方を兼ね備えた存在（「信頼にたる立派な兄貴」）が望ましいと説明している。そして、良き相談相手との関係はいずれ切り捨てられ、今度は自分が誰かの良き相談相手となるので、四〇歳を過ぎても良き相談相手がいる人はまれであるとする。

（4）ローマ建国に向かうアエネアスが途中で漂着した、カルタゴの女王。二人が恋仲になったのを天上から見たジュピターが、工作してアエネアスを旅立たせた。悲嘆にくれて、ディドーは自ら命を絶つ。

る道は、達成か分離かのいずれかを通っていく。

レヴィンソンが人間のおびただしい数の経験のなかから選択したのは、栄光ある運命に向かう根気強い戦いとしての、成人の発達の海図を描くことである。それはウェルギリウスと同じである。ローマ建国へ向かう敬虔なアエネアスのように、レヴィンソンの研究に登場する男性たちは、約束された成功の岸辺までの距離で自分の進歩を計りながら、夢の実現にすべてを捧げて人生を確立する。このようにレヴィンソンが物語るストーリーにおいては、個々の強度がどうあれ、諸々の関係性は、成人の発達という個人のドラマの中で相対的に従属的な役割を演じる。

仕事に焦点を当てることは、人生への適応についてのジョージ・ヴァイラント（一九七七年）の説明にも見取ることができる。成人の適応に関連する変数は、データを生み出すインタビュー調査のように主として職業にかかわっており、エリクソンの発達段階の拡張を要求する。エリクソンが「二〇代の一〇年間と四〇代の一〇年間との間」に置き去りにし、「発達の記録されない期間」があるとヴァイラントは考える。その空白期に挿入するかたちでヴァイラントは、三〇代を「**キャリア確立**」期と呼ぶ。この時期、彼が調べた男性被験者たちは「シェイクスピアの兵士のように「水泡(あぶく)のような名誉」を」求める（p. 202）[5]。このシェイクスピア式のローマ〔建国〕をあてはめてみると、親密性と世代継承性の連続が中断されてさらなる個体化と達成の段階へ席を譲る。とその段階は仕事によって実現し、社会的な承認をもたらす成功によって完了するのだ。

しかしながら、世代継承性というエリクソンの観念（Erikson, 1950）は、このように改作される過程で変質する。エリクソン〔自身〕は、世代継承性を「次世代を確立し、指導することへの関心」と考える。したがって、文字通り或いは象徴的な実現としての親〔世代〕の「生産性と創造性」(p. 267

---

(5) シェイクスピアの出典は『お気に召すまま』第二幕第七場――All the world's a stage で始まり、

And all the men and women merely players;
They have their exits and their entrances,
And one man in his time plays many parts,
His acts being seven ages. At first the infant,
Mewling and puking in the nurse's arms.
Then the whining schoolboy, with his satchel
And shining morning face, creeping like snail
Unwillingly to school. And then the lover,
Sighing like furnace, with a woeful ballad
Made to his mistress' eyebrow. Then a soldier,
Full of strange oaths, and bearded like the pard,
Jealous in honor, sudden, and quick in quarrel,
Seeking the bubble reputation
Even in the cannon's mouth. And then the justice,……と続く(下線、訳者)。シェイクスピアが唱えた人生の段階説は、ギリガンが助手として授業に参加していた当時のエリクソン(1976)でも紹介された。

邦訳一巻三四三頁）を、諸々の関係性の中心に位置しケアする活動にささげられる成人期の暗喩としている。エリクソンの説明では、世代継承性は成人の発達の中心となる段階であり、「自らの子孫に対するのと同様の、自らが〔社会に〕産み出したものに対する関係」（p. 268 邦訳一巻三四五頁）を包含するものである。〔しかし〕ヴァイラントのデータにおいては、この関係は中年に格下げされる。

世代継承性は「小さいものたちを育てるだけの段階」ではないと主張しつつ、ヴァイラントは「世界中、二歳までは子どもを持つことに感動して子どもを愛しても、そこから先は絶望的になる無責任な母親たちだらけだ」と警告して、エリクソンが唱える親の暗喩に反論する。そのような女性たちを排除するために、世代継承性を〔素朴な〕香りの土から根こそぎにする。そして「単に作物や子どもを育てることではなく、同胞を成長させ、リーダーシップを備えさせ、暮らしよくさせるための責任」（p. 202）と再定義する。このように、エリクソンの概念の〔持っていた〕広がりは成人中期の発達に限定され、その過程でケアの定義はさらに制限されてしまっている[6]。

その結果、ヴァイラントは社会に対する自己の関係を強調し、他者に対する愛着を最小に評価する。仕事、健康、ストレス、死、そして多様な家族関係についてのあるインタビュー調査において、研究に参加する男性被験者たちに対し、次のように語る。「最も答えにくい質問」は、「奥さんについて語ることができますか？」でしょう、と。おそらく、男性に特定されるこうしたサンプルを分析する経験から、このように前置きして注意するのであろうが、男性被験者たちの適応の限界、あるいはおそらく、その心理的負担を示すものである。

つまり「健全なライフサイクルのモデル」は、関係性から距離をおき、自分の人生において重要だと認識しているにもかかわらず妻を語ることに難儀を覚えるような男性たちである。自他のあいだの同じような距離感は、レヴィンソンの結論に明示されている。「われわれのインタビュー調査において、友情の欠落はきわめて顕著であった。とりあえずおおよそ言えることは、アメリカの男性は、〔相手が〕男だろうと女だろうと親密な友情を経験することは滅多にないようだ」。この印象にとらわれて、レヴィンソンは、成人期の三つの「任務」（**生活構造を築き修正する**こと、これと決めた一つの**生活構造で働く**こと、そして**より個体化する**こと）についての議論の途中で、次のように詳しく説明する。すなわち、「男性なら、大勢の同性の、まあ異性も何人かいて、表向きは「友好」関係を結ぶような広い社会的ネットワークを持っているかもしれない。しかしながら、一般的に、ほとんどの男性には、青少年期を懐かしく振り返ってみたときに、幼馴染と呼べる同性の相手がいない。多くの男性には、軽いデートをする女性の知り合いはいるし、複雑な情事の相手も何人かいるのかもしれないが、セックス抜きで女性の親友がいる男性は、まれである。なぜ友情がかくも希薄なのか、そして、この剥奪が成人の生活にどのような結果をもたらしているのかを理解する必要がある」（p. 335 邦訳下巻二五九頁）。

（6）レヴィンソンやヴァイラントのエリクソン受容に歪みがあるとするギリガンの批判に関連して、第一章の訳注（8）および第六章の訳注（6）も参照されたい。

以上のように一方では、成人期の人間関係は、進行中の個体化や業績の過程に従属する。その発達は先行する愛着にもとづいており、〔ひとと〕親密になる能力を強化すると考える成人研究がある。他方では、成人発達のモデルとして通用する生活を送っている男性たちのなかに、人間関係を築く能力がある意味弱体化して感情表現が制約される人たちがいる、とする観察がある。関係性はしばしば業績語法で語られ、成功や失敗で特徴づけられており、感情的な面が希薄なのである。つまり、

当時四五歳のラッキーは、本研究のなかで最良の結婚に恵まれたひとりではあったが、おそらく、「僕たちは、大なり小なりどんなことでも意見が合わなかったためしがなかったと言っても、君は信じないだろうな」とほのめかして書いた時、それほど申しぶんのない〔結婚〕ではなかったのだろう（Vaillant, 1977, p. 129）。

カーソン博士の自伝は、キャリアの確立期を通して、アイデンティティから親密性へ、最後に十全の意味でケアする能力に達するまでの、不自由な歩みを例証している……彼は、離婚、再婚、そして研究から〔独立〕開業へたどりつく。彼の人格の変容は続いていた。鼠のように内気な研究者が、魅力的な臨床医になったのだ……人当たりがよく、落ち着いて、親切で、自制心がある……青年期の特徴であった敏感なエネルギーも蘇っていた……もはや、博士の鬱は、明らかに仮病であった。そして何より、疲れを知らぬ男となった。間髪を入れず、彼は告白した、

「性生活が絶好調でね、それはそれで問題なのだが」。それから博士が私に語ってくれたのは、最近のロマンティックなごたごただけでなく、患者たちに対する慈父のような心遣いであった（Vaillant, 1977, pp. 203-206）[7]。

ヴァイラントとレヴィンソンは二人とも、分離が愛着を導くとか、個体化の結果として相互性に至るとかいった考え方をくり返し述べている。が、それは、〔理論を〕立証するために前面に打ち出していた伝記とは〔むしろ〕矛盾する。同様にエリクソンのルターやガンディーについての研究は、自己と社会との関係が目覚しい業績において達成されているとはいえ、両人とも、親密性の能力という点ではいまひとつ危ういものであり、個人的には他の人びとと大きくかけ離れた生き方である。真理に献身したガンディーのように信仰に献身したルターは、神の栄光をめざして働く間は、もっとも

（7）ヴァイラントは、一九六〇～八〇年にわたってハーバード大学「成人発達の研究」責任者である。同大学被験者アダム・カーソン（初回は大学生）に一九六九年、一九九七年にもインタビューを行っており、カーソンは大切な研究モデルである。一九七七年原書の邦語訳はないが、*Aging Well: Surprising Guideposts to a Happier Life from Landmark Harvard Study of Adult Development*, Little brown Company, 2002（米田隆訳『50歳までに「生き生きした老い」を準備する』ファーストプレス、二〇〇八年）に自分の立場はレヴィンソンを継承すること、エリクソンの発達課題に「職業の強化」を付け加えたこと、カーソンの一生の展開について詳述している。

身近な人びとのことなど眼中にない。この二人は、ウェルギリウスの叙事詩における敬虔なアエネアスに著しく細かいところまで似ている。〔アエネアスは〕ローマへの旅路に支障をきたすような愛着の絆を断ち切ったのである。

前段落に挙げた文献のいずれにおいても女性たちは沈黙していて、ただ一人ディドーの悲しみに満ちた声のみがむなしくアエネアスに懇願したり脅したりした挙句、彼の〔贈ってくれた〕剣に〔ディドーは〕身を投じて沈黙してしまう。かくのごとく成人の発達に関する目下の記述から一連の発達が欠落している、つまり、相互依存という〔ひとつの〕成熟〔の態様〕に至る関係性の発達についての記述ができていないと思われる。発達を論じるたいていの教科書に分離という真理が認められるが、持続的なつながりという現実は見つからない。あるいは、女性の姿が現れる背景へ追いやられている。このように、成人の発達という新興の構想は、おなじみの影を女性の人生に投げかけ、女性の分離の不完全さをあげつらい、女性が人間関係に埋没していると描写している。分離と愛着という発達の指標は、青年期と成人期に続いて現れるのだが、女性の場合には、いわば融合して見える。しかしながら、この融合のせいで女性が、分離に報酬を与える社会において危うくされる一方で、この融合こそ、心理学研究の中でさしあたり影の薄い、より一般的な真実をも指し示している。

成人前期において、アイデンティティと親密性が、相反する積極的関与というジレンマに集中すると、自分と相手との関係性があらわになる。男性と女性とではこの関係性の経験〔の仕方〕が異なる、というのは、人間の発達についての文献ではお約束のテーマであり、私の研究の知見となっている。ジェンダー・アイデンティティは、青年期の経験を特徴づけるアイデンティティと親密性の分岐を通して形成される。その際に分離と愛着の力学が異なるため、男性の声と女性の声は、別々の真理の重要性を典型的に語る。つまり、前者は自己を際立たせ、奮起させるものとして分離の役割を、後者は人間〔らしい〕コミュニティを作り出し維持する愛着の続いている模様を語るのである。

この対話は、人間が発達する時の緊張を作り出す弁証法を含む。そのため、成人の発達についての語りのなかで女性の声が聞こえないことは、発達の段階や順序に関する構想を歪めている。そういうわけで、本研究では成人前期の彼女たちが自己や道徳について考えていることを語っているので、女性の発達という〔現在〕欠けている研究をいくらかでも立て直したい。主に、女性の記述と男性の記述との間にある差異に焦点を当てる。本研究の目的は、〔その焦点化によって〕男女両方の視座を含めることで発達についての理解を広げることである。ここで考察した〔男女の〕判断は、少数の高学歴者のサンプルに由来するものではあるが、〔男女の〕対比は明瞭であり、女性の発達に何が欠けているかだけではなく何があるのかを〔サンプルから〕理解することは可能である。

この認識の問題が某女子大学の文学の授業で例証されたのは、メアリー・マッカーシーとジェイムズ・ジョイスの小説に描かれる道徳的ジレンマについて、学生たちが議論したときである。

> 私はジレンマに陥ったなと感じ、そのときは新鮮だったが、それからというものは嫌というほどありふれたものになってしまった。大人として生きていくときの罠にはまってしまうと、ど

ちらの言うこともわかるからすり抜けようとするにしても、行動を起こす力はなかったし。そんな場合には妥協して、それからあとは、大体そんな感じだった。[8]

（『私のカトリック少女時代』〔p. 189〕邦訳二一二頁）

僕は、自分が金輪際信じないものに仕えることはしない。たとえそれが自分の家庭であろうと、祖国であろうと、教会であろうとね。ぼくはできる限り自由に、そしてできる限り完全に、生活とか芸術とかの様式のなかで自分自身を表現したい、自分を守るために使う武器は、沈黙と亡命と抜け目なさだけにするつもりさ。[9]

（『若い芸術家の肖像』〔pp. 246-247〕邦訳四六三頁）

スティーヴンの我仕えず（*non serviam*）[10]〔という決断の〕明快さとメアリー・マッカーシーの「迷い道」を比較して、女性たちは全員、スティーヴンの選択のほうがよいと答えた。スティーヴンの信念は力強く、摩擦を避ける戦略を固めていた。彼の態度は断固としている。つまり、彼のアイデンティティのかたちは明瞭で、説得力ある正当化と結びついている。いずれにしろ、彼の立場は明らかである。明快な意思決定を下し確固とした欲求を抱いているスティーヴンのようになれたらいいなと思いつつも、女性たちは、〔現実の〕自分はメアリー・マッカーシーのようにどうすることもできず力不足で妥協ばかりしていると考えていた。愛着と分離とに明確に結びつく、頼りなさと力との対照的な

（8）この作品は一貫して、文壇でライオンと呼ばれていた彼女の一人称の回想である。Mary McCarthy（1912-89）はアメリカの作家で、評論や政治活動も展開。主著に *The Group*（1962）、邦訳されているものとしては『アーレント＝マッカーシー往復書簡――知的生活のスカウトたち』（C・ブライトマン編、佐藤佐智子訳、法政大学出版局、一九九九年）、『ヴェトナム報告』（新庄哲夫訳、河出書房、一九六八年）などがある。「メアリー・マッカーシーは、自分の経験をぎゅっとつかんで、それを文学にした。なによりも彼女には自信があった。それは強い精神力となって、彼女をアメリカの文学界に挑戦させた。そして、彼女は、女王として君臨した。彼女の小説『グループ』（一九六三年）は、アメリカで二年間ベスト・セラーを保持し、日本語を含めて二四カ国語に訳され、これまで世界中で五〇〇万冊が売れている。数えきれないロマンスと、四度の結婚は、ジャーナリズムを騒がせもした。が、幾多の賞を得、国際的に知られたこの女性作家の人生は、普通人と比べれば、非常に華麗だった」（ウィルソン夏子『メアリー・マッカーシー――わが義母の思い出』未來社、一九九六年）。

（9）James Joyce（1882-1941）は「意識の流れ」などモダニズムの新技法を開拓し、現代文学に文体の実験や神話的・象徴的な方法を導入した。二〇世紀文学は彼の圧倒的な影響下にある。代表作は他に『ダブリン市民』『ユリシーズ』『フィネガンズ・ウェイク』など。政治的に激しく揺れていたダブリンで、主人公スティーヴン・ディーダラスが神学を離れ芸術家の運命に目覚めたところで小説は終わるが、ジョイスはスティーヴンをさまざまな作品で繰り返し登場させている。引用部分は、結末近くの主人公と友人との会話である（丸谷訳三八五―三八六頁、大澤訳四六四頁）。

（10）祭司の子エレミアが召命されて主の言葉をエルサレムの民に伝える預言者となり、不信心に陥っていた民を戒める。「あなたは久しい昔に軛を折り手綱を振り切って「私は仕えることはしない」と言った」。旧約聖書エレミア書2.20.

イメージは、女性の発達のジレンマ、すなわち（自己の）一貫した高潔さと（他者への）ケアとの間のジレンマをとらえている。スティーヴンのより単純な説明を聞くと、分離は、自由で充分な自己表現に力を与える条件に思える。他方、愛着は決断を鈍らせる罠であり、ケアリングは妥協への避けがたい前触れであるように思える。女子学生たちからすると、メアリー・マッカーシーの描写は、こうした評価についての確信を深めるものであった。

しかしながらこの二つの小説では、おとなの生に至る道が対照的に描かれている。スティーヴンの場合、子ども時代を卒業することとは、自分の自己表現の自由を守るために関係性を捨てることを意味する。メアリーの場合、「子ども時代に別れを告げること」は、他者を保護して関係性を維持するために自己表現の自由を手放すことを意味する。「力が湧いてきて、私はカエサルのような威厳に満ちてきた。責任ある立場の大人のように、自分のためというよりみんなのために、どちらにも通る態度を取るつもりだった」（p. 162 邦訳一八一頁）[11]。以上のようにアイデンティティの構築が自己表現あるいは自己犠牲へ分岐していくことは、その後の発達に異なる問題を生じさせる――前者は関係性の問題を、後者は真理の問題を。しかしながら、この一見かけはなれた問題は密接に関連している。真理から後退すれば関係性に距離が生じるし、分離すれば真理の一面を見失う。成人前期を扱う大学生研究によれば、放浪や沈黙から男性が回帰することと曖昧さから女性が回帰することと平仄が合い、結局、親密さと真実がひとつに収斂すると、（自己の）一貫した高潔さと（他者への）ケアとの接続を発見するにいたる。そのため、語り口の相違のみが、男性と女性がはじめから知っていること

（11）メアリーはシアトルの聖心女学院に入学した六歳の年に両親が病死し、数年間預けられた先のミネアポリスの伯父夫婦から虐待を受けたため、シアトルに住む母方の祖父母に引き取られ、聖心女学院に再入学する。しかし一二歳のときに、カトリック信仰を棄て、男女共学の公立高校へ入学するが、教育水準や環境に疑問を抱いた祖父母の意向により、一四歳のとき、聖公会の全寮制の女子高に転校する。校則破りを重ねる一方でラテン語の女性教師の薫陶を受けて猛烈に勉強し、ヴァッサー・カレッジに合格する。卒業を間近に控えたある夜に無断外出してこっそり帰ってきたところをその女性教師に見つかり、校長室に呼ばれるこの場面ではすなわち、彼女は「女性らしさ」に固まっていなかったはずなのである。

But I, too, had a duty, or so I thought – a duty to break the rules and take all offered risks, in order not to graduate in an orderly, commonplace fashion, and as spring advanced into early summer and the last week of school was on us, I had a sense that these two opposed duties were rushing inflexibly toward each other, like two trains on the same track. It happened one night in June; she caught me coming in the gym window on my way back from meeting a boy. We stood staring at each other in sorry recognition, Miss Gowrie in a brown bathrobe and I in my dew-dampened dress uniform. She was a poor sleeper; she had heard a noise and thought somebody was trying to get in to the swimming pool. We both knew that what I had done was the only crime that was considered serious by the principal. Miss Gowrie did not ask where I had been but sent me up to my room, where I could not sleep for wondering whether she would report me in the morning. School was as good as over, but I doubted whether that would deter Miss Gowrie. And if she told, I was finished, I supposed, doe it was against my code of honor to lie when you were directly accused.

The next day, after lunch, I was called into the principal's office. Miss Gowrie had reported me. After

と、経験してみて初めて分かることを明らかにしてくれる。

英文学のクラスの女子学生たちが迷わずスティーヴンに好意を示して自己卑下的な選択をしたのにひけをとらないぐらい、「大学生」研究の女性たち〔の回答〕は、子どものように弁解がましいものであった。この研究の参加者は男女同数ではなく、その比は、道徳的・政治的選択に関する授業の場合と同じであった。参加した五名の女性たちは二七歳で全員――医学二名、法曹一名、大学院生一名、労働組合の役員一名――が活動的にキャリアを追求していた。大学を卒業してから五年の間に、三名が既婚、一名に第一子がいた。

二七歳の時点で、「あなたは、自分で自分をどう表現しますか？」というインタビューに対し、一名は回答を拒否したが、残りの四名は回答した。

ちょっと変に聞こえるかもしれないけれど、自分は母性的だと思います。広い意味で。人を養育することに自分の役割があるような気がしています。もちろん今、現にというわけじゃありません。でも、医師として、母親として、いつでも可能性はあります。自分のことは、今自分が尽くしている周りの人たちのことを抜きにしては考えにくいです。

（クレア）

私はまあまあ勤勉だし、几帳面だし、責任感も強いの。欠点は、決断力がないこと、自信がなくて、何かして責任を取るのが怖いこと。これが一番厄介なことかしら。仕事以外に人生で一

---

the first few minutes' colloquy, in which the principal did not ask what I had been doing, I saw that I could graduate after all if I would make the concession of lying: I was the top student in my class, and the school, I perceived, was counting on me to do it credit in my college boards. We assessed each other steadily; we both understood the position and understood that the lie was a favor being asked of me, not only for my own sake and the school's but on behalf of poor, misguided Miss Gowrie, who ought to have known better than to prowl about at night in her bathrobe in the last week of school. A sense of power and Caesarlike magnanimity filled me. I was going to equivocate, not for selfish reasons but in the interests of the community, like a grown-up, responsible person. I hesitated, seeking a formula that would not compromise principle too greatly. "I went out to smoke," I finally proposed: this was true in the sense that at any rate I *had* smoke. The principal sighed, accepting this farfetched explanation. In a moment, I was on her lap and we were crying, chiefly from relief but partly, or so I sensed, in farewell to my childhood; I suddenly felt old and tired, like the principal herself. A few days later, our class graduated, and Miss Gowrie, in an old silk print dress, sat in the audience watching us with a hurt, puzzled expression as we pronounced our triumphant salutes and valedictions in our white caps and gowns, wearing our new pearls and wrist watches and pendants, surrounded by baskets of roses and irises sent by our relations and admirers.（下線、訳者）

番大事なのは夫。夫の仕事がうまくいくようにはからったり援けたりするわ。

（レスリー）

私、感情の起伏が激しいの。圧が強いかも。人情はあるわよ。私、世渡りはうまいの……。ひとを悪く思うより、もっとずっと穏やかな感情を持っているわ。かっかするより、親切にするほうがずっと簡単だわ。一言でっていうなら、養子、いろんな含みがあるけど。

（エリカ）

私はとても変わったわ。この前のインタビュー（二二歳）の時は成長することに関心があって成長しようとすごく頑張っていました。そして、この二、三年は、そういう努力をしない人は成長しない人だと思って、そのことですごく悩んでいました。つまり自分はちっとも成長していないのではないかって。全然成長していないことはないかもしれないけれど、ちょっと失敗したと思うのは、トムと別れたことね。トムのことを考えると、自分は成長していない感じがするわ。……最近わかったのは、自分がこういう人間だって表現しても行動はその通りではないのね。私がトムをすごく傷つけてしまったみたいにね。そして、それがすごく憂鬱なの。つまり、私ってひとを傷つけないように気をつけている人間だと思っていたのに、結局トムをひどく苦しめてしまったの。それが、何か、のしかかっているみたいで。自分じゃそのつもりはないのに、ひとを傷つけてしまう人間なのよ。それから最近感じるのは、ただ座って、自分の主義だの価値観だの、自分のことをどう思うかだのって語るのは簡単だけど、それが実際にどう役に立つかは、まったく別ね。ひとを傷つけないようにしなさいなんて、口では言えるけど、なんかの事情で傷つけてしまうことはあるわ。自分はこういう主義だと公言しても、いざとなったら、そのようにはできないのよ……そういうわけで、私は、自分は迷える矛盾の塊だと思うわ。（ナン）

アイデンティティと親密性の融合は、女性の発達においてくり返し特筆されるものだが、おそらく、以上に列記した自己描写より明確に表明されているものはないであろう。自分自身を語ってほしいという要望に対して、女性たちは全員、関係性を述べており、将来母親になること、現在は妻であること、養子だったこと、恋人がいたことなどに関連づけて自分のアイデンティティを語る。同じように、自己評価を示す道徳的な判断基準は関係性の基準、つまり、養育や責任やケアの倫理なのである。自分たちの愛着をあらわす（「尽くす」、「援ける」、「親切にする」、「傷つけない」）活動がどれほどのものかを測るばかりで、成功度も達成度もきわめて高いにもかかわらず、自分自身を語るうえで学術的・専門的に卓越していることには言及しない。たまにあったとしても、自分の専門的な活動は自己感覚を危うくするとみなしている。そして、業績とケアとの間で葛藤したあとは、自分が下した判断と裏切られた感のあいだで悩む。ナンは次のように説明する。

私がメディカル・スクールを志願した当初、自分はほかの人びとに関心があって何かしらの方法でケアできると思っていました。そしてこの二、三年というものは、自分自身や自分の時間を差し出し、ひとのためにしたいのにしてあげられないという問題にこれでもかというほどぶつかります。そして、まさしくそのために専門医が存在するように思われるとしても、多かれ少なかれ医学が医師本人のすることの妨げになっているように見えます。私がこういうふうに物事を処理しようと考えるのとは違う方向へいくのでものすごく腹が立つのだけど、取り組んでいることをなんとかこなそうとしているのに立ち泳ぎしているだけ、というのは私には、自分が実は成長していないという感じがしています。

このように女性の記述にはすべて、アイデンティティが関係性の文脈で語られ、責任やケアの基準で判断されている。同様に、道徳性はこの女性たちには、関係の経験から生じるように見えており、複数の権利主張を調整するというよりはむしろ包摂の問題と解されている。道徳性が愛着から生じるという根本的な考え方は、妻を救うために、法外な値段をつけられた薬を盗むべきか否かというハインツのジレンマに対する回答として、クレアがはっきり言明している。なぜハインツが盗むべきかを説明しながら、自分の判断基準としている現実社会の見方を詳しく説いている。

ひとりでは、たいしたことになりません。ひとりで拍手をするようなもので、男ひとりや女ひとりで手をたたいても何かが足りません。私にとって重要なのは集合体です。しかもある指導原理に基づいている集合体で、誰もがそれに属していて、誰でも皆そのグループ出身です。誰でもほかの人を愛さなくてはいけないし、なぜなら好きになれないかもしれなくても、みんなから離れることはできないからです。ある意味、自分の右手を愛するようなもの。みんなは、あなたの一部です、相手は、あなたがつながっている巨大な集合体の一部なのですから。

意識が高くて母性的なこの医師にとって、片手を叩く音は、奇跡のような超越というよりはむしろ、人間の愚かさ、つながり合いという現実において人間が一人で立っている幻想に見える。

男性たちの場合、アイデンティティについて語る口調は異なり、より明確で、より直截で、より明晰に、鋭くなる。アイデンティティという概念自体を批判する時でさえ、男性たちが一定の心理を確信していることが明らかである。男性たちが描く自己の世界が「人びと」や「深い愛着」を含むこともたまにあるが、特定の人物や関係が描かれることはなく、自己記述の文脈で関係性をあらわす活動が描かれることもない。女性たちの愛着を意味する動詞の代わりに登場するのは、分離を表す形容詞——「知的な」、「論理的な」、「独創的な」、「正直な」、時には、「尊大な」、「生意気な」までも——である。つまり、男性たちが「真摯な付き合い」、「情の深さ」があると語ったり、望んでいたりしても、男性の「一人称」は分離のなかで定義されている。

サンプルの半数を無作為に選んだところ、職業や結婚をめぐるライフ・ステージが〔被験者の〕女性と似た男性たちによる、自己描写の要望に対する最初の回答は、次の通りである。

論理的。ひとに妥協することができて、表向きは冷静。僕の言うことが短くてぶっきらぼうに思われたら、それは僕の背景や職業的訓練のせいだ。建築の説明はとにかく簡潔で短くなければならない〔から〕。まあまあだね。こういうことは全部、情緒的なレベルだ。自分では、教育を受けていて、まあ知的だと思う。

自分は少し傲慢だが、熱烈で情熱的な人間としておこう。心配性で献身的で、昨夜あまり眠れなかったので、今はすごく疲れている。

僕は知的にも情動的にもじゅうぶん発達している人間といえるかな。友人、知人、つまり職業上や地域社会の知り合いとは対照的に、真摯に付き合う人間関係は比較的少ないね。それから、知的なスキルや発達については、どちらかというと誇りにしているし、情緒的発達も、そんなにせっせとめざしたわけではないが、まんざらでもないと思う。その情緒的な面を広げていけるといいいな。

知的で洞察力がある――これ、ものすごく正直に言っているけど――他の人びと、特に権威ある人を含む数々の社会的状況には、いささか気が乗らなくて、ぴんとこないですね。改善しようとはしているけれど。以前よりずぼらで緊張感がなくて足踏みしているかな。あまり勤勉ではない。それがどれだけ他の葛藤と関係あるかわからないけれど。想像力は豊かなほうで、〔妄想が〕時には過ぎることもある。少し下手の横好きというか、いろいろなことに興味をもつけれど、必ずしも、それをきわめるわけではないし、直そうとしてはいるのだけどね。

自分を語るのにまず、どこで生まれたとか育ったとか、そういうたぐいの個人的な歴史から入るのだろうけど、何千回もしてきて、ちっとも面白くない。自分が何者であるかをまったくつかんでいない。おそらくまた無駄な努力をして決めるのだろうけど。だって、自分の本質なんてないから、それに何をしてもうんざりしますね……自分自身なんてないと思います。ここに座っている自分、明日の自分……そんなところかな。

進化の真っ最中で正直。

僕は、ぱっと見にはちょっと、あくせくしないのんびり屋に見えるかなと思うけど、たぶん、それよりもうちょっとカリカリしていると思う。わりと頭に血がのぼりやすい。少しね、うぬぼれが強いっていうか、たぶん、生意気なのだろうな。しかるべき徹底さを貫ければいいんだけど無理さ。ちょっとやそっとでは譲らないほうだね。気分や感情には振りまわされない男だと自分では思うよ。情は深いが、いろいろなひととつきあう人間じゃない。ほんの何人か、とても深い愛着があるよ。まあ少なくとも、例を挙げるくらいには、いろいろと愛着があるよ。

まあ創造力があって、少し統合失調症もあるかもしれない……これは大方、生育歴の結果だよ。田舎暮らしへの憧れみたいなものがあって、同時に、外に出て売り込んで脚光を浴びたり、名声を得たり、賞賛されたりしたい欲求もある。

男性のうち以下の二人は、はじめはためらいがちに人間一般について語っていたが、結局は、卓越した思想やめざましい業績に対するニーズの話になった。

僕は自分では、基本的にまともな人間だと思う。人間が大好きだし、人好きであることも気に入っている。まっとうな人や、ほとんどまっとうな人の存在〔そのもの〕から得られる喜びをもって、ことにあたるのが好きだ。あまり面識がない人であってもね。自分がまともな人間だといったときに考えていたのは、それが自分をまともな人間にすることだし、まともな性質、善い性質ということだ。僕は非常に聡明だと、自分では思うよ。少し当惑するのは、ひらめくように行動するのではなくて――ひらめきが〔そもそも〕ないということが問題なのかどうかはわからないけれど――ものごとをやりとげない。達成しないし自分がどこへ向かっているのか、何をしているのか、わからない。たいていの人、特に医師なら、四年もしたら何をしているか、いくらかでもわかっていると思う……研修医の僕は本当のところ、心の空白を抱えている。すごいことを考えているけれども、その中にいる自分が想像できない。

自分にとって重要と思いたいことは、自分の周りで起こっていること、身近な人たちのニーズがわかること、そして、自分が他の人びとのために何かすることを楽しんだり心地よく感じたりすることかな。僕の立場ならそれでいいと思うけど、誰にでも通用するかは、わからない。人によっては、他人のために働いてもちっとも嬉しくないだろう。僕だってそういうことが何度かあるね。たとえば、家の周りの手入れをすることだ。昔から誰もがやっている同じことをいつもするのだが、結果的にちょっと憤りが募っちゃうよ。

彼らの自己観には、他人を巻き込むことは〈自己〉実現というよりはむしろ、アイデンティティの条件に結びついている。愛着の代わりに、個人的な業績が男性の想像力を釘付けにし、すごい考え、もしくは顕著な活動が、自己評価や成功の基準を明示する。

このように、思春期から成人期へ移行するときのアイデンティティから親密性へ続く順序は、女性の発達よりも男性の発達に、より適合している。力と分離は、仕事を通して獲得されるアイデンティティのなかに男性を固定するが、他の人びとから〔男性を〕切り離しもするし、ある意味、彼のほうでも他の人のことは目に入らない。クランリーは、スティーヴン・ディーダラスが母親の代わりに復活祭のお勤めを果たすよう勧める。

「君のお母さんは、とても苦労してこられたに違いない……たとえ、いや、君はお母さんがこれ以上苦労しないようにしてあげようと思わないの?」「もし、したとしても、大して手間のかかることではないだろうね」と、スティーヴンは言う。〔p. 241 邦訳三七六頁〕

このような〔他の人びととの〕距離があるために、親密性は〔男性たちにとって〕自己を他の人びととのつながりへ戻してしまうきわどい経験となるが、物事の両面——自分に行動のツケが回るだけでなく、相手にも影響が及ぶ——を見出せるようになる。人間関係の経験は、孤立に終止符を打つが、そうでもなければ、他の人びとに対して敬意を表するにしても、無関心、すなわち、彼らに対する活発な関心の欠落に追い込んでしまう。こうした理由から、親密性は男性にとって、青年期のアイデンティティが大人の愛と仕事という世代継承性へと転じる変容的な経験である。その〔変容の〕過程においては、エリクソン〔一九六四年〕が述べているように、親密さを通して知識を獲得すると、青年期の道徳性のイデオロギーは、ケアする大人の倫理へと変わる。

しかしながら女性たちは、親密性とケアの関係性を通して自らのアイデンティティを定義するため、女性たちが直面する道徳的問題の論点は〔男性とは〕異なる。欲望にふたをすることで人間関係〔の安定〕が保たれ、曖昧な言葉によって葛藤が回避されるとき、責任と真実の座をめぐって混乱が生じる。マッカーシーが、祖父母に対する「偽装」を引き合いに出して〔次のように〕説明している。

私が祖父母に語っていたことはあらかた曖昧で、取り繕ったものであることが常でした。祖父母に認められようと努力していて（というのも、私は何よりも祖父母が好きで、彼らの見方に自分を合わせようとしたから）、単刀直入の質問に答える以外は、自分の言っていることが本当なのか嘘なのか自分でもわからないぐらいでした。嘘はつかないように本当に努力していたと〔少なくとも〕自分は思いますが、それでも私と祖父母はものごとに対する見方が異なっていたので、祖父母がそのように仕向けているのではないかと思われました。それで私はいつも事実を、彼らが理解できる言葉に置き換えていました。良心にかけて、可能な限り、ものごとはきちんとしておくために明らかな嘘は避けていましたが、それはまさしく用心のために明白な事実を避けていたのと同じです。〔邦訳一九二―一九三頁〕

このように、決定的な経験は親密性ではなく選択となり、責任と真実に対する理解を明らかにするような自己との出会いを作り出す。

そういうわけで青年期から成人期への移行において、ジレンマ自体は男性女性いずれにも同じものであって、一貫した高潔さとケアのぶつかり合いなのである。しかし、異なる視座からアプローチすると、このジレンマから、正反対の真実を認識することになる。この異なる視座は、二つの異なる道徳的イデオロギーに反映される。というのも、愛着がケアの倫理によって支持される一方で、分離は権利の倫理によって正当化されるからである。

権利の道徳性は平等にもとづき、公正の理解の中心におかれる。一方、責任の倫理は公平の概念、すなわちニーズにおける差異の承認にもとづく。権利の倫理が、他者と自己の権利要求を天秤にかけて平等な尊重を表明するのに対し、責任の倫理は、同情とケアを生み出す理解に支えられる。つまり、幼児期と成人期にはさまれた時期を特徴づけるアイデンティティと親密性の対位法こそ、その相補性によって成熟が見えてくるような二つの異なる道徳性〔の区別〕を通して明瞭に表現される。

この〔二つの道徳性の〕相補性は、本研究において、道徳的葛藤と選択の個人的経験に関する質問をたどっていくうちに発見されたものである。被験者のなかの二人の弁護士は、男性と女性の判断の相違が互いの視点や〔自分の〕一貫した高潔さと〔他の人びとに対する〕ケアとの関係を見出すことを通して解決される良い例を示している。

マッカーシーが描く責任と真実のジレンマを、ヒラリーが繰り返している。ヒラリーは弁護士で、「大変だった一週間」の終わりに自己描写することは辛すぎてできないと語った女性である。彼女もマッカーシーのように自己犠牲的な行為を「勇気がある」「賞賛に値する」と考えており、「もし地球上の誰もが、他者に対するケアや勇気を示すようにふるまったら、世界はもっとずっと良い場所になるだろうし、犯罪も貧困もなくなると思うの」と説明する。しかしながら、こうした自己犠牲とケアからなる道徳的理想は、各自の感情が紛糾していやでも傷つけあう人間関係だけでなく、相手方の依頼人に配慮しながらも、相手方の弁護士が勝つような手助けはしないと〔ヒラリー自身が〕決心するような法廷で、破綻しているわけである。

どちらの場合にも、ヒラリーから見て、ひとを傷つけるなという絶対的な強制命令は、自分の直面した実際のジレンマを解決するにはふさわしくなかった。意図と結果がつりあわないことや、現実の選択に制約があることを発見して、彼女は、状況によってはひとを傷つけないわけにいかないことを悟る。私生活でも職業上でもそのようなジレンマに遭遇して、彼女は選択に対する責任を放棄することなく、むしろ、傷つけないことを道徳的だと考える相手の中に自分自身を含める権利があると主張する。より包摂的なヒラリーの道徳性は、いまや自分自身に忠実であれという強制命令を含み、自分ではまだ明確に統合できずにいる二つの判断原理が彼女に残されている。彼女がしっかり理解しているのは、一貫した高潔さとケアの両方ともが、大人の生活に生じる愛と仕事のジレンマを包含しうるひとつの道徳性のうちに含まれなければならないということである。

絶対を放棄することに伴う寛容への移行とは、ウィリアム・ペリー（一九六八年）が考察するところでは、知的で倫理的な発達のコースを成人前期の間にたどることである。ペリーは、知識は絶対で答えは白黒がはっきりしているという信念から、真実と選択の両方に文脈的な相対性があるという理解への移行を示すような思考の変化を論じている。この移行とそれが道徳的判断に与える影響は、大学卒業後五年間の男女両方に生じる道徳的理解における変化に見取ることができる（Gilligan and Murphy, 1979; Murphy and Gilligan, 1980）。男性も女性もこの時期に、絶対〔という信念〕から離れてゆくのだが、何が絶対であるかは男性と女性とでは異なる。女性の発達においては、他のひとを傷つけないと第一に定義されるようなケアという絶対が、人間としての統合・高潔さの必要を承認するにつれて複雑になっていく。こうした承認をすることで、権利の構想に具現化する平等を主張するようになり、そこで人間関係についての理解が変化し、ケアの定義も変わってくる。男性の場合、真理と公正という絶対は、平等と互恵の構想によって意義づけられている。しかし、自他の相違が存在することを、身をもって知るような経験をすると疑わしくなる。そして、真実が複数あることに気づくと、平等を公平という方向で相対化するようになり、寛大さとケアの倫理が生じてくる。男女両方にとって道徳的決定に対する文脈が二つ存在することで、文脈上相対的な定義によって判断を下すようになり、責任と選択について新しい理解をするようになる。

現実は差異にあふれており、したがって、道徳性や真理も文脈的な性質をもつことを発見したと語るのは、アレックスである。彼は、大学生に関する研究に参加した弁護士で、〔当時、在学していた〕ロー・スクールで、「本当は何でも知っているわけではない」ことがわかりはじめたと言う。「何か絶対的なものがあるかは、決してわからない。絶対的な正しさが一つだけあるかなんてわからない。わかることは、こちらかあちらかを選ばなければならんということ。自分で決めないといけないのです」。

自分は何でも知っているわけではないと痛く自覚したのは、ある人間関係においてであったが、その関係は彼にとって完全に驚くような結末となった。女性の経験は彼自身のそれとは異なるのだと遅まきながら知り、自分が近しいと思っていた人間関係が実はなんと隔たっていたのかを悟ったのである。道徳的価値の論理的階層構造は、それまではその絶対的真理を彼は宣言していたのだが、〔もはや〕人間としての統合・高潔さの要塞というよりはむしろ、親密性に対する障壁に見えてきた。彼の思考は、道徳の構想が変化するにつれて人間関係の問題を焦点化し、不正についての関心は、人間の愛着についての新しい理解によって複雑になった。道徳的な問題に対する〔自分の〕見方に生気を与え始めた「愛着の原理」を説明するとき、アレックスは、道徳性が公正の考察にとどまることなく関係性へと関心を拡大しなければならないと見ている。

誰でも何かにつながろうとするリアルな情動的ニーズをもっていて、愛着〔あるむすびつき〕は平等では得られない。平等は社会を壊し、すべての人に自分の二本足で立つ重荷を課す。

「平等は、切れ味ばつぐんで頼りになるもの」だが、生活していくうえで生じる選択のジレンマを平等だけで充分に解決することはできない。責任や、選択の実際の結果に関する意識を新たにしたことでアレックスは、「誰も正義にかなった平等を見たいわけじゃない。ひとが生をどのようにこなそうとしているかを見たいのさ」という。判断を下すには二通りの文脈が必要であることを理解しているにもかかわらず、彼は両者の統合が「機能し続けるのは困難」と見ている。というのも、時折、「どのみち、誰かが傷つけられるわけだし、誰かは永遠に傷つけられる」〔からである〕。そして彼が言うには、「解決不能な葛藤のある地点に来てしまったら」、選択は善を規定するよりむしろ「生贄を選ぶ」問題になってしまう。そのような選択に伴う責任を認めることで、彼の判断は、ますます心理的・社会的な行動の諸帰結へ、つまりひとつの歴史的世界に暮らす人びとの現実へと同調する。

このようにまったく異なった地点から、つまり正義とケアの異なるイデオロギーから出発しながら、本研究に登場した男性たちや女性たちは、おとなになっていく過程において、両方の見解をより深く理解し、より集中して判断するようになった。彼らは、正義とケアの二重の文脈を認め、問題の枠づけられ方しだいで判断が決まることを理解している。

以上の点を考慮すると、発達構想自体もそれを枠づける文脈に依存し、男性よりもむしろ女性をモデルとして成人期が描かれるときに、成熟像が〔従来のモデルとは〕様変わりするように思われる。女性が大人の領野を構築するとき、関係性の世界が出現し、注意と関心の的となる。マクレランド（一九七五年）は、女性が力を想像するときにあらわれる変化に注目し、「女性は男性よりも、相互依存関係にある双方に関心を抱き」「自分自身の相互依存を認めるのが早い」と観察している（pp. 85-86）。この相互依存に的を絞る関心は、力を、〔ひとに何かを〕与えることやケアと同等視するファンタジーにはっきりあらわれている。マクレランドの報告では、男性が力強い活動を権利主張や攻撃として表現するのに対し、女性は対照的に、養育行為を力強い活動として演じる。「特に成熟の諸特徴」

を扱う、力についての自分の研究を検討して、マクレランドは、成熟した女性と男性が異なる様式で世界との関係を持ち得ると示唆する。

力に対する女性の向き合い方が異なるということは、ジーン・ベイカー・ミラー（一九七六年）の分析テーマでもある。支配と従属の関係に焦点を当て、彼女は、こうした人間関係における女性の位置が「心理的な序列を理解するために重要な鍵」を提供していることを見出す。この序列が、男性と女性や、親と子どもといった差異を含む関係性から生じ、「いわゆる人間としての精神が形成される環境―家庭―」を作り出す（p. 1）。差異をはらむこのような人間関係は、多くの場合、不平等という要素を内蔵するため、力が行使される仕方に応じて道徳的な局面を呈することになる。これにもとづき、ミラーは、一時的に不平等な人間関係と恒久的に不平等な人間関係を区別した。すなわち、前者は人間の発達の文脈を、後者は抑圧の状態をあらわすとした。親と子、教師と生徒といった一時的に不平等の人間関係においては、初期の不均衡を取り除く発達を促すために力が理想的に行使される。恒久的に不平等な人間関係においては、力は支配と服従を固定し、抑圧はその継続のニーズを「説明する」理論によって合理化される。

ミラーは、このように人間が生きていく上で不平等が生じる局面に焦点を当てた。そして女性特有の心理を、一時的に不平等および恒久的に不平等の人間関係における位置の組み合わせから生じたものであると同定した。女性は、不平等が解消すれば〔それ自体が〕解消してしまう養育という一時的な関係においては支配的である。しかし、女性は、恒久的に不平等な社会的地位と力の関係性においては従属的である。加えて女性は、社会的地位において男性に従属するが、同時に、大人の性と家庭生活という親密で濃い人間関係においては男性とともに中心に織り込まれている。このように女性の心理は、相互依存の関係性と、そのような関係性が生じる道徳的な可能性の幅との両面を反映している。したがって、女性たちは、ケアと抑圧の両方に対する人的つながりにおける潜勢力を観察するにはうってつけのところに位置づけられている。

この確固とした観察に基づく視座から情報を得ているのが、キャロル・スタック（一九七五年）とリリアン・ルービン（一九七六年）それぞれの研究で、彼女たちは、従来は男性の目を通して知られていた世界に足を踏み入れ、異なる報告をもって凱旋している。都市の黒人居住区（ゲットー）では、他の人の目には社会的無秩序と家庭の混乱しか映らないが、スタックは、家族間のやり取りのネットワークを見出した。そこには、黒人家庭が貧困の中でいかに組織化されるかが描写されている。ルービンは、白人労働者階級の家庭を観察する。社会的・経済的不利益を強いられた家族を扶養するために蒙る「苦痛に満ちた、それぞれの世界」を列挙することで、「豊かで幸福な労働者」という神話を払拭する。二人の女性が描くのは、保護とケアという家庭的機能を維持する関係性の成人期であり、経済的依存と社会的従属を維持する関係性の社会的システムである。つまり、いかに、階級、人種、エスニシティが、他者の犠牲から何がしかの恩恵を受ける経済システムの持続的不平等を正当化し合理化するために用いられるかを、示している。

めいめい独自の分析範囲において、この女性たちは、〔男性研究者たちには〕カオスにしか見えなかったところに〔それなりの〕秩序を見出したのである——女性の心理、都会の黒人家庭、そして、社会的階級の再生産。こうした発見は、彼女たちが目にした大人の生活に秩序と意味を付与しうる構成要素を引き出すために、新しい分析様式とより民族誌(エスノグラフィ)的なアプローチを必要とした。スタック〔自身〕が、「家族」を「子どもたちが家庭で必要とするものを供給し、子どもたちの生存を保障しながら、日々互いに影響しあう血縁および非血縁の、最小に組織され、耐久性のあるネットワーク」と定義するまでは、「ザ・フラッツ」の世界に住む「家族」は見出されなかった。[12]「本研究中にあらわれた家族、親族、両親および友人と言った一定の概念の文化的に特殊な定義づけをしたことにより、次の分析〔に進むこと〕が可能になった……広く行き渡っている家族の定義を無根拠に課すこと……は、ザ・フラッツに住む人びとが自分たちの住む世界をどのように語り、秩序づけるかを理解する道を閉ざしてしまう」(p. 31)。

同様に、ミラーは、女性の発達を描くために〔これまでとは〕異なる地点から出発する「新しい女性心理学」の必要を認めている。〔異なる地点とはすなわち〕「女性は他の人びととの愛着やつきあいの

(12) スタック自身の説明によれば、第一章の題にもなっている The Flats は、シカゴ郊外の Jackson Harbor (仮名) にある。一九三〇~四〇年代に南部から移り住んだ黒人たちの多く住む居住区の中でも、最も貧しく失業率の高い区域である。通りの多くが舗装されておらず、修繕を要する小さな木造の家が建て込み、ヘルスケアも不十分であるが、住民たちは誇り高く生活している。

文脈のなかにとどまり、〔文脈を〕組み込み、発達する」のであり、「女性の自己感覚は、つきあいや関係性を創り、維持できることにもとづいて、高度に組織されるようになる」のであり、「とどのつまり、多くの女性にとって、つきあいが壊れる恐れは、単なる関係性の喪失ではなく、まったくの自己喪失に近いものと知覚される」という事実である。こうした精神構造は、女性の精神病理学の説明で、いまやおなじみになっているものの、「この心理的出発点は、おつきあいが自己向上かそれ以上に評価されるような生活や活動に対する、〔既定の心理学とは〕全く異なる（そして、より進んだ）アプローチの可能性を含むこと」が認められてこなかった（p. 83）。このようにミラーは、発達が、人間関係において進行中の愛着の価値やケアの継続的な重要性に取って代わるものではないことを認める成人期の心理学を強調する。

〔発達を〕測定する従来の基準の限界および〔発達を〕より文脈的に解釈する様式の必要性は、ルービンのアプローチにもよくあらわれている。ルービンは、家庭生活はどこも同じだ、とか、階級という社会的経済的な諸事実と切り離してサブカルチャーの差異を評価できる、といった幻想を吹き飛ばした。つまり、労働者階級の家庭が「自らを再生産してしまうのは、彼らの知恵が足りないからとか常軌を逸しているからではなく、子どもたちの大半にとって選択肢がないからである」、「流動性の神話をこんなに愛おしく思っている」（pp. 210-211）のに。労働者階級の子どもの一時的な不平等はこうして、労働者階級の大人の恒久的な不平等へと転じ、家庭生活の質を蝕む社会的な流動性の引き潮にはまってしまう。

女性が力と聞いて抱くファンタジーを線描する物語のように、女性による成人期の描写は、その社会的現実の異なる感覚を伝えている。女性たちが人間関係を描写する際、分離を志向する男性の偏向の代わりに、愛と仕事の両者のなかで自己と他者の相互依存を表現する。発達を観察するレンズを、個人の業績からケアの関係性に換えることによって、女性たちは成熟に至る道として、継続している愛着を描く。このように、発達の媒介変数は、密接な関係の進行を記録する方へシフトする。

このシフトが示唆するところは、中年女性の状況を考察すると明らかである。おなじみの青年期の分離と成長をあらわす周知の指標を用いて成人の発達というなじみのない海図を描こうとすると、女性たちの生における中年期は、青年期にやり残した仕事にたちまち戻るひとときに見えてくる。この解釈は、特に抗しがたいものであり続けてきた。というのも、基本的に男性研究に由来するライフサイクル記述は、女性が男性とは異なっているかぎり、発達において欠陥があるように見える視座を生み出すからである。女性の発達の逸脱〔とされるところ〕はとりわけ青年期に著しく、〔それは〕その時期の女子たちが、他者との関係を通して自己定義することによって、アイデンティティと親密性を混同するように見えるからである。このアイデンティティを定義する様式から取りこぼされてきた遺産は、中年期に生じる〔子どもが親離れするような〕分離の問題によって傷つけられやすい自己だと考えられる。

しかし、このような解釈は、男性の基準と対照して女性の発達を測定し、もうひとつの真実の可能性を無視するような説明の限界を明らかにしてくれる。これに照らして、女性が関係性の生に埋め込まれていること、相互依存を志向すること、業績よりケアを優先させること、そして他人を蹴落として成功することに覚えるジレンマによって中年期の危機にさらされることといった観察は、女性の発達における問題という以上に、社会の実態を物語ると思われる。

同じようなアイデンティティや分離の危機といった青年期の用語で中年を解釈すると、中間の歳月に何が起こったのかという現実を無視し、愛と仕事の歴史を破棄することになる。子どもを産んで育てることが主として中年期の前の数年間に行われる以上、ヴァイラントの男性研究のデータが示唆するように世代継承性が中年期から始まるというのは、女性の視座から見ると、男性女性双方にとって遅すぎる。同様に、中年期にさしかかる女性たちが子どもじみていて他者に依存的というイメージは、家族関係をはぐくみ、維持していく上でのケアの活動ぶりに矛盾する。つまり、これは解釈（コンストラクション）の問題、すなわち真理というよりはむしろ、判断の問題の様相を呈している。

女性は、社会の現実について男性とは異なったかたちで知覚をし、解釈をする、そしてこうした差異は愛着と分離の経験にまつわるゆえに、こうした〈愛着と分離〉経験を常に保障する人生の変わり目は女性を特徴的に巻き込むものと予想されうるのである。そして、女性の一貫した高潔さの感覚がケアの倫理と絡み合っているように思われ、自分たちを女性としてみることは自分たちをつながりの関係性においてみることに他ならないため、女性の人生における主要な変わり目は、ケアを理解し活動することのなかに変化を含むように見えるであろう。確かに、子ども期から成人期への移行は、ケアの重要な再定義を証言している。手助けすることと喜ばせることを区別することで、世話する活動をほかの人びとから認められたいという願望から解放すると、責任の倫理は、人間としての統合・高潔さと強さを維持するために自分で選んだ頼みの綱となる。

しかしながら、中年期に起こること――更年期〔障害〕や、家庭や仕事に生じる変化――は同じ調子で女性の自己感覚に影響を及ぼしながら、女性のケア実践をつくり変える恐れがある。もしも中年期が関係性、すなわち、彼女がよりどころとする〔親しい者との〕つながりの感覚と同様に、自分の〔存在〕価値を判断するケア実践に終止符を打つのなら、あらゆる人生の変わり目につきものの哀悼が、自己批判と絶望という鬱〔症状〕に取って代わられうる。つまり女性にとって中年期に起こることが意味するものは、彼女の思考構造と人生の現実との相互作用をあらわしている。

神経症〔的な思い込み〕と現実の葛藤〔の様相〕とが区別され、選択したくない気持ちと選択の余地がない現実との違いが区別されると、女性の経験がいかに、大人の生活の核心的な真理を理解する鍵を提供しているかがもっとはっきり見えるようになる。女性は劣等の傷跡を抱える運命にあるとするフロイト（一九三一年）のような解剖学的構造で考えるよりむしろ、〔本書のような〕女性を分析する作業がいかに、男性と女性の両方に共通する現実を照らし出す経験を浮き彫りにするかがわかる。つまり、人生のすべてを見ることは決してできないこと、目に見えないものが時の経過につれて変化すること、満足〔いく結果〕に至る道が複数あること、そしてたまに自他の境が思うほど明確ではないこと、といった事実の数々である。

つまり女性は、男性とは別の心理学的な歴史を背負って中年期にたどりつき、そこで〔男性とは〕

違う社会的な現実が愛と仕事に対してもうひとつの可能性を持つことに直面するだけではなく、人間関係について得てきた知識にもとづいて、経験を別様に理解する。女性は、ひとはつながっているという現実を、自由意志に基づく契約というよりは所与として経験するので、自律や統制の限界をあらわすものとして人生を理解するようになる。その結果、女性の発達は弧を描いて、より非暴力的に生きるだけではなく、相互に依存したりケアをしたりすることで成熟する。

子どもの道徳的判断に関する研究〔原著一九三二年／英訳一九六五年〕において、ピアジェは〔大人による〕拘束から〔友だちとの〕協働へ、協働から寛大さへ転じていく三段階の進歩について、述べている。同書のなかでピアジェは、子どもたちが学校の同じ学級内で毎日一緒に遊びながらゲームの規則を全員が理解するまでどれだけの時間を要したかを明らかにしている。しかしながらこの〔全員〕合意は、行動と思考の新しい主要な方向付けが完成したしるしであって、この合意を経て〔ようやく〕拘束という道徳性が協働という道徳性へ転じるのである。けれども彼が同時に記しているのは、いかに、子どもたちが自他の差異を理解することで公平――この公平こそ、正義と愛の融合を意味しているのだが――の方向で平等を相対化していくかである。

〔一九八〇年代という〕現時点において、男性と女性が成人期をどれほど同じように経験しているかに関する合意は部分的なものにすぎないと思われる。相互理解が欠落したまま、男女両性の関係は依然として制約の程度に差がある状態であり、ピアジェが記すところの「自己中心性の逆説」を明らかにしている。それは、〔まだ幼く自己中心的段階に属する子どもたちの場合〕ゲームをする誰もが多かれ少なかれ好きなように振る舞い、隣人に関心を払わないのに、規則に対する〔大人から見て〕理解しがたい敬意（リスペクト）ゆえに結びつくというものである（p. 61 邦訳六四頁）。ライフサイクルの理解が協働、寛大さ、ケアによって特徴づけられる関係性の成人期における発達を扱うには、その理解は男性ばかりでなく、女性の人生をも含むものでなければならない。

成人の発達についての研究計画において、もっとも差し迫っている課題〔のなかでも際立っているもの〕としては、女性自身の言葉で大人の女性の生活経験を描き直す必要性が挙げられる。その方向をめざす本書の研究は、女性の経験を含めることが、発達についての理解をめぐって、関係性についての解釈の基本構成を変更するような新たな見通しをもたらすことを示唆している。アイデンティティ概念が拡張されて、相互連関の経験を含むようになる。道徳の定義域は同様に、関係性における責任とケアを含むことで拡張される。そして、基底をなす認識論が〔上記の一連の変化に〕対応して、精神と形相の一致というギリシア哲学の〔ヘレニズム的な〕知の理想から、人間関係の一過程として知を捉える〔ヘブライ的な〕聖書的な構想へと移行するのである。

成人期の表象における、女性と男性とでは異なる視座の証拠が得られたからには、結婚、家族、仕事の関係性における、こうした差異の影響を説明する調査が必要となる。私の調査は、男性と女性は同じような言葉を用いて自己と社会的関係性の異質な経験をコード化しつつ、同じだと思いながら〔実は〕異なる言語を話していることを明らかにする。この〔二つの異なる〕言語が、道徳的語彙を重複して共有するために、男性と女性は、体系的に誤訳をし、コミュニケーションを妨げ、関係性において協働とケアの可能性を制限してしまうような誤解を生み出しがちとなる。しかしながら同時に、この二つ〔の異なる〕言語は、互いに決定的な仕方で違いを浮き彫りにする。責任の言語が、網の目のような関係性のイメージをもたらして、平等の到来によって溶解してしまうような階層的な秩序に取って代わるのだが、それと同じように、権利の言語は、他の人びとだけでなく自己をもケアのネットワークに含めることの重要性を強調する。

われわれは一〇〇年以上にもわたって、男性の声と、男性の経験が情報を提供する発達理論を聴いてきてごく最近になって、女性の沈黙に気づくようになっただけではなく、女性が語るときに何をいっているのかを聞き取るのが難しいことにも気づくようになった。それでも、女性の〔男性とは〕異なるもうひとつの声の中にこそ、ケアの倫理の真実、関係性と責任のむすびつきが存在しており、反対につながりそこねるところに攻撃の起源がある。女性の人生の〔男性とは〕異なる現実を見落とし、女性の声に潜む差異を聞き漏らすのは、社会的な経験や解釈の様式がひとつしかないと決めてかかることに端を発しているからでもある。代わりに二つの様式を設定してみることで、われわれは、女性と男性〔双方の〕生活における分離と愛着の真実を見、これらの真実が、いかに異なる言語と思考の様式によって支えられているのかを認識するような、人間の経験についてのより複雑な解釈にたどりつく。

責任と権利との間の緊張が、いかに人間の発達の弁証法を支えているのかを理解することは、最終的にむすびつく二つの異なる経験様式の一貫した高潔さを了解することである。正義の倫理が平等の前提――誰もが等しく扱われるべし――から生じるのに対し、ケアの倫理は非暴力の前提――誰も傷つけてはならぬ――にもとづく。成熟を表現するとき、両方の視座がひとつとなり明らかにしたことは、不平等が、非対称の関係において〔その場にかかわる〕両者に不利に作用し、同様に、暴力もまた、それにかかわるすべての人間に対して破壊的〔に作用する〕ということである。公正とケアとのこうした対話は、両性の関係についてより良い理解をもたらすだけではなく、大人の活動と家族関係をより包括的に描き出してくれる。

　フロイトやピアジェが子どもたちの感情や思考における差異にわれわれの注意を向けてくれたので、われわれは、より細心のケアと敬意をもって、子どもたちに応答できるようになった。同じように、女性たちの経験と理解における差異を認識すれば、われわれは、成熟に関する視野を広げ、発達上の真実の文脈的性質を示せることになる。こうした視座の拡張を通して、これまで一般的に描かれてきた〔男性〕成人の発達と〔最近〕姿を見せ始めた女性の発達とをむすびつける(マリアージュ)ことができれば、人間の発達に対する理解に変化をもたらし、人間の生に対する見方が〔複数の世代がつながり合う〕より実り豊かなものとなる将来を思い描けるようになるのである。

文献一覧

*邦訳のデータは翻訳時点における最新情報に拠る。

Belenky, Mary F. "Conflict and Development: A Longitudinal Study of the Impact of Abortion Decisions on Moral Judgments of Adolescent and Adult Women." Ph.D. Diss., Harvard University, 1978.

Bergling, Kurt. *Moral Development: The Validity of Kohlberg's Theory*. Stockholm Studies in Educational Psychology 23. Stockholm, Sweden: Almqvist and Wiksell International, 1981.

Bergman, Ingmar. *Wild Strawberries*（1957）. In *Four Screen Plays of Ingmar Bergman*, trans. Lars Malmstrom and David Kushner. New York: Simon and Schuster, 1960.

日本語字幕ＤＶＤ『野いちご』ハピネット・ピクチャーズ、二〇〇一年。

邦訳（桜井文訳）「野いちご　シナリオ採録」『イングマール・ベルイマン　３大傑作選　劇場用パンフレット』、発行・編集：マジック・アワー、二〇一三年七月、所収。

Bettelheim, Bruno. "The Problem of Generations." In E. Erikson, ed., *The Challenge of Youth*. New York: Doubleday, 1965.

邦訳　Ｂ・ベッテルハイム（今防人訳）「世代の問題」Ｅ・Ｈ・エリクソン編　栗原彬監訳『青年の挑戦』北望社、一九七一年。

———. *The Uses of Enchantment*. New York: Alfred A. Knopf, 1976.

邦訳　同（波多野完治・乾侑美子訳）『昔話の魔力』評論社、一九七八年。

Blos, Peter. "The Second Individuation Process of Adolescence." In A. Freud, ed., *The Psychoanalytic Study of the Child*, vol. 22. New York: International Universities Press, 1967.

Broverman, Inge K., Vogel, Susan Raymond. Broverman, Donald M., Clarkson, Frank E., and Rosenkranz, Paul S. "Sex-role Stereotypes: A Current Appraisal." *Journal of Social Issues* 28 (1972): 59-78.

Chekhov, Anton. *The Cherry Orchard* (1904). In *Best Plays by Chekhov*, trans. Stark Young. New York: The Modern Library, 1956.

邦訳　A・チェーホフ（安達紀子訳）『転換期を読む　27　［新訳］桜の園』未來社、二〇二〇年。

Chodorow, Nancy. "Family Structure and Feminine Personality." In M. Z. Rosaldo and L. Lamphere, eds., *Woman, Culture and Society*. Stanford: Stanford University Press, 1974.

———. *The Reproduction of Mothering*. Berkeley: University of California Press, 1978.

邦訳　N・チョドロウ（大塚光子・大内菅子訳）『母親業の再生産――性差別の心理・社会的基盤』新曜社、一九八一年。

Coles, Robert. *Children of Crisis*: *a study of courage and fear*. 5 vols. Boston: Little, Brown, 1964, 1967-77.

Didion, Joan. "The Women's Movement." *New York Times Book Review*, July 30, 1972, pp. 1-2, 14.

Douvan, Elizabeth, and Adelson, Joseph. *The Adolescent Experience*. New York: John Wiley and Sons, 1966.

Drabble, Margaret. *The Waterfall*. Hammondsworth, Eng.: Penguin Books, 1969.

邦訳　M・ドラブル（鈴木健三訳）『滝』晶文社、一九七四年。

Edwards, Carolyn P. "Social Complexity and Moral Development: A Kenyan Study." *Ethos* 3 (1975):505-527.

Eliot, George. *The Mill on the Floss* (1860). New York: New American Library, 1965.

邦訳　G・エリオット（工藤好美・淀川郁子訳）「フロス河の水車場」『世界文学大系　85　ジョージ・エリ

オット』所収、筑摩書房、一九六五年、『ジョージ・エリオット著作集』（全五巻）（文泉堂、一九九四年）に再録。

Erikson, Erik H. *Childhood and Society*. New York: W. W. Norton, 1950.

邦訳　E・H・エリクソン（仁科弥生訳）『幼児期と社会』１・２　みすず書房、一九七七―八〇年。

———. *Young Man Luther*, New York: W. W. Norton, 1950.

邦訳　同（西平直訳）『青年ルター』１・２　みすず書房、二〇〇二―〇三年。

———. *Insight and Responsibility*. New York: W. W. Norton, 1964.

邦訳　同（鑪幹八郎訳）『洞察と責任――精神分析の臨床と倫理〔改訂版〕』誠信書房、二〇一六年。

———. *Identity: Youth and Crisis*. New York: W. W. Norton, 1968.

邦訳　同（岩瀬庸理訳）『アイデンティティ――青年と危機』金沢文庫、一九八二年。

———. *Gandhi's Truth*. New York: W. W. Norton,1968.

邦訳　同（星野美賀子訳）『新装版　ガンディーの真理』１・２　みすず書房、二〇〇二年。

———. "Reflections on Dr. Borg's Life Cycle: Essays." *Daedalus* 105（1976）: 1-29.（Also in Erikson, ed., *Adulthood: essays*. New York: W. W. Norton, 1978.）

邦訳　一部編集し、「ベルイマンの映画『野いちご』の主人公イサク・ボールイの生活歴――過去への再訪と再度のかかわりあい」と改題してE・H・エリクソン、J・M・エリクソン、H・Q・キヴニック（朝長正徳・朝長梨枝子）『老年期　生き生きとしたかかわりあい』みすず書房、一九九〇年に所収。

Freud, Sigmund. *The Standard Edition of the Complete Psychological Works of Sigmund Freud*, trans. and ed. James Strachey. London: The Hogarth Press, 1961. London, Vintage より一九九九―二〇〇一年に24巻復刻。

――――. *Three Essays on the Theory of Sexuality* (1905). Vol. VII.
邦訳　同（渡邉俊之訳）「性理論のための3篇」『フロイト全集6　1902-06年　症例「ドーラ」　性理論3篇』岩波書店、二〇〇九年。

――――. "Civilized Sexual Morality and Modern Nervous Illness" (1908). Vol. IX.
邦訳　同（道籏泰三訳）「「文化的」性道徳と現代の神経質症」『フロイト全集9　1906-09年　グラディーヴァ論　精神分析について』岩波書店、二〇〇七年。
邦訳　同（中山元訳）「「文化的な」性道徳と現代人の神経質症」フロイト著　中山元訳『フロイト、性と愛について語る』光文社古典新訳文庫、二〇二一年。

――――. "On Narcissism: An Introduction" (1914). Vol. XIV.
邦訳　同（立木康介訳）「ナルシシズムの導入に向けて」『フロイト全集13　1913-14年　モーセ像　精神分析運動の歴史　ナルシシズム』岩波書店、二〇一〇年。

――――. "Some Psychical Consequences of the Anatomical Distinction Between the Sexes" (1925). Vol. XIX.
邦訳　同（大宮勘一郎訳）「解剖学的な性差の若干の心的帰結」『フロイト全集19　1925-28年　否定　制止、症状、不安　素人分析の問題』岩波書店、二〇一〇年。
邦訳　同（中山元訳）「解剖学的な性差の心的な帰結」フロイト著　中山元訳『フロイト、性と愛について語る』光文社古典新訳文庫、二〇二一年。

――――. *The Question of Lay Analysis* (1926). Vol. XX.
邦訳　同（石川雄一・加藤敏訳）「素人分析の問題」前掲『フロイト全集19』。

――――. *Civilization and Its Discontents* (1930/1929). Vol. XXI.

邦訳　同（高田珠樹・嶺秀樹訳）「文化の中の居心地悪さ」『フロイト全集20　1929-32年　ある錯覚の未来　文化の中の居心地悪さ』岩波書店、二〇一一年。

———. "Female Sexuality" (1931). Vol. XXI.

邦訳　同（高田珠樹訳）「女性の性について」前掲『フロイト全集20』。

———. *New Introductory Lectures on Psycho-analysis.* (1933/1932). Vol. XXII.

邦訳　同（道籏泰三訳）「精神分析講義　続」『フロイト全集21　1932-37年　続・精神分析入門講義　終わりのある分析とない分析』岩波書店、二〇一一年。

Gilligan, Carol, "Moral Development in the College Years." In A. Chickering, ed., *The Modern American College*. San Francisco: Jossey-Bass, 1981.

Gilligan, Carol, and Belenky, Mary F. "A Naturalistic Study of Abortion Decisions." In R. Selman and R. Yando, eds., *Clinical-Developmental Psychology. New Directions for Child Development*, no.7. San Francisco: Jossey-Bass, 1980.

Gilligan, Carol, and Murphy, John Michael. "Development from Adolescence to Adulthood: The Philosopher and the 'Dilemma of the Fact.'" In D. Kuhn, ed., *Intellectual Development Beyond Childhood. New Directions for Child Development*, no.5. San Francisco: Jossey-Bass, 1979.

Haan, Norma. "Activism as moral protest: Moral judgments of hypothetical dilemmas and an actual situation of civil disobedience." Unpublished manuscript, University of California at Berkeley, 1971. 2.

———. "Hypothetical and Actual Moral Reasoning in a Situation of Civil Disobedience." *Journal of Personality and Social Psychology* 32 (1975): 255-270.

Holstein, Constance. "Development of Moral Judgment: A Longitudinal Study of Males and Females." *Child*

Development 47 (1976): 51-61.

Horner, Matina S. "Sex Differences in Achievement Motivation and Performance in Competitive and Noncompetitive Situations." Ph.D.Diss., University of Michigan, 1968. University Microfilms #6912135.

———. "Toward an Understanding of Achievement-related Conflicts in Women." *Journal of Social Issues* 28 (1972): 157-175.

Ibsen, Henrik. *A Doll's House (1879)*. In *Ibsen Plays*, trans. Peter Watts. Hammondsworth, Eng: Penguin Books, 1965.

邦訳　H・イプセン（毛利三彌訳）『人形の家』西洋比較演劇研究会編『ベスト・プレイズ――西洋古典戯曲12選』論創社、二〇一一年　論創社（軽装版、二〇二〇年）。

Joyce, James. *A Portrait of the Artist as a Young Man*. New York: The Kingston,1916.

邦訳　J・ジョイス（丸谷才一訳）『若い藝術家の肖像』集英社、二〇一四年。

邦訳　同　（大澤正佳訳）『若い芸術家の肖像』岩波文庫、二〇〇七年。

Kingston, Maxine Hong. *The Woman Warrior*. New York: Alfred A. Knopf, 1977.

邦訳　M・H・キングストン（藤本和子訳）『チャイナタウンの女武者』晶文社、一九七八年。

Kohlberg, Lawrence. "The Development of Modes of Thinking and Choices in Years 10 to 16." Ph.D. Diss., University of Chicago, 1958.

———. "Stage and Sequence: The Cognitive-Development Approach to Socialization." In D. A. Goslin, ed., *Handbook of Socialization Theory and Research*. Chicago: Rand McNally, 1969.

邦訳　L・コールバーグ（永野重史訳）『道徳性の形成――認知発達的アプローチ』新曜社、一九八七年。

———. "Continuities and Discontinuities in Childhood and Adult Moral Development Revisited." In *Collected*

Papers on Moral Development and Moral Education. Moral Education Research Foundation, Harvard University, 1973.

———. "Moral Stages and Moralization: The Cognitive-Developmental Approach," T. Lickona, ed., *Moral Development and Behavior: Theory, Research and Social Issues*. New York: Holt, Rinehart and Winston, 1976.

———. *The Philosophy of Moral Development*. San Francisco: Harper and Row, 1981.

Kohlberg, L., and Gilligan, C. "The Adolescent as a Philosopher: The Discovery of the Self in a Post-conventional World." *Daedalus* 100 (1971): 1051-1086.

Kohlberg, L., and Kramer, R. "Continuities and Discontinuities in Child and Adult Moral Development." *Human Development* 12 (1969): 93-120.

Langdale, Sharry, and Gilligan, Carol. Interim Report to the National Institute of Education. 1980.

Lever, Janet. "Sex Differences in the Complexity of Children's Play and Games." *American Sociological Review* 43 (1978): 471-483.

———. "Sex Differences in the Games Children Play." *Social Problems* 23 (1976): 478-487.

Levinson, Daniel J. *The Seasons of a Man's Life*. New York: Alfred A. Knopf, 1978.
邦訳　D・J・レビンソン（南博訳）『人生の四季——中年をいかに生きるか』講談社、一九八〇年。→『ライフサイクルの心理学』上下　講談社学術文庫、一九九二年。

Loevinger, Jane, and Wessler, Ruth. *Measuring Ego Development*. San Francisco: Jossey-Bass, 1970.

Lyons, Nona. "Seeing the Consequences: The Dialectic of Choice and Reflectivity in Human Development." Qualifying Paper, Graduate School of Education, Harvard University, 1980.

Maccoby, Eleanor, and Jacklin, Carol. *The Psychology of Sex Differences*. Stanford: Stanford University, 1980.

May, Robert. *Sex and Fantasy*. New York: W. W. Norton, 1980.

McCarthy, Mary. *Memories of a Catholic Girlhood*. New York: Harcourt Brace Jovanovich, 1946.

邦訳　M・マッカーシー（池澤夏樹監修　若島正訳）『須賀敦子の本棚　7　私のカトリック少女時代』河出書房新社、二〇一九年。

McClelland, David C. *Power: The Inner Experience*. New York: Irvington. 1975.

McClelland, David. C., Atkinson, J. W., Clark, R. A., and Lowell, E. L. *The Achievement Motive*. New York: Irvington, 1953.

Mead, George Herbert. *Mind, Self, and Society*. Chicago: University of Chicago Press, 1934.

邦訳　G・H・ミード（山本雄二訳）『精神・自我・社会』みすず書房、二〇二一年。

Miller, Jean Baker. *Toward a New Psychology of Women*. Boston: Beacon Press, 1976.

邦訳　J・B・ミラー（河野貴代美監訳）『Yes（イエス）, But（バット）……——フェミニズム心理学をめざして』新宿書房、一九八九年（但し、一九八六年の改訂版を訳したもの）。

Murphy, J. M., and Gilligan, C. "Moral Development in Late Adolescence and Adulthood: A Critique and Reconstruction of Kohlberg's Theory." *Human Development* 23 (1980): 77-104.

Perry, Jr., William G., *Forms of Intellectual and Ethical Development in the College Years*. New York: Holt, Rinehart and Winston, 1968.

Piaget, Jean. *The Moral Judgment of the Child* (1932). New York: The Free Press, 1965.

邦訳　J・ピアジェ（大伴茂訳）『臨床児童心理学3　児童道徳判断の発達』同文書院、一九五四年（英語版同様、仏語原著 *Le jugement moral chez l'enfant* (1932) より翻訳)。
———. *Six Psychological Studies*. New York: Viking Books, 1968.
邦訳　同（滝沢武久訳）『思考の心理学——発達心理学の6研究』みすず書房、一九九九年。
———. *Structuralism*. New York: Basic Books, 1970.
邦訳　J・ピアジェ（滝沢武久・佐々木明訳）『構造主義』白水社、一九七〇年（英語版同様、仏語原著 *Le structuralisme* (1968) より翻訳)。
Pollak, Susan, and Gilligan, Carol. "Images of violence in Thematic Apperception Test Stories." *Journal of Personality and Social Psychology* 42, no. 1 (1982) : 159-167.
Rubin, Lilian. *Worlds of Pain: life in the working-class family*. New York: Basic Books, 1976.
Sassen, Georgia. "Success Anxiety in Women: A Constructivist Interpretation of Its Sources and its Significance." *Harvard Educational Review* 50 (1980) : 13-25.
Schneir, Miriam, ed., *Feminism: The essential Historical Writings*. New York: Vintage Books, 1972.
Simpson, Elizabeth L. "Moral Development Research: A Case Study of Scientific Cultural Bias." *Human Development* 17 (1974) : 81-106.
Stack, Carol B. *All Our Kin: strategies for survival in a Black community*. New York: Harper and Row, 1974.
Stoller, Robert, J. "A Contribution to the Study of Gender Identity." *International Journal of Psycho-Analysis* 45 (1964) : 220-226.
Strunk, William Jr., and White, E. B. *The Elements of Style* (1918) . New York: Macmillan, 1958.
邦訳　W・ストランク Jr.（E・B・ホワイト改訂増補・松本安弘解説、松本アイリン訳・ノート）『英語文章読本』荒竹出版、一九七九年。

Terman, L., and Tyler, L. "Psychological Sex Differences." In L. Carmichael, ed., *Manual of Child Psychology*. 2nd ed. New York: John Wiley and Sons, 1954.

Tolstoy, Sophie A. *The Diary of Tolstoy's Wife, 1860-1891*, trans. Alexander Werth, London: Victor Gollancz, 1928. (also in M. J. Moffat and C. Painter, eds., *Revelations*. New York: Vintage Books, 1975.)

Vaillant, George E. *Adaptation to Life*. Boston: Little Brown, 1977.

Whiting, Beatrice, and Pope, Carolyn. "A Cross-cultural Analysis of Sex Difference in the Behavior of Children Age Three to Eleven." *Journal of Social Psychology* 91 (1973) : 171-188.

Woolf, Virginia. *A Room of One's Own*. New York: Harcourt, Brace and World, 1929.
邦訳　V・ウルフ（片山亜紀訳）『自分ひとりの部屋』平凡社、二〇一五年。

【追補】

• 「一九九三年、読者への書簡」に挙げられた文献

Alter, Robert Bernard, *The Art of Biblical Narrative*, Basic Books, 1981.

Beard, Mary. *Women & Power*, Profile Books Ltd., 2017.
邦訳　メアリー・ビアード（宮崎真紀訳）『舌を抜かれる女たち』晶文社、二〇二〇年。

Conrad, Joseph. *Collected Edition of the Works of Joseph Conrad*, London, Dent, 1946.
邦訳　J・コンラッド（黒原敏行訳）『闇の奥』光文社、二〇〇九年。

Dworkin, Ronald. "Feminism and Abortion" in *The New York Review of Books* (June 10, 1993). → *Life's*

Dominion: An Argument about Abortion, Euthanasia, and Individual Freedom, Knopf, 1993.
邦訳　R・ドゥオーキン（水谷英夫・小島妙子訳）『ライフズ・ドミニオン　中絶と尊厳死　そして　個人の自由』信山社、一九九八年所収。
Frost, Robert. *North of Boston*, David Nutt,1914.
邦訳　R・フロスト（藤本雅樹訳）『ボストンの北――ロバート・フロスト詩集』国文社、一九八四年。
Gilligan, Carol, "In a Different Voice; Women's Conceptions of Self and of Morality" In Eisenstein, Hester and Jardine, Alice, ed., *The Future of Difference*, New Brunswick, NJ: Rutgers University Press, 1985.
Harvey, Elizabeth D., *Ventriloquized Voices: Feminist Theory and English Renaissance Texts*, Psychology Press, 1992.
Hirschman, Albert O., *Exit, Voice, and Loyalty: Responses to Decline in Firms, Organizations and States*, Harvard University Press, 1970.
邦訳　アルバート・O・ハーシュマン（矢野修一訳）『離脱、発言、そして忠誠――企業・組織・国家における衰退への反応』ミネルヴァ書房、二〇〇五年。
Linklater, Kristin. *Freeing the Natural Voice*. Drama Publishers. 1976.
紹介　登坂倫子『アート　オブ　ヴォイス』現代書館、二〇〇七年。
Minnow, Martha. *Making All the Difference: Inclusion, Exclusion, and American Law*, Cornell University Press, 1990.
Morrison, Toni, *Beloved*, Alfred A. Knopf Inc., 1987.
邦訳　トニ・モリスン（吉田廸子訳）『ビラヴド――トニ・モリスン・セレクション』早川書房、二〇〇九年。
――――：*The Bluest Eye*, Holt, Rinehart and Winston, 1970.

邦訳　トニ・モリスン（大社淑子訳）『青い眼がほしい――トニ・モリスン・セレクション』早川書房（再録）、二〇〇一年。

Shakespeare, W., ed. G. Blakemore Evans, *Riverside Shakespeare*, Houghton Mifflin Company, 1974.

Woolf, Virginia. The speech "Profession for Women".

邦訳　V・ウルフ（出渕敬子・川本静子監訳）『女性にとっての職業　エッセイ集』みすず書房、二〇一九年新装版所収。

● 「感謝のことば」に挙げられた文献

Janet Zollinger Giele (ed.), *Women in the Middle Years: Current Knowledge and Directions for Research and Policy*, sponsored by the Social Science Research Council (Wiley Series on Personality Processes) John Wiley and Sons, 1982.

● 第一章への補遺

ホメーロス（沓掛良彦訳）『ホメーロスの諸神讃歌』ちくま学芸文庫、筑摩書房、二〇〇四年など。

● 第二章への補遺

Wilder, Thornton. *Our Town*, first played in 1938.

邦訳　T・ワイルダー（鳴海四郎訳）『ソーントン・ワイルダー　I　わが町』ハヤカワ演劇文庫、早川書房、二〇一四年。

D. H. Lawrence, *Women in Love*, limited edition by Thomas Seltzer, 1920.

邦訳　D・H・ロレンス（小川和夫訳）「恋する女たち」『集英社ギャラリー〔世界の文学〕4　イギリス』集英社、一九九一年。

● 第四章への補遺

W・シェイクスピア（河合祥一郎訳）『新訳　リア王の悲劇』KADOKAWA、二〇二〇年など。

同（安西徹雄訳）『ヴェニスの商人』光文社、二〇〇七年など。

F・M・ドストエフスキー（工藤精一郎訳）『罪と罰　改版　上下』新潮社、二〇一〇年など。

・第五章への補遺

Wollstonecraft, Mary. *A Vindication of the Rights of Women: with Strictures on Political and Moral Subjects*, London, 1792.

邦訳　M・ウルストンクラフト（白井堯子訳）『女性の権利の擁護——政治および道徳問題の批判をこめて』未來社、一九八〇年。

・第六章への補遺

（共同訳聖書実行委員会訳）『新共同訳聖書』日本聖書協会、一九八七年。

［解題］『もうひとつの声で』を読みほぐす

川本隆史

もはや旧聞に属する話題ながら、ニュース週刊誌『タイム』が「アメリカを動かす二五人の有力者」を特集したことがある（一九九六年六月一七日号）。政治家、裁判官、起業家、宗教家、作家、芸能・マスコミ関係者らに混じって、人文系の研究者としてただ一人選ばれたのが、心理学者キャロル・ギリガンだった。そのプロフィール記事は、当人の影響力について以下のように説き起こしている――「心理学の物差しや医学研究の憶説、さらには男と女、男子と女子の違いについて親や教師、発達心理学者の間で取り交わされる会話までをも、たった一冊の本が変えてしまうようなことがありうるだろうか。だが、それは起こった。『もうひとつの声で』の多くの読者は、ジェンダーに対する見方が読む前とすっかり変化したことに気づかされるのである」。アメリカ社会に対するギリガンの重要な貢献とは、「男の論理を借りて女についてあれこれ推測を重ねるのでなく、女たちの実際の行いをしっかり見極めない限り、人間について何も理解することはできない」という真実を教えてくれたところにあるのだ、と。

一九八二年の発刊後四〇年を経て、一六の言語に翻訳され七〇万部以上売り尽くした世界的なベストセラー。まずは、本書の論争上のポジションから確認するとしよう。

道徳性発達理論におけるジェンダー・バイアス

ギリガンが当初取り組んだのは、エリク・H・エリクソンとローレンス・コールバーグの発達理論を、実生活の道徳的ジレンマにおかれた人びとの意思決定に即して検証することだった。その過程で彼女は、人間一般の発達を描いたと称している彼らの図式が男性のそれを拡張したものに過ぎず、そこに隠された男性中心主義があることに気づかされた。とくに正義感の認知的発達を基軸とするコールバーグの理論枠組みが、もともと男子ばかりの集団を調査対象として構成されたものであったため、六段階に区分された彼の尺度で女性の発達を測ろうとすると、その大半は、多数派の意見に同調する「第三段階」どまりとされてしまう。これは女性の道徳性が男性に比べて劣っていることを意味するのだろうか。彼女はそう考えなかった。逆に、女性たちの声に含まれた「際立った響き」に耳を傾けたギリガンは、「道徳的問題の語り方には二通り、自他の関係性についての叙述様式には二通りある」（本書五五頁――以下この訳書からの引用は頁数のみを示す）ことに思いいたる。従来の心理学では、その内の一つを標準としていたため、「もうひとつの声」（a different voice）の方には十分な注意が払われず、両者の違いを発達段階の差として処理してきただけではないか、と。ただし（ここが大切なところなのだが）彼女は、二つの声の違いがジェンダーの相違に還元できるとは考えていなかった。むしろ両方の声を、人間の経験の中で「対位法のテーマ」（五五頁）のように繰り返し響いてくる、二つの主題のようなものとして聴き取る必要がある。

二つの倫理

ギリガンは、二つの声のそれぞれに「正義の倫理」（ethic of justice）、「ケアの倫理」（ethic of care）という名前を与えて、両者を対比した。〈何が正義にかなうか〉という問いに主導される「正義の倫理」によれば、道徳の問題は諸権利の競合から生じるものとされ、形式的・抽象的な思考でもって諸権利の優先順位を定めることで解決が図られる。またこの倫理の基底には、自己をあくまで他者から「分離」した存在、「自律」の主体として捉える人間観が横たわっている。これとは対照的に「ケアの倫理」――すなわち「すべての人が他人から応えてもらえ、受け入れられ、取り残されたり傷つけられる者は誰ひとり存在しないという理想像」（一七三―一七四頁）――では、〈他者のニーズにどのように応答すべきか〉という問いかけが何よりも重要視され、道徳上のジレンマは複数の責任が衝突するところに成立する。したがって「ケアの倫理」の場合、目の前のジレンマに対処するためには、「文脈＝情況を踏まえた物語り的な（contextual and narrative）思考様式」に頼らざるを得ない。そしてこの倫理を支える人間観によると、自己は他者との「相互依存性」やネットワークの中に居場所を有することになる。

二つの倫理の相違を際立たせるために、ギリガンはコールバーグの論法を逆手にとった。すなわち、同じ一一歳の男子（ジェイク）と女子（エイミー）に、〈末期ガンに苦しむ妻を抱えるハインツは、薬剤師が開発した特効薬の代金がどうしても工面できない。窮地にある彼は、妻を救うために薬を盗むべきなのか、それともこの窮状を座視するほかないのか〉という「ハインツのジレンマ」を聞かせ、その打開策と理由づけを問うたのである。この時ジェイクは、薬剤師の所有権と妻の生命のどちらが大切かを決めれば正しい解答が論理的に出てくる「数学のような問題」だと見切って、「ハインツは盗むべきだ」との答えをあっさりと出した。

それに対してエイミーは、本当にその薬剤師を説得できないものか、友人たちからもっとお金を集められないものかと悩み、薬を盗んだとしてもハインツが捕まったら当の妻の病気がかえって重くなりはしないか、とかいった点を気にやむばかりで、はっきりした態度が出せない。この板ばさみ状態から「コミュニケーションの失敗」を読み取る彼女は、コミュニケーションのネットワークの中で自分はどのような「責任」を負っているのか、だれを「ケア」すべきかにもっぱら関心を寄せる。ところが、普遍的な正義原理に向かう発達を跡づけるコールバーグ理論では、こうした個別の文脈に即した「ケア」を重んじる女性の姿勢は正当に評価されない。フェミニスト心理学の先駆者であるジーン・B・ミラーの所論を踏まえた、ギリガンの総括は手厳しい――「女性がこのように男性の世話をし続けてきたのに、男性は経済的な制度編成と同じく心理発達の理論においても、そうしたケアを当たり前のことだと見なして、その価値を低く見積もる傾向があった」（八四頁）。

女性の道徳性がこれまで低くランクされてきたのも、「ケアの倫理」から発する女性たちの声を、「正義の倫理」に照準しているコールバーグ理論の物差しを使って測定したからに過ぎない。ギリガンはここに「逆説(パラドックス)」を見て取った――「他人のニーズに対する感受性や、ケアする責任を引き受けることで、女性は、自分よりも相手の声に注意を払い、他人の視点を自分の判断のなかに抱え込んでしまう。女性の道徳的な弱さは、〔道徳上のジレンマに陥ったときに下す〕一見とりとめなく混乱している判断にあらわれるのだが、この弱さが女性の道徳的な強さ(すなわち、人間関係や責任に対する圧倒的な関心)と分かちがたくむすびついている。〔……〕ここにこそ、逆説が存在する。というのもまさに、伝統的に女性の「善良さ」だと定義されてきたその特性、すなわち他者のニーズをケアし感受性を発揮するという特性こそが、同時に女性を道徳性の発達において欠陥ありときめつける目印の役割も果たしているからである」(八四頁/八六―八七頁)。

成熟の姿(ヴィジョン)

こうしたパラドックスを解消して「ケアの倫理」を弁証する手立てとして、ギリガンは二つの方略を採用した。一つ目は、「ケアの倫理」も「正義の倫理」に劣らぬ整合的な発達段階をたどることを裏づける。これについては、望まない妊娠を中絶するかどうかという苦しい選択に追い込まれた一五歳から三三歳の女性二九名を被験者とする、著者自身のカウンセリング経験が素材を提供した。彼女はそこで、女性たちが「個人の生存」にひたすら関心を向けるだけのレベルから、他者をケアしようとする責任感をバネにして「自己犠牲としての善良さ」のレベルにいたり、それがさらに自己への責任（あるいは「自分の本当の気持ち」に正直に向きあう）という視座を獲得して「ケアを〔一方的な自己犠牲としてでなく〕自他の相互性に即して省察的に理解する」（reflective understanding of care）第三のレベルに到達する（二五八頁）、という発達の理路を描きだした。「ケアの倫理」は伝統的な「女らしさの美徳」に回収されるものではなく、ケアと責任の捉え返しを通じて「誰も傷つけられるべきではない」との普遍的な道徳的命法（非暴力の倫理）を自覚するところまで成長する、というのだ。

二つ目にギリガンが示そうとしたのは、「ケアの倫理」と「正義の倫理」との統合によって、人間としての成熟が達成されるとする展望。つまり、前者が第三のレベルに移行するためには後者の中核にある「権利」という用語を我がものとすることが欠かせないし、同様に後者も「責任」という観点を含み込むことにより、他者の実在性や現実の多様性を捨象して、権利や平等を頭ごなしに言い立てる態度を脱却しうる。まさしく二つの倫理が補い合ってむすびつくところにこそ、成熟の目標があるのだ、と。

本書の結びの部分を引いておこう――「われわれは一〇〇年以上にもわたって、男性の声と、男性の経験が情報を提供する発達理論を聴いてき〔……〕た。〔……〕女性の人生の〔男性とは〕異なる現実を見落とし、女性の声に潜む差異を聞き漏らすのは、社会的な経験や解釈の様式がひとつしかないと決めてかかることに端を発しているからでもある。代わりに二つの様式を設定してみることで、われわれは、女性と男性〔双方の〕生活における分離と愛着の真実を見、これらの真実が、いかに異なる言語と思考の様式によって支えられているのかを認識するような、人間の経験についてのより複雑な解釈にたどりつく。責任と権利との間の緊張が、いかに人間の発達の弁証法を支えているのかを理解することは、最終的にむすびつく二つの異なる経験様式の一貫した高潔さを了解することである」(三九二頁)。

「ケア対正義」論争とその帰結

『もうひとつの声で』は、題名の衝撃力と文学作品や映画までをも博引傍証する大胆な語り口の効果も手伝ってか、アカデミズム内外で大きな反響を巻き起こした。アメリカ教育研究学会の出版賞が授与され、雑誌『ミズ(Ms.)』は前年に最も活躍した女性を讃える〈ウーマン・オブ・ザ・イヤー〉に彼女を選んでいる(一九八四年一月号)。

まずもって注目すべきは、著者が槍玉にあげたコールバーグの素早い応答であろう。彼は、ほとんどの人間発達理論が男の手によって作り出されてきたため、これらの理論が男性の価値観を色濃く反映しているとするギリガンの批判の大筋に同意するとともに、「ケアの倫理」が「道徳の定義域」を拡大してくれるものであることも認める。ただし、自分の初期の評定法にジェンダー・バイアスが伏在していたことは確かだけれども、現時点ではそれが修正されているので、「ケアの倫理」が必ずしも低く評定されるわけではないし、二つの倫理を道徳の個体発生上の性差に重ね合わせることはできない。コールバーグはこう反論したのだが、彼の死(一九八七年)によって両者の応酬は途切れてしまっている。

だが、このようにして口火を切られたギリガン対コールバーグの論争は、心理学の専門家相互の応酬にとどまることなく、「ケア対正義」をめぐる活発な学際的論議を促進した。そして「ケアの倫理」は、〈フェミニスト倫理学〉という新たな学問領域を創成したばかりでなく、看護や教育の活動をケアの営為として捉え返すための立脚点になるとともに、従来の法的思考の偏りを性差の観点に立って是正しようとする「ジェンダー法学」（マーサ・ミノウら）や自然環境への責任やケアを重んじる「エコ・フェミニズム」にも深い示唆を与えた。

そうして本書は、「一九八〇年代において最も多方面から引用され、最大の影響力を及ぼしたフェミニズムの作品の一つ」（Susan Faludi, *Backlash: The Undeclared War Against American Women*, 1991; The 15th Anniversary Edition, 2006, p. 338〔スーザン・ファルーディ『バックラッシュ――逆襲される女たち』伊藤由紀子・加藤真樹子部分訳、新潮社、一九九四年では省略〕）に数えられるようになる。男性支配の文化の中で貶められてきたケアの復権を促し、「生命の再生産」というケアの営みに携わってきた自分たちの経験――森崎和江の適言を借りれば「いのちを産む」活動！――を表現できることばを与えてくれたとの理由から、多くの女性の共感と支持を集めたのである。けれども、一部のフェミニストたちは本書を厳しく論難している。「ケアの倫理」の称揚が家事・育児のケアを女性に押しつけ、因襲的な性別役割分業を固定化することにつながるのではないか、と危惧されたからにほかならない。

この本の評価をめぐってフェミニスト陣営に分裂が生じた背景には、アメリカ社会の〈保守化〉という政治的動向がうごめいている。すなわち、八〇年代のアメリカに吹き荒れた「バックラッシュ」（フェミニズムが育て上げた女性の権利意識に対する大規模な逆襲）に便乗して、「ギリガンの理論を勝手に利用して性差別を擁護する議論に用いることが、容易になされた。本人の意志とは大幅に反して、ギリガンは〈バックラッシュ〉を推進するマスメディアに愛用される専門家に成り下がったのである」（ファルーディ前掲原書 p. 342）。「差異」が、新手の呪文として、男女の平等を希求するフェミニズムの運動を鎮静させるために乱発されたということ。

確かにこの本が刊行された一九八二年は、「男女平等憲法修正条項」（ＥＲＡ）廃案の年であり、在宅高齢者ケアの「重い負担」がアメリカの女たちの肩に負わされ続けているにもかかわらず、レーガン政権のもと「プロ・ファミリー」政策（人工妊娠中絶や私生児の増加、性感染症の蔓延を憂えて、伝統的な性道徳や家族の価値の再興を図ろうとする保守派の策動）が強行されていた苦難の時期に相当する。そうした時代背景を考え合わせると、福祉やケアをめぐるアメリカの言説空間において、この書が負わされたある種の反動的な役回りを見過ごすことはできまい。たとえば、フェミニズム法学者のキャサリン・マッキノンはギリガンや「差異」をもてはやす傾向に対して、こう冷や水を浴びせている——「女性が道徳に関する理由づけ・推論を行うやり方が〈もうひとつの声〉の道徳性であるとは考えられない。［……］女性はケアに価値をおくが、それは私たちが男性に対して示すケアに応じて彼らが私たち女性を評価してきたからである。［……］女性は関係性の観点からものを考えるが、それは女性の存在が男性との関係で定義されているからである。力のない者は異なるしゃべり方をするだけではない。むしろ、しゃべらない。力ない者の言葉は異なった仕方で語られるにとどまらず、沈黙させられているのだ」（『フェミニズムと表現の自由』奥田暁子ほか訳、明石書店、一九九三年、六四頁）、と。

本書の再定位と新版序文

さらにこの本をめぐる意見対立は、より理論内在的な文脈、すなわち性差やジェンダーに対してアンヴィヴァレントな姿勢を採らざるをえない〈フェミニズムの隘路〉において読みほぐすこともできよう。江原由美子によれば、現代のフェミニズムは「ジェンダー・カテゴリー」に関する「二重の戦略」――一方で、そのカテゴリーが現状を固定する「イデオロギー」であると見なしてなるべく使用しないようにするものの、他方でその同じカテゴリーに積極的な意味を賦与して女性の社会的経験に基づいた変革を求める――を採ることを余儀なくされる。そうした戦略が、フェミニズム内部の論争や対立を惹起する（江原「フェミニズムとは何か」、『かながわ女性ジャーナル』第一二号、一九九四年）。『もうひとつの声で』も右の「二重の戦略」にそって、「ケアの倫理」を女性固有のカテゴリーに割り振ることは極力避けながらも、他者のニーズに応答してきた女性の経験を積極的に掘り起こそうと努力している。どちらの論じ方を高く買うかの違いで、本書の解釈も分かれてしまうというわけなのだ。

いずれにせよ、これまで周縁に追いやられほとんど問題化されずにいた「ケア」にいち早く注目したギリガンの慧眼は、高く評価されるべきであろう。実際に、この本の問題提起を受けとめた数々の著作が出現し、考察が深化・発展してきている。まず、ギリガンにおいては「苦しみの緩和」、「ニーズへの応答」として特徴づけられていた名詞の「ケア」を、「ケアリング」という動名詞の相のもとでダイナミックに描き直そうとしたのが、教育哲学者のネル・ノディングズであった。彼女は「ケアする者」と「ケアされる者」との間に「助け合い」(reciprocity)という(一方的な援助ではなく、相互的な)関係性が形成される点に着目し、ケアリングを拠りどころとする道徳教育の組み換えを提唱し(『ケアリング』Nel Noddings, *Caring: A Feminine Approach to Ethics and Moral Education*, 1984〔立山善康ほか訳、晃洋書房、一九九七年〕)、そこから進んで「ケアし合う社会」という構想を打ち出して、リベラリズムに領導されてきた従来の社会政策の限界を突破しようと企てた(『ホームから始めること』*Starting at Home: Caring and Social Policy*, 2002)。

またフェミニストの政治学者のスーザン・ヘックマンは、ポストモダニズムの脱構築に通じる革新性をギリガンのコールバーグ批判から抽出しながら、自らの主張の普遍性や実証性に拘泥するギリガンの不徹底を衝こうとしている。「さまざまな道徳の声が、他者との関係において定義され、言説によって構成される主体から発すると見抜いたギリガンの洞察を真剣に受けとめるならば、彼女の作品からもっとラディカルな含意を引き出すことができる。〔……〕道徳の声はそれを産出する主体と同じく多様なものであり、たった二つだけではなく、もっと多くの道徳の声が定義されねばならない」(『道徳の声、道徳上の自我』Susan J. Hekman, *Moral Voices, Moral Selves: Carol Gilligan and Feminist*

Moral Theory, 1995)。同じく政治学者のジョアン・トロントは、ケアをプライベートな領域に押し込めてきた出来合いの「道徳の境界線」を引き直し、より広い政治的文脈へとケアを置き換える作業を続けている。彼女の結論はこうである――「ケアの価値を認識することは、現代社会の価値構造に異議を申し立てることにつながる。ケアは女性が抱く狭量な関心事でも、道徳問題の派生的な形式でも、社会で最も不遇な人びとが従事する仕事でもない。ケアは人間生活の中心をなす重要事項なのだ。この真理を映し出すような政治的・社会的制度に向かって、変革を開始する時機が来ている」(『道徳の境界線』Joan C. Tronto, *Moral Boundaries: A Political Argument for an Ethic of Care*, 1993/彼女の近著に『ケアするのは誰か?――新しい民主主義のかたちへ』岡野八代訳、白澤社、二〇二〇年がある)。

　ホロコーストの生存者を両親とする哲学者エヴァ・キテイは、台所での母親のつぶやきと重度の障碍をもつ長女の養育とを足場に、「つながりを基盤とする平等」(「私たちは皆等しく母親である誰かから産まれている」との端的な事実に依拠する平等の主張)および人間の基礎経験である「依存」およびケア関係の見直しへと歩み出た(『愛の骨折り仕事』*Love's Labor: Essays on Women, Equality, and Dependency*, 1999(『愛の労働あるいは依存とケアの正義論』岡野八代+牟田和恵監訳、白澤社、二〇一〇年))。さらに彼女は、他者に依存する者、その介助者、ケアを提供する組織・制度、納税者=市民が相互に支え合っていることを見据えつつ、ロールズの「正義の二原理」を補正する〈ケアに対する社会的責任の原理〉を提議している(論集『ケアの倫理からはじめる正義論――支えあう平等』岡野八代・牟田和恵訳、白澤社、二〇二二年も、ぜひ参照されたい)。

「ケアの倫理」を社会思想史のアリーナに配置したのが、フランスの哲学者ファビエンヌ・ブルジェールである。彼女は「ケアの倫理」を「人間の絆は商品の交換には還元できないと主張する思想の流れ」の中に置き入れ、「私たちの社会における商品化と官僚制化に対して警戒を怠らない」姿勢を堅持するこの倫理が、「目の前の他者の必要（ニーズ）を集団として承認し、社会的な正義を政治の回路を通じて実現せよと要求するものであって、世界に拡散した均質的なネオリベラリズムへの対抗構想となる」と喝破している（Fabienne Brugère, *L'éthique du «care»*, 2011〔『ケアの倫理――ネオリベラリズムへの反論』原山哲・山下りえ子訳、文庫クセジュ、白水社、二〇一四年〕）。

新版の冒頭に置かれた「一九九三年、読者への書簡」で著者自ら振り返っているように、学生反乱とウーマンリブがそれぞれ知の基盤および男女・親子の関係の再検討を要請していた時代のさなかにあって、『もうひとつの声で』は書き始められた。さらにギリガンは本書がたんなる抽象的な思弁ではなく、あくまでも具体的な人びとの声に「耳を傾けること」（listening）を土台としている点を強調する。そしてこの書簡で彼女が変革の希望を託そうとするのも、やはり女たちとの「つながり」（connection）である――「女子たちや女性たちに目を向け、話を聴く新しい心理学の理論は〔……〕家父長的秩序に対する、必然的な挑戦状を突きつけます。女性たちや女子たちの経験を白日にさらすことは、ある意味では完璧に単純明快な作業だとはいえ、ラディカルな試みなのです。だから、女性たちや女子たちと――教育、研究、治療、友情、母性、日々の暮らしの成り行きにおいて――のつながりを固守することは、革命的な可能性を秘めています」（四一頁）。

こうして《女たちの連帯は強力である》（Sisterhood is Powerful）というメッセージを発信している限り、本書はフェミニズムの古典にして抵抗と変革の指南書であり続けるに相違ない。

著者と著作の軌跡をたどる

一九三六年一一月二八日、ユダヤ系の両親（母は幼稚園の教員にしてセラピストのマーベル・フリードマン、父は弁護士のウィリアム・E・フリードマン）の一人娘として、ニューヨークで出生した。ホロコースト期に生まれ育ったユダヤ人の子どもゆえに、確固とした道徳的・政治的な確信を育まれたと、本人が回顧している。早くから音楽とダンスに打ち込み、五八年スウォースモア・カレッジを卒業（英文学専攻）後、六〇年にラドクリフ・カレッジの修士課程（臨床心理学）を修了。E・H・エリクソンに師事して、六四年にハーバード大学の博士号（社会心理学）を取得。学位論文は「誘惑への諸対応——動機の分析」。

相前後してジェイムズ・F・ギリガン（一九三五年一〇月三〇日生まれの精神医学者／『男が暴力をふるうのはなぜか——そのメカニズムと予防』佐藤和夫訳、大月書店、二〇一一年の著者）を伴侶となし、三人の息子を授かっている。子育てが始まり、モダンダンスの一座および公民権運動に積極的関与（コミットメント）した期間はアカデミズムの世界から離脱するも、六五～六六年にはシカゴ大学の教壇に復帰（在職中、ベトナム戦争への抗議の輪に若手の教員仲間と加わった）。六七年以降はハーバード大学に移り、七一年からハーバード大学教育学部大学院の助教を勤める傍ら、L・コールバーグの指導の下に、青年期のアイデンティティ形成および実生活上の道徳的葛藤をテーマとする研究を開始した。ベトナム戦争への徴兵を拒否しようとした当事者の意思決定の実態を参与観察し続けたが、パリ和平協定（七三年一月二七日）が結ばれ、当の戦争が終結に向かう。そのため、連邦最高裁ロウ対ウェイド判決（同年一月二二日）によって合法化された、妊娠中絶のジレンマに題材を切り替えたところ、その調査過程で他者へのケアと責任を果たそうとする女性たちが発する「もうひとつの声」に気づかされたのである。

　七九年よりハーバード大学大学院心理学准教授、さらに正教授（八六年〜）を経て、九七年ジェンダー研究講座の初代教授に就任。女優ジェーン・フォンダの寄付一二五〇万ドルを基金とする同大の「ジェンダーおよび教育のためのセンター」創設（二〇〇一年）に携わったのち、二〇〇二年六月ニューヨーク大学に転じ、現在は応用心理学および人文学の全学教授（ユニヴァーシティ・プロフェッサー）の任にある。

　一九八二年に『もうひとつの声で』を世に問い、フェミニズムおよび女性学の一時代を画した。その後「ケアの倫理」をめぐる活発な論争に関与しながら、女性心理学および女子の発達に関するハーバード大学研究プロジェクトを立ち上げて、共同研究の所産を一連の共編著——①『道徳の定義域を描く——心理学理論および教育に対する女性の思考の寄与』*Mapping the Moral Domain: A Contribution of Women's Thinking to Psychological Theory and Education*（一九八八年）、②『つながりをつくる——エマ・ウィラード校における青年期の女子たちの関係世界』*Making Connections: The Relational Worlds of Adolescent Girls at Emma Willard School*（一九八九年）、③『女性・

女子・心理療法——抵抗を組みなおす』*Women, Girls and Psychotherapy: Reframing Resistance*（一九九一年）、④『岐路で出会う——女性心理学と女子の発達』*Meeting at the Crossroads: Women's Psychology and Girls' Development*（一九九二年）、⑤『声と沈黙の間に——女性と女子、人種と人間関係』*Between Voice and Silence: Women and Girls, Race and Relationship*（一九九五年）——として上梓する。

次いで、⑥共編著『ウーマン——ミズ女性基金を支援する祝賀写真集』*Woman.: A Celebration to Benefit the Ms. Foundation for Women*（二〇〇〇年）、⑦性愛の系譜とその解放の方向性を探った単著『快楽の誕生——愛の新しい地図』*The Birth of Pleasure: A New Map of Love*（二〇〇二年）、⑧デイヴィッド・リチャーズとの共著『深まりゆく暗闇——家父長制・抵抗・デモクラシーの未来』*The Deepening Darkness; Patriarchy, Resistance, Democracy's Future*（二〇〇八年）、⑨単著『抵抗に加担する』*Joining the Resistance*（二〇一一年）、⑩マイケル・サダウスキーとの共著（序文を寄稿）『クィアな声で——青年期から成人期にいたる回復力（レジリエンス）の旅路』*In a Queer Voice: Journeys of Resilience from Adolescence to Adulthood*（二〇一三年）、⑪D・リチャーズとの共著『今や姿を現した暗闇——家父長制の復活とフェミニズムの抵抗』*Darkness Now Visible: Resurgence of Patriarchy and Feminist Resistance*（二〇一八年）、⑫ナオミ・スナイダーとの共著『なぜ家父長制は執拗に生き延びているのか』*Why Does Patriarchy Persist?*（二〇一八年）をものすなど、精力的な学究成果を世に送り続けている（より詳しくは、ニューヨーク大学の研究者総覧ＨＰに公開されている著者の夥しい業績リストを参照されたい https://nyuscholars.nyu.edu/en/persons/carol-gilligan/publications/)。

なお文芸の才を兼備するギリガンが満を持して書下ろした作品に、恋愛小説『カイラ』*Kyra: A Novel*(二〇〇八年)およびナサニエル・ホーソンの原作を翻案した戯曲台本『緋文字』*The Scarlet Letter*(ヴァンダービルト大学准教授となった長男ジョナサンとの合作、二〇一一年)の二つがあるのを補足しておかねばなるまい。『カイラ』については、この小説が「フィクションの形式をとった、ギリガンの学術研究の総括的書物である」と評する、行き届いたレヴューが読める(金暁輝「《書評》Carol Gilligan *KYRA*」、『研究室紀要』第三六号、東京大学大学院教育学研究科基礎教育学研究室、二〇一〇年六月)。またギリガンの重要論文の日本語訳に「道徳の方向性と道徳的な発達」(原著一九八七年/小西真理子訳・解題、立命館大学生存学研究センター編『生存学』第七号、生活書院、二〇一四年三月)がある。

[付記] 江原由美子・金井淑子編『フェミニズムの名著50』(平凡社、二〇〇二年)に寄せたこの本の解説を再構成し、伝記的事項や書誌データを大幅に増補した。

訳者あとがき

（一）

キャロル・ギリガンの話題作の概要を最初に教わったのは、岩男寿美子さんのエッセイ「性差研究への一つの感想」（『書斎の窓』一九八五年七＝八月号、有斐閣）を通じてだった。初任校・跡見学園女子大学に勤めて六年目、女性学やフェミニズムの文献をかじり始めた頃である。書名が強く印象に残っていたため、一年経って岩男さん監訳の『もうひとつの声――男女の道徳観のちがいと女性のアイデンティティ』（生田久美子・並木美智子訳、川島書店、一九八六年四月一九日発行）を書店の新刊コーナーで目にするや、すぐその場で購入に踏み切った（六月二一日）。わくわくしながら二か月かけて読了している。

同書の《ケアの倫理》から受けた衝撃が冷めやらぬうちにとばかり、ギリガンにフェミニスト哲学者のジュディス・J・トムソンと経済学＝倫理学者のアマルティア・センを加えた三者の所論の検討を軸とする、大風呂敷の発題「女性・道徳・平等――倫理学の組み換えのために」を敢行した。国立女性教育会館（埼玉県比企郡嵐山町／当時の名称は国立婦人教育会館）の連続企画になる「女性学講座」（八月二九日～三一日／この年のテーマは〈性・性差・性役割を考える〉）の出し物のひとつとしてだった。ギリガンの名前と彼女の仕事がそれほど知れ渡っていない時点だったからだろうし、自分のプレゼンの拙さも手伝ってか、私の意気込みとは裏腹に会場の反応は盛り上がりに欠け、お一人の参加者からギリガンに対するややネガティブな評価が戻ってきたのだけを記憶している。

その後私は、原書のペーパーバックも手に入れ、一九八九年度より女子大学の三年次演習のテキストに川島書店の訳書を採用した。「です・ます調」のこなれた訳文と原文とを突き合わせながら、ゼミ生たちと読み解いていった。手元の訳本には、傍線や原語、メモが大量に書き込まれている。

そのうち訳書が版元品切れとなり、本務校での読み合わせが続けられなくなってしまう。そんなとき、大川正彦さんとの共訳書（マイケル・ウォルツァー『解釈としての社会批判』一九九六年／二〇一四年、ちくま学芸文庫に収められる）の刊行元・風行社の犬塚満さんと語らう中で、次に訳出するのならギリガンを……と私から申し出たのではなかっただろうか。犬塚さんはすぐさま翻訳権を取得なさり、根気よく（世紀をまたいで！）見守ってくださった。この間の紆余曲折の消息（*The Long and Winding Road*）は省くが、東北大学文学部、東京大学教育学部、国際基督教大学と職場を移しながらも、ギリガンおよびケアへの関心は深め、広げていったつもりではある。

原著刊行四〇年にあたる今年、ようやく新訳に日の目を見せることが可能となったのは、犬塚さんの粘り強い督励および米典子さんと山辺恵理子さんの絶大なる力添えの賜物にほかならない。すなわち、昨年三月より犬塚さんが翻訳権の再延長の交渉を始められ、小西真理子さんを介してギリガンさんからもご配慮を頂戴した。これと並行して、東大在職中に共訳の内諾をもらっていたお二人に分担章の下訳ファイル作成をお願いしたのである。しかも、コロナ禍が強いるオンライン授業のツールとして習い覚えた、Zoomなるウェブ会議システムのおかげで、日時の調整さえつけば三人のパソコンからミーティングルームに接続して、下訳の読み上げと推敲ができる。実際に『もうひとつの声で』の場合、本年二月二一日を皮切りに一回二時間のウェブ会議を八月九日まで通算四三回重ねたことで、入稿ファイルの確定および初校ゲラの校正まで完了し得た。さらにウェブ上に公開されている関連資料やデータへのアクセスの自由度が高まり、各種の検索エンジンの性能も飛躍的に改善されている。これらを活用して（米さんのイニシアチブのもと）訳注を作成し、引用文献の精査と書誌の補正を行った。

（二）

訳出の分担を記しておこう。本論の第一章、第五章、第六章が米典子さん（初期の下訳ファイルは二〇一六年四月に拝受していた）。残りの第二章、第三章、第四章が山辺恵理子さん。本年八月七日付けの著者の手紙は（寄稿を依頼する段階から）山辺さん、新版に付された「一九九三年、読者への書簡」、「序」、「文献一覧」と「索引」が米さん、「感謝のことば」と「索引」頁付けの照合は川本が担当した。だが下訳が揃ってからは、Zoomでの三者協議を積み上げているので、訳文は協働の産物に仕上がったと断言して憚らない。

メインタイトルには前置詞 in を訳し加え、副題の日本語は直訳を避けてキーワードを挿入した。

ただし「ケア」については、あえてカタカナ表記のまま残している（take care は文脈に応じて「世話する」とした）。「世話」や「手入れ」、「心砕き」、「面倒見」といった日本語の含蓄、さらにギリガンの中国語訳が採用している「關懷」という表記にも惹かれるが、「ケア」の多義性を十全にカバーし得るものではない。一九九五年一月一七日の阪神・淡路大震災を経た日本社会に「ケア」の語が浸透・定着したと判断して、その拡散と意味変容に留意しながら——かつ、日本語の在来の語彙に登録されているはずの care に相当する言い回しの博捜を怠らないで——この語を使い続けるほかあるまい。私（たち）はそう考えている。その他の訳語については、初出箇所に適宜原語やルビを添えておいたし、「用語索引」を訳語・原語対照表代わりに使ってもらえるだろう。

（三）

関係者への謝辞を述べる。（一）にお名前を挙げた川島書店版の初訳者お三方と邦訳を準備する過程で献身的な協力を仰いだ村田美穂さん、「一九九三年、読者への書簡」の試訳を提供くださった山岸明子さん、二〇〇九年の著者来日時に仲立ちの労をとられた前みち子さんに。ギリガンおよび「ケアの倫理」に関する論考の執筆や報告の機会をいただいた方がた（中でもとくに『フェミニズムの名著50』を編まれた江原由美子さんと金井淑子さん）に。訳本を講読した跡見学園女子大学の「文化学演習」（一九八九年度・九〇年度）および「文化学特殊研究」（一九九六年度）、原書を丁寧に通読した東京大学大学院教育学研究科の「西洋教育史演習」（二〇〇九年度〜二〇一一年度）の各参加メンバーお一人おひとりへ。新訳の出版予告を見かけて風行社へ問い合わされた潜在的読者の皆さんと犬塚さん、そしてエキサイティングな緒言を賜ったギリガンさん本人へは、あまりにも長く待たせてしまったお詫びと（最後であっても最小ではない！）謝意をここに書き留めておきたい。

ニューヨーク大学の同僚であるD・リチャーズとギリガンの二冊の共著タイトルに「暗闇」が登場する（「解題」末尾の通し番号⑧と⑪）。どうやらこの語は「家父長制」の隠喩にほかならず、この抑圧の制度が米国で息を吹き返した近年の兆候こそが「トランプ現象」なのだとの時代診断を下そうとしている。二一世紀にふさわしい《声》をあげて、こうした「暗闇」への《抵抗》を呼びかける著者たちに呼応すべく、左に「《ケア》をめぐる単行本の超・精選リスト」（著者・編者名の五〇音順）を掲げて、本たちが発する《声》の《つながり》にこの訳書を加担（ジョイン）させようと思う。

安克昌 2020.『新増補版　心の傷を癒すということ――大災害と心のケア』作品社。

池田弘乃 2022.『ケアへの法哲学――フェミニズム法理論との対話』ナカニシヤ出版。

岡野八代 2012.『フェミニズムの政治学――ケアの倫理をグローバル社会へ』みすず書房。

小川公代 2021.『ケアの倫理とエンパワメント』講談社。

川本隆史編 2005.『ケアの社会倫理学――医療・看護・介護・教育をつなぐ』有斐閣。

ケア・コレクティヴ 2021.『ケア宣言――相互依存の政治へ』岡野八代ほか訳、大月書店。

品川哲彦 2007.『正義と境を接するもの――責任という原理とケアの倫理』ナカニシヤ出版。
マイケル・スロート 2021.『ケアの倫理と共感』早川正祐・松田一郎訳、勁草書房。
アンネマリー・ピーパー 2006.『フェミニスト倫理学は可能か?』岡野治子・後藤弘志監訳、知泉書館。
宮地尚子 2016.『ははが生まれる』福音館書店。
村上靖彦 2021.『ケアとは何か――看護・福祉で大事なこと』中公新書、中央公論新社。
元橋利恵 2021.『母性の抑圧と抵抗――ケアの倫理を通して考える戦略的母性主義』晃洋書房。
李静和 2020.『新編　つぶやきの政治思想』岩波現代文庫、岩波書店。

二〇二二年八月一五日　広島にて――訳者の一人として

川本隆史

［訳者紹介］

川本隆史（かわもと・たかし）

1951 年広島市生まれ。東京大学大学院人文科学研究科博士課程（倫理学専攻）修了。博士（文学）。東京大学および東北大学名誉教授。著書に『現代倫理学の冒険』（創文社、1995 年）、『ケアの社会倫理学』（編著、有斐閣、2005 年）、『〈共生〉から考える』（岩波現代文庫、2022 年）ほか、共訳書に A・セン『合理的な愚か者』（勁草書房、1989 年）、J・ロールズ『正義論〔改訂版〕』（紀伊國屋書店、2010 年）などがある。

山辺恵理子（やまべ・えりこ）

1984 年東京都生まれ、米国ＮＹ州育ち。東京大学大学院教育学研究科博士課程修了。博士（教育学）。早稲田大学文学学術院講師。著書に『リフレクション入門』（共著、学文社、2019 年）、『ひとはもともとアクティブ・ラーナー！』（編著、北大路書房、2017 年）、訳書にM・ルーネンベルク他『専門職としての教師教育者』（監訳、玉川大学出版部、2017 年）、F・コルトハーヘン他『教師教育学』（共訳、学文社、2010 年）などがある。

米典子（よね・のりこ）

東京大学大学院教育学研究科博士課程を単位取得満期退学。著書に『イギリス哲学・思想事典』（共著、研究社、2007 年）、訳書に N・ダニエルズ／B・ケネディ／I・カワチ『健康格差と正義』（共訳、勁草書房、2008 年）、R・オルドリッチ『教育史に学ぶ――イギリス教育改革からの提言』（共訳、知泉書館、2009 年）、D・ヤッカリーノ『もぐらのモリス』（共訳、ぷねうま舎、2020 年）などがある。

もうひとつの声で

――心理学の理論とケアの倫理

2022 年 10 月 21 日 初版第 1 刷発行
2024 年 5 月 10 日 初版第 7 刷発行

著　者	キャロル・ギリガン
訳　者	川本隆史／山辺恵理子／米典子
発行者	犬塚　満
発行所	株式会社風行社 〒101-0064 東京都千代田区神田猿楽町 1-3-2 Tel. & Fax. 03-6672-4001　振替 00190-1-537252
印刷・製本	中央精版印刷株式会社
装幀	木下悠（ＹＫＤ）

 ISBN978-4-938662-38-7

固有名詞索引

＊原書の「総索引」に挙げられた固有名詞に若干の項目を増補し、「個人名」および「その他」の項目へと分類した上で、それぞれを50音順に配列した。「一九九三年、読者への書簡」および訳注や「解題」の該当ページも追加してある。

◉個人名

〔サ〕

〔タ〕

〔ハ〕

〔マ〕

〔ラ〕

◉その他（文学作品名や歴史上の事項など）

用語索引

＊原書の「総索引」より「固有名詞」以外の項目を取捨選択して50音順に配列した。原書では立項されていないキーワードも適宜加えてある。

〔あ〕

〔か〕

〔さ〕

〔た〕

〔な〕

〔は〕

〔ま〕

〔や〕

〔ら〕

調査参加者リスト

＊原書巻末の Index of Study Participants を、「序」(56 頁以下) に示された三つの研究プロジェクトごとに名前 (仮名) の 50 音順に並べ替え、各参加者の「声」が分析されている箇所を (ページ付けではなく) 章でもって挙示することとした。

◉権利と責任に関する研究

アリスン	5 章
エイミー	2 章
エミリー	5 章
カレン	2 章
ケイト	5 章
ジェイク	2 章
ジェフリー	2 章
シャロン	3 章

◉大学生に関する研究

アレックス	6 章
エリカ	6 章
クレア	2 章、6 章
ジェニー	2 章
ナン	5 章、6 章
ネド	3 章
ヒラリー	5 章、6 章
レスリー	5 章

◉中絶の意思決定に関する研究

アン	3 章、4 章
エレン	3 章
キャシー	3 章
サラ	3 章、4 章
サンドラ	3 章
ジャネット	3 章
ジュディ	3 章
ジョージー	3 章、4 章
ジョーン	3 章
スーザン	3 章
ダイアン	3 章
デニース	3 章
ベティ	3 章、4 章
マーサ	3 章
リサ	4 章
ルース	3 章